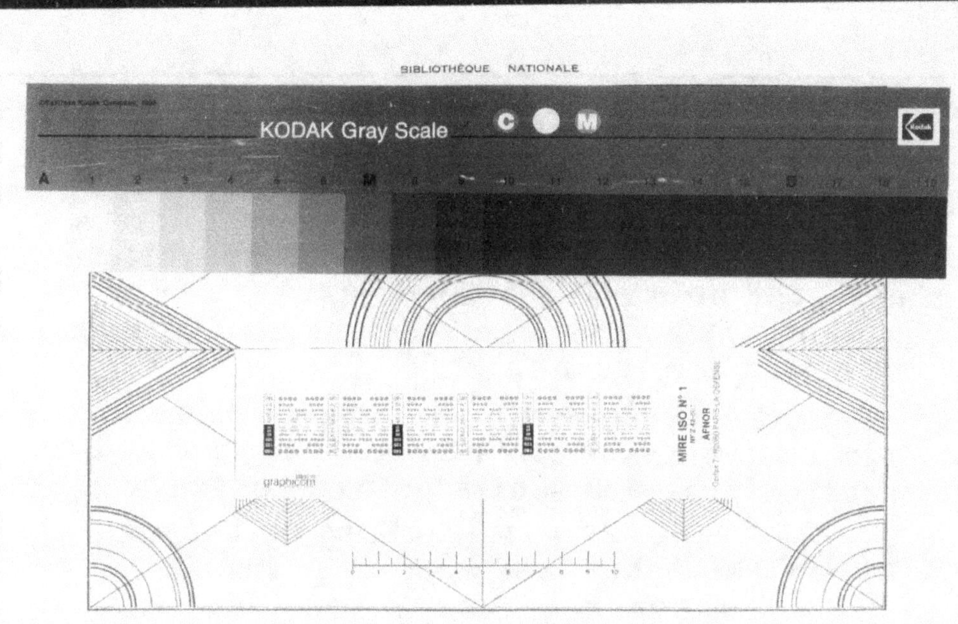
KODAK Gray Scale
A 1 2 3 4 5 M 8 9 10 11 12 13 14 15 16 17 18 19
graphicom
MIRE ISO N° 1
AFNOR
0 1 2 3 4 5 6 7 8 9 10

CE DOCUMENT A ÉTÉ MICROFILMÉ
TEL QU'IL A ÉTÉ RELIÉ

# TRAITÉ

## DU DROIT PUBLIC

### DE

## L'EMPIRE D'ALLEMAGNE.

# TRAITÉ

## HISTORIQUE ET POLITIQUE

### DU DROIT PUBLIC

### DE

## L'EMPIRE D'ALLEMAGNE,

### DÉDIÉ À MONSEIGNEUR

## LE CHANCELIER.

*par M. Le Coq de Villeray*

## A PARIS,

Chez LAURENT D'HOURY, Fils, Libraire, au
bas du Pont S. Michel, rue Vieille Bouclerie.

## M. DCC. XLVIII.

*AVEC APPROBATION ET PRIVILEGE DU ROY.*

# A MONSEIGNEUR
# LE CHANCELIER.

ONSEIGNEUR,

*L'Ouvrage que je prens la liberté de Vous présenter, ne pouvoit paroître avec plus d'éclat*

que sous les auspices d'un Nom aussi respectable que celui de *VOTRE GRANDEUR.*
Quel succès n'ai-je pas droit d'en attendre,
si *Vous* daignez honorer de *Votre Protection,*
ce fruit de mon travail *&* de mes veilles?

Que ne puis-je en même tems rendre ici
à *VOTRE GRANDEUR* le juste
tribut de louanges qu'*Elle* mérite à tant de
titres! Mais, *MONSEIGNEUR,*
aussi élevé par l'étendue de *Vos* connoissances
que par l'éminence de la Place que *Vous* occu-
pez si dignement, *Vous* joignez aux plus
riches talens une modestie rare, qui, en refu-
sant les éloges qui *Vous* sont si légitimement
dûs, *Vous* met au-dessus de tous ceux qu'on
pourroit faire.

Je suis avec le plus profond respect,

## DE VOTRE GRANDEUR,

## MONSEIGNEUR,

Le très-humble & très-obéissant
serviteur,
LE COQ DE VILLERAY.

# *PRÉFACE.*

LE Droit Public a essuyé tant de va-
riations en Allemagne, depuis l'établissement de l'Empire, que l'on ne
doit être nullement surpris, qu'il soit aussi
superficiellement connu en France, qu'il
l'est encore de nos jours.

Le peu d'application qu'on donne à l'intelligence des Langues étrangéres, à l'Allemande entr'autres, est une autre raison qui
a fait que ceux qui auroient eu quelque
goût pour approfondir une matiére aussi in-
téressante, se sont trouvés dans l'impuissan-
ce de le satisfaire, la plus saine partie des
Auteurs qui en ont écrit, ne l'ayant traitée
qu'en Idiome Allemand : le penchant d'ailleurs que nous avons naturellement à ne
pas perdre de vûe notre Continent, & l'espéce de dégoût que nous contractons pour
les voyages dans le Pays étranger, ( en quoi
notre génie différe de presque toutes les
Nations de l'Europe ) , est une troisiéme

cauſe qui entraîne inſenſiblement dans une condamnable nonchalance à s'inſtruire des partiës les plus eſſentielles du Gouvernement de nos Voiſins, & ſinguliérement de celui d'Allemagne.

Tout cela, dis-je, joint à cette conſtante variété du Droit Public qui a régné dans l'Empire pendant tant de Siécles, qui n'a, pour ainſi dire, commencé à ſe débrouiller que ſous le Régne de Charles-Quint, & à prendre proprement, une eſpéce de forme fixe, a dégoûté bien des Sçavans d'en faire leur étude, par l'incertitude de ſes maximes, & la frequente varieté de ſes uſages. Il eſt vrai que la Bulle d'Or de Charles I V, qui parut en 1336, longues années avant l'avénement de Charles-Quint au Trône Impérial, avoit commencé à donner au Droit Public de l'Empire d'Allemagne, une ſorte de conſiſtence, & qu'elle peut être à juſte titre, regardée comme ſon premier fondement; mais il faut convenir que les Capitulations preſcrites aux Empereurs par le College Electoral, immédiatement après leur Election, ſont la premiere

miere époque de cette forme fixe dans laquelle on le voit aujourd'hui : elle s'eft perfectionnée fous le Regne du même Charles-Quint, par celle qui fut redigée pour cet Empereur, & qu'il fe foumit d'éxécuter de point en point ; par la fameufe Tranfaction de Paffau, qui fut paffée fous le même Regne ; par la Paix Publique & de Religion, & par une multitude de Conftitutions Impériales, émanées du même Empereur & de fes Succeffeurs.

J'y ajoute le celebre Traité de Weftphalie & le Projet de Capitulation perpétuelle, auquel la Diéte actuellement exiftante, travaille depuis tant d'années à mettre la derniere main, pour être fuivië dans la fuite, & tenir lieu de régle certaine & invariable.

On peut donc, appuyé d'actes auffi folemnels que ceux dont je viens de parler, marcher avec une forte de certitude, malgré l'opiniatreté de quelques *Ecrivains* modernes, à foutenir qu'il n'y a encore rien de folide, ni furquoi on puiffe s'arrèter fur cette matière. J'ofe me flatter de leur démontrer

par ce Traité, qu'il eſt des règles ſûres &
ſuiviës, qui ne ſeront à l'avenir ſuſceptibles, tout auplus, que de quelques legeres
additions, que des évenemens inattendus,
qu'il n'a pas été poſſible de prévoir, pourront occaſionner par ſucceſſion de tems.

Je ne puis cependant me refuſer de convenir avec eux, que dans le grand nombre
d'Articles dont le Droit Public eſt compoſé, il en eſt quelques-uns qui ne ſont pas
encore tout-à-fait bien éclaircis : mais il faut
auſſi qu'ils avoüent de bonne foi, & ſans
partialité, que journellement ils ſont mis
dans leur véritable point de vuë, à chaque
occaſion qui ſe preſente de les faire voir
dans tout leur jour : un de ces Articles des
plus importans, puiſqu'il intéreſſe toutes les
Maiſons d'Allemagne en général, eſt celui
des fiefs.

Il eſt conſtant, on peut même avancer
avec juſtice, qu'il eſt d'une neceſſité indiſpenſable de preſcrire des Régles certaines
pour réſoudre une foule de queſtions qui ſe
préſentent tous les jours ſur cette matière ;
on n'ignore pas que les Juges à qui la

connoiſſance en eſt attribuée, ſont toujours embarraſſés lorſqu'il s'agit de les décider; mais il n'eſt pas douteux non plus, que chaque queſtion eſt ſi ſcrupuleuſement épluchée dans les Diétes, & dans les Tribunaux de l'Empire où elles ſont portées, que les déciſions, quoique lentes, qui en émanent, ſont autant de Reglemens, dont la collection formera *définitivement*, un Code féodal qui n'en laiſſera aucune indéciſe.

Un reproche auquel je m'attends, mais qui ne conviendroit tout au plus qu'à la ſeule Nation Allemande de me faire, ſera peut-être que ſur une matiére auſſi étenduë que celle que je me hazarde de traiter aujourd'hui, je l'aye fait avec autant de préciſion.

Ma réponſe eſt toute prête : elle ſe réduira à dire & à convenir avec mes critiques, que ſi j'avois écrit pour l'Allemagne, je n'aurois pour ainſi dire, qu'effleuré un ſujet auſſi vaſte; mais que n'ayant eu d'autre objet que notre France, il ſuffiſoit d'en donner ſimplement une idée méthodique &

aſſez ſuffiſamment raiſonnée , pour qu'elle puiſſe mettre à portée les amateurs de l'Hiſtoire & nos Hiſtoriens même, de lire avec plaiſir les faſtes de l'Empire , & avec utilité.

Je me ſuis donc borné à raſſembler toutes les partiës ſans exception, qui ont trait au Droit Public; à ne rien avancer, j'oſe le dire , que je n'aye puiſé dans les ſources d'Allemagne les plus pures que j'aye pu découvrir , & chez les Auteurs les plus exacts que j'ai conſultés; je dis plus & je m'en fais honneur, le Sçavant Academicien Etranger * aux profondes lumieres de qui je m'en ſuis rapporté avec Juſtice, pour faire un examen ſcrupuleux de ce Traité, me fait croire avec confiance qu'il ſera bien reçu du Public, m'étant ſervi utilement des obſervations qu'il m'a faites , & que j'ai ſuiviës exactement: aidé de tels ſecours, & de ce que j'ai puiſé dans toutes ces ſources , je ne penſe pas m'être égaré, j'en ai fait une com-

---

* Mr. Schœpflin Hiſtoriographe du Roy, Profeſſeur en Hiſtoire & Belles Lettres ‖ à Straſbourg, & Membre de l'Academie des Inſcriptions & Belles Lettres.

pilation à laquelle j'ai donné tous mes soins
pour y donner une bonne forme, c'est toute la part que je puis prétendre à cet Ouvrage, qui n'est à proprement parler, qu'un
simple cannevas, assez nourri cependant,
pour faire concevoir une juste idée du Droit
Public d'Allemagne.

Heureux! s'il peut faire naître le desir à
quelque Sçavant, mieux versé & plus capable que moi, d'approfondir une matière en
elle-même si délicate, & qui renferme tant
de partiës, en y donnant toute l'étenduë
dont je sens bien qu'elle est susceptible.

Je n'en ai, si je ne me trompe, laissé échaper aucune, du moins essentielle: elles sont
divisées & traitées toutes, dans l'ordre que
j'ai cru le plus convenable au sujet: je n'ai
point negligé de toucher, superficiellement
à la verité, ce qui a été conservé du Droit
Public de anciens Germains, qui se reduit à
très peu de chose, ou pour mieux dire, de
qui on a tiré ce qu'on appelle aujourd'hui
les *Comices* ou assemblées des Etats: je fais
voir à n'en pas douter, l'Origine Historique
du Droit Public tel qu'il existe, ses époques

depuis Charles-Magne jufqu'à nos jours ;
c'eft-à-dire, depuis le huitiéme Siecle inclu-
fivement.

Je rappelle les anciens Traités Publics
jufqu'à celui de Weftphalie ; tout ce qui
concerne la perfonne de l'Empereur ; en quoi
confifte fon autorité & les cas dans lefquels
il eft obligé de la partager, en ce qui regarde l'Empire, avec les Electeurs & les
Etats : les Prérogatives & les Priviléges de
ces derniers, fe trouvent détaillés dans ce
Traité, avec autant d'exactitude qu'il m'a été
poffible ; je fais voir jufqu'où s'étend leur
autorité, & la féance de chaque College
d'Etats d'Empire, dans les Diétes : les Droits
refervés à l'Empereur s'y trouveront diftin-
gués d'avec ceux qu'il communique aux
Etats en particulier, & aux feuls Electeurs ;
fes prétentions fur quelques Etats détachés
de l'Empire, & fon Domaine comme Empereur, y feront exactement difcutés, de même
que les Droits communs à tous les Etats, tant
Eccléfiaftiques que Laïques, qui ne feront
pas confondus avec ceux attribués aux premiers, comme Eccléfiaftiques, dont il fera
fait une mention particuliere.

Ceux annexés aux Electeurs en commun, feront également diftraits d'avec ceux qui font perfonnels aux dignités des Eccléfiafti-ques, qui feront un Article feparé ; & enfin, ceux des Princes de l'Empire, & ceux des Archiducs d'Autriche y feront placés dans leur rang, avec ceux affectés aux Villes, & à la Nobleffe immédiate.

Les obligations de l'Empereur, de l'Em-pire & des Etats, fe trouveront pareillement diftinguées relativement les uns aux autres.

La forme de tenir les Diétes générales & particulieres ; l'efpece d'affaires qui doi-vent fe traiter dans chacune de ces Diétes, y feront difertement expliquées : les diffé-rens Tribunaux Souverains & fubalternes de l'Empire, avec les différentes natures d'af-faires dont ils ont l'attribution y trouveront leur place.

La maniere enfin, de mettre à éxécution les décifions des Diétes, & les jugemens qui émanent de ces mêmes Tribunaux, y fera placée dans fon ordre.

Je me fuis attaché furtout, à démontrer les partiës les plus effentielles du Droit Pu-

blic; à faire connoître l'utilité, les inconve-
niens & les abus qui peuvent réfulter de
quelques ufages reçus; c'eft en peu de mots
tout le plan de ce Traité, qui fera terminé
par un bref état de l'Empire d'Allemagne,
de fes forces, & de fon Gouvernement.

Les recherches prodigieufes que j'ai été
obligé de faire m'ont fi fort convaincu de
quelle conféquence il étoit de m'étayer
d'autorités, que j'ai cru qu'il ne fuffifoit pas
feulement de les citer, mais que je ne pouvois me difpenfer de donner à la fin de
l'Ouvrage, les principaux Actes autentiques
qui fervent de règle, & fur lefquels le Droit
Public eft fingulierement fondé.

Je me fuis cependant reftreint, par la facilité que l'on a de trouver ces Actes dans
prefque tous les Corps Diplomatiques, à ne
les donner pour la plûpart, que par extraits,
tels que la Bulle d'Or, les Traités de Weftphalie & plufieurs autres; j'ai cru toutefois,
en devoir inferer quelques-uns dans leur
entier; les uns, pour éviter aux Lecteurs la
peine d'en faire la recherche, afin que par
l'importance des Actes en eux-mêmes, ils

puffent

puſſent les avoir ſous les yeux, ſans les aller chercher ailleurs, & les autres, parce-qu'ils ne ſe trouvent pas communément tel que le Concordat de Leon **VIII**. avec l'Empereur Othon **I**. qui eſt fort rare, & qui ne ſe trouve que dans le *Spicilegium Germanicum* de Lunig.

# TABLE
## DES CHAPITRES
### CONTENUS DANS CE TRAITÉ.

Fin de la Table des Chapitres.

# APPROBATION.

J'Ai lû par ordre de Monseigneur le Chancelier un Manuscrit qui a pour titre : *Traité Historique & Politique du Droit Public de l'Empire d'Allemagne*, & je n'y ai rien trouvé qui puisse en empêcher l'Impression. Fait à Paris ce 8. Juin 1748.

SECOUSSE.

## PRIVILEGE DU ROY.

LOUIS, par la grace de Dieu, Roi de France & de Navarre : A nos Amés & féaux Conseillers les Gens tenans nos Cours de Parlement, Maîtres des Requêtes Ordinaires de notre Hôtel, Grand Conseil, Prevôt de Paris, Baillifs, Sénéchaux, leurs Lieutenans Civils, & autres nos Justiciers qu'il appartiendra ; SALUT. Notre bien Amé le Sieur le COQ DE VILLERAY, Nous a fait exposer qu'il desireroit faire Imprimer & donner au Public un Ouvrage qui a pour titre : *Traité Historique & Politique du Droit Public de l'Empire d'Allemagne*, s'il Nous plaisoit lui accorder nos Lettres de Privilege pour ce nécessaires : A CES CAUSES, voulant favorablement traiter l'Exposant, Nous lui avons permis & permettons par ces Présentes, de faire imprimer ledit Ouvrage en un ou plusieurs Volumes, & autant de fois que bon lui semblera, & de le faire vendre & debiter par tout notre Royaume, pendant le tems de *neuf années* consécutives, à compter du jour de la date des Présentes ; Faisons défenses à toutes personnes de quelque qualité & condition qu'elles soient, d'en introduire d'impression étrangere dans aucun lieu de notre obéissance ; comme aussi à tous Libraires & Imprimeurs, d'imprimer ou faire imprimer, vendre, faire vendre, débiter ni contrefaire ledit Ouvrage, ni d'en faire aucun extrait sous quelque prétexte que ce soit, d'augmentation, correction, changement ou autres, sans la permission expresse & par écrit dudit Exposant, ou de ceux qui auront droit de lui ; à peine de confiscation des exemplaires contrefaits, de trois mille livres d'amende contre chacun des contrevenans, dont un tiers à Nous, un tiers à l'Hôtel Dieu de Paris, & l'autre tiers audit Exposant, ou à celui qui aura droit de lui, & de tous dépens, dommages & interêts : A la charge que ces Préfentes feront enregiftrées tout au long fur le Régiftre de la Communauté des Libraires & Imprimeurs de Paris, dans trois mois de la date d'icelles ; que l'impreffion dudit Ouvrage fera faite dans notre Royaume, & non ailleurs, en bon papier & beaux caractéres, conformément à la feuille imprimée attachée pour modéle fous le contre-fcel des Préfentes ; que l'Impétrant fe conformera en tout aux Réglemens de la Librairie, & notamment à celui du 10. Avril 1725; qu'avant de l'expofer en vente, le Manufcrit qui aura fervi de copie à l'impreffion dudit Ouvrage, fera remis dans le même état où l'Approbation y aura été donnée, ès mains de notre très-cher & féal Chevalier le Sieur DAGUESSEAU Chancelier de France, Commandeur de nos Ordres, & qu'il en fera enfuite remis deux Exemplaires dans notre Bibliotheque publique, un dans celle de notre Château du Louvre, & un dans celle de notredit très-cher & féal Chevalier le Sieur DAGUESSEAU, Chancelier de France : le tout à peine de nullité des Préfentes : du contenu defquelles vous mandons & enjoignons de faire joüir ledit Expofant, & fes ayans caufes, pleinement & paifiblement, fans fouffrir qu'il leur foit fait aucun trouble ou empêchement. Voulons que la copie des Préfentes, qui fera imprimée tout au long au commencement ou à la fin dudit Ouvrage, foit tenuë pour düement fignifiée, & qu'aux Copiës collationnées par l'un de nos amés & féaux Confeillers & Sécretaires foi foit ajoutée comme à l'Original. Commandons au premier notre Huiffier ou Sergent fur ce requis, de faire pour l'éxécution d'icelles, tous Actes requis & néceffaires, fans demander autre permiffion, & nonobftant Clameur de Haro, Chartre Normande, & Lettres à ce contraires : CAR tel eft notre Plaifir. Donné à Paris le premier jour du mois de Fevrier, l'An de grace mil fept cent quarante-huit, & de notre Régne le trente troifiéme. Par le Roi en fon Confeil.

SAINSON.

*Regiftré fur le Regiftre XI. de la Chambre Royale & Syndicale des Libraires & Imprimeurs de Pais, No. 926. fl. 817. conformément au Réglement de 1723, qui fait défenfe Art. 4. à toutes perfonnes de quelque qualité qu'elles foient, autres que les Libraires & Imprimeurs, de vendre, débiter & faire afficher aucuns Livres pour les vendre en leurs noms, foit qu'ils s'en difent les Auteurs ou autrement, & a la charge de fournir à la fufdite Chambre huit Exemplaires prefcrits par l'Art. 108. du même Réglement. A Paris ce 29. Mars 1748.*

G. CAVELIER, *Syndic.*

Nous Soufignés, avons cedé & tranfporté le préfent Privilége au Sieur LAURENT D'HOURY, Fils, Libraire à Paris, fuivant les conventions faites entre nous. A Paris, le 1. Juin 1748.

LE COQ DE VILLERAY.

TRAITE'

# TRAITÉ
## HISTORIQUE ET POLITIQUE
### *DU DROIT PUBLIC*
### D E
## L'EMPIRE D'ALLEMAGNE.

## CHAPITRE PREMIER.

### *Du Droit Public d'Allemagne.*

LE Droit public des anciens Germains, se réduisoit à si peu de chose, que Tacite en parlant de ces Peuples, croyoit les avoir définis, en disant qu'on faisoit plus de cas parmi eux d'avoir des mœurs pures, qu'on ne feroit ailleurs d'excellentes

A

conſtitutions : *Plus ibi boni mores valent, quam alibi bonæ leges.* (a)

Cette Nation, plongée alors dans les ténébres du Paganiſme, ne ſe regloit dans toutes ſes démarches & ſes actions que par les augures, avant & plus ſûrement encore, depuis que les Romains étoient entrés dans leur Pais. Ces Peuples avoient cependant pour maxime de conſulter (b) leurs Chefs ſur leurs affaires de peu de conſéquence ; mais celles qui méritoient plus d'attention, étoient examinées, & ſe traitoient dans une aſſemblée générale pour y être décidées ; elles étoient diſcutées néanmoins, encore une fois, dans le Conſeil du Prince, avant que de prononcer le jugement définitif, en ſorte qu'il en étoit preſque toujours l'arbitre.

L'augure qui étoit le plus en crédit parmi eux, ſe tiroit du haniſſement des Chevaux & de leurs actions, qu'ils obſervoient avec un ſoin particulier. Ces chevaux dit le méme Tacite (c) étoient nourris aux depens du public ; on les choiſiſſoit blancs, & il falloit qu'ils n'euſſent jamais ſervi à aucun uſage humain ; on les atteloit à un Chariot Sacré qui étoit ſuivi de leur Prêtre & du Prince ou du Chef de la Ville, auxquels le Peuple ſe rapportoit de l'examen qu'ils avoient fait de l'action de ces chevaux, ſur laquelle

(a) C. Tacit. de Moribus Germanorum, lib. cum notis Lipſii. pag. 442.

(b) Ibid. p. 439.

(c) Proprium gentis, Equorum quoque præſagia ac monitus experiri publicè aluntur iiſdem nemoribus ac lucis, candidi & nullo mortali opere contracti, quos preſſos ſacro curſu Sacerdos ac rex vel princeps civitatis comitantur hinnitus que ac fremitus obſervant. Ibid p. 439.

il se regloit plus ou moins, pour agir en conséquence dans l'affaire ou l'entreprise qu'il vouloit faire.

Le crime chez ces Peuples étoit sévérement puni suivant la nature du délit; (d) ils punissoient de mort les traitres & les transfuges qu'ils pendoient ordinairement à des arbres; la punition des infames & des lâches étoit de les étouffer dans un bourbier le plus sale, avec des clayes qu'ils jettoient sur eux; mais ceux qui étoient convaincus de fautes légeres, se redimoient par des amendes, qui consistoient dans un nombre plus ou moins considérable de chevaux, & de bétail, que le Prince leur imposoit suivant la gravité du délit, dont partie étoit adjugée au profit de celui qui avoit été lezé, ou à ses parens; le surplus retournoit au bénéfice du Prince ou de la Ville. (e)

Ils avoient grand soin d'élever la jeunesse dans les exercices de la guerre, ce qui la rendoit dure & infatiguable.

Les Successions des peres de famille passoient de droit à leurs enfans sans faire de Testament, ou à leurs collateraux quand ils mouroient sans posterité.

Ils choisissoient leurs Rois dans les familles les plus élevées, & le plus grave d'entr'eux étoit celui qu'ils prenoient pour leur Chef. (f)

(d) Distinctio pœnarum ex delicto. Proditores & transfugas arboribus suspendunt. Ignavos & imbelles & corpore infames, cœno ac palude, injectâ insuper crate, mergunt. *Ibid.* p 440.

(e) *Ibid.*

(f) *Ibid.* p. 438.

Ils avoient des tems marqués pour s'affembler, mais toujours au renouvellement de la Lune, (g) ou quand elle étoit dans fon plein, comme le tems le plus propre & le plus favorable pour entreprendre quelque chofe de conféquence. Ils venoient dans ces affemblées tous armez; le Chef étoit le premier à donner fon avis, & le refte dont elles étoient compofées, opinoit felon le rang de leur âge, ou de leur extraction, ou de l'honneur qu'ils s'étoient acquis à la Guerre. La maniere d'approuver ou de blamer le réfultat de l'affaire mife en déliberation, fe faifoit connoitre par le cliquetis de leurs armes qu'ils frapoient les unes contre les autres, & par un murmure qui dénotoit le mépris qu'ils en faifoient. (h)

Dans ces mêmes affemblées qui étoient compofées de députés de chaque Ville ou Canton, fe faifoit l'élection (i) des Princes qui rendoient la juftice dans les Villages & dans les Bourgs; chacun de ces Princes, étoit affifté de cent Hommes qui étoient choifis parmi le menu Peuple, pour appuyer fon authorité.

Qui que ce foit parmi eux, n'avoit droit de porter ni de prendre les armes, (l) qu'au préalable, la Cité dont il étoit, ne l'eût jugé capable de les porter; c'étoit auffi dans ces affemblées où quand il en étoit trouvé digne, que le Prince, le pere de famille, ou le plus proche parent du jeune homme lui donnoit un Javelot & un Bouclier, & de Membre de fa Famille

---

(g) *Ibid.* p. 439.
(h) *Ibid.* p. 440.

(i) *Ibid.*
(l) *Ibid.*

qu'il étoit auparavant, par ce premier dégré d'honneur, il devenoit homme de l'Etat.

Les Villes payoient volontairement à leurs Princes un Tribut, qui consistoit en la dixme de leurs fruits & de leurs Bestiaux, ou en un certain nombre de gens de Guerre. (*m*)

Ces deux derniers articles sont presque les seuls dont on voit encore quelques vestiges dans ce qui s'appelle aujourd'hui le Droit Public d'Allemagne, ou si l'on veut le Droit Romain Germanique, dont les Elections d'Empereurs & les Diétes ou Comices de l'Empire tirent, pour ainsi dire, leur premiere origine.

La définition de ce Droit Public, n'est autre chose que la science d'appliquer les Loix Fondamentales qui régissent l'Empire, les recez ou les résolutions des Diétes & les conventions du même Empire, à la liberté & la tranquilité Publique, qui fait le bonheur des Peuples & l'unique bien des Souverains qui les gouvernent.

Si l'on en veut chercher la définition étroite, c'est la connoissance des affaires Germaniques, & la science pratique du juste & de l'injuste publics.

Il doit être considéré par rapport à son origine & à la fin qu'on doit s'en promettre.

Son origine est naturellement historique & Philosophique.

L'origine Historique du Droit Public, renferme les differens évenemens de l'Empire, dont nous ne

(*m*) *Ibid.* 441.

fixerons la premiere Epoque que depuis l'Empereur
Charlemagne en l'an 800. jusqu'à Conrad I. sous qui
l'Empire d'Hereditaire, que l'avoit rendu le même
Charlemagne, il devint Electif. L'usage de succession
fut cependant poussé selon ces Auteurs, jusqu'à
Henri IV. la preuve du contraire se tire du même
Conrad I. & d'Henri I. ou l'Oiseleur, qui sont parve-
nus à la Couronne Imperiale par Election & ensuite
Conrad II. mais quelques-uns de ces Princes morts
sans posterité, les auront fait passer par dessus ces Elections sudsidiaires, auxquelles on fut obligé d'avoir
recours.

La seconde Epoque doit être conséquemment prise
depuis le même Conrad I. Duc de Franconie &
Empereur, en 918. jusqu'à Othon I. Duc de Saxe,
aussi Empereur; ce fut sous son Regne que la Couronne de Rome fut annexée pour toujours à l'Empire, par le Concordat qui fut fait entre ce Prince,
& le Pape Leon VIII. l'an 914. ( *Cotte* A )

La troisiéme Epoque se prend immédiatement depuis Othon I. en 973. jusqu'à Henri IV. en 1106. &
Henri V. en 1125.

Les troubles, les Guerres Civiles & Etrangeres dont
l'Empire fut agité sous les Regnes de ces deux Empereurs, firent qu'il perdit considérablement de sa dignité
& un grand nombre de ses Droits sur le temporel
Ecclesiastique, par le fameux Traité que le dernier
de ces deux Princes fut forcé de faire en 1122. avec
le Pape Callixte II.

Un événement aussi important & en même tems un

des plus intéreſſans pour l'Empire, merite d'être ici un peu plus éclairci, quoi qu'il ſe trouve traité par preſque tous les Hiſtoriens d'Allemagne.

L'Epereur Henri IV. après avoir fait dépoſer le Pape Gregoire VII. dans une nombreuſe aſſemblée d'Evêques & d'Abbés qu'il avoit convoquée à Worms, fut excommunié par ce Pape: on l'engagea depuis à ſe faire relever de ſon Excommunication, & à faire le voyage de Rome, où il ſe rendit avec un nombreux Cortége pour y recevoir l'abſolution. Il y parut pieds nuds, & proſterné devant le Pape qui la lui donna réellement, mais à de ſi dures conditions, qu'il jugea à propos peu de tems après, de ne pas tenir. Il fut de nouveau excommunié par le même Pontife en 1080. & Gregoire VII. dépoſé une ſeconde fois dans une autre aſſemblée d'Evêques & d'Abbés du parti de l'Empereur, que ce Prince convoqua à Brixen dans le Tirol, où Clement III. fut elû Antipape, après la mort de Gré-goire VII. En 1085. on lui ſubſtitua Victor III. Mais le même Clement III. fut elû en 1087. de nouveau, ſans ce-pendant être généralement reconnu. Urbain II. qui mon-ta ſur le Siége de S. Pierre en 1088. excommunia ce Prince une troiſiéme fois, & Paſchal II. ſon Succeſſeur lança les foudres du Vatican contre lui, pour la quatriéme. Cet Empereur, qui d'ailleurs, avoit de grandes & excel-lentes qualités, fut enfin dépouillé de la Couronne Im-periale par ſon propre fils, qui ſe fit elire Empereur à Mayence en 1106. ſous le nom d'Henri V. ce Prince malheureux, conſentit à ſe voir privé du Trône Imperial dans une aſſemblée de tous les Etats de

l'Empire , qui fut convoquée & tenuë à Ingel-
heim.

Il ne survêcut pas lontemps à tant de traverses,
puisqu'il mourut dans cet état le 7. Août de la même
année, après s'être trouvé à soixante & deux Batailles
qu'il avoit presque toutes gagnées : aussi , peut-on
avancer, qu'il a été un des plus valeureux Princes qui
ait porté la Couronne Imperiale.

Ce fut dans ces circonstances que le Pape Paschal II.
forma les contestations sur les investitures contre
Henri V., qui prit, pour mettre ce Pontife à la raison,
la résolution d'aller à Rome à main armée, où il se
rendit maitre de la personne de ce Pape, & de plusieurs Cardinaux : il menaça même de faire couper
la tête à ses prisonniers, si le Pontife ne renonçoit
pas à toutes ses prétentions, & s'il ne reconnoissoit pas
authentiquement ses droits comme légitimes.

Le Pape pour retirer les Cardinaux des mains de
ce Prince irrité & pour recouvrer sa propre liberté, fut
forcé en effet d'en passer par tout ce que l'Empereur
jugea à propos de lui prescrire, & par une Bulle qu'il
donna , dont il promit & jura par serment l'exécution
en recevant l'Eucharistie, il se désista de toutes ses
prétentions, & l'Empereur en conséquence, rentra dans
tous les droits qui lui avoient été contestés par le
Pontife & fut couronné à Rome en 1111. Mais huit
ans après, ce même Prince qui avoit déjà été excommunié par Gelase II. qui avoit succedé à ce dernier
Pape & par Callixte II. qui avoit remplacé Gelase,
fut de nouveau excommunié par le même Callixte II.

en

en plein Concile, qui se tenoit pour lors à Rheims, qui étoit composé de quatre cens vingt-quatre tant Evêques qu'Abbés.

Cette derniere excommunication lancée, l'Empire tout partagé qu'il étoit, entre la Cour de Rome & l'Empereur, dans une Diéte qui fut tenuë à cette occasion, nomma deux députés qui se rendirent à Rome, munis de pleins pouvoirs, pour negocier un accommodement entre le Pape Callixte II. & le chef du corps Germanique. Ils firent en conséquence, un traité dont les articles furent approuvés à leur retour dans la Diéte assemblée à Worms en 1122. où ce traité fut ratifié, & par lequel l'Empereur abandonna les investitures Ecclésiastiques au Pape par la Crosse & l'Anneau seulement, au moyen de quoi l'excommunication qui avoit été fulminée contre ce Prince, fut solemnellement levée. ( *Cotte* B. )

Revenons donc, presentement à la quatriéme époque qui peut se prendre avec raison, depuis Henri IV. & Henri V. son fils, jusqu'au fameux grand interregne qui causa tant de divisions & de troubles dans l'Empire, & qui commença en 1250.

Ce fut aussi pendant ce même interregne que la supériorité des Etats de l'Empire jetta ses premieres racines, qui ont toujours augmenté depuis, jusqu'au point où elle se voit aujourd'hui.

La cinquiéme époque se prend donc necessairement depuis cet interregne jusqu'à Charles IV. en 1378. Cet Empereur fur le premier qui confirma par sa Bulle d'Or, les droits des Electeurs.

B

La sixiéme époque se trouve encore depuis l'Empereur Charles IV. jusqu'à Maximilien I. en 1493.

Ce fut ce dernier Empereur qui par sa sagesse & sa prudence, pacifia les troubles intestins qui agitèrent l'Empire, par les diffidations & les droits manuaires, qui seront définis dans la suite de ce Traité, & qui avoient été pratiqués généralement par les Etats de l'Empire; ce fut aussi ce même Prince qui érigea la Chambre Imperiale.

La septiéme époque doit se prendre successivement depuis Maximilien Premier, jusqu'à la Paix de Religion qui fut arrêtée & concluë par un Recez & une Constitution Imperiale, sur les affaires de Religion entre l'Empereur Charles-Quint & Ferdinand son Frere, Roi des Romains, avec les Princes & les Etats de l'Empire, tant ceux de la Religion Catholique & Romaine, que ceux de la Confession d'Ausbourg.

Il est stipulé par cette Constitution Imperiale, que la liberté de Religion sera laissée à tout le monde, la Noblesse libre de l'Empire comprise, de même que les Villes Impériales, sans que personne puisse être inquiété sur sa créance. Cette Paix fut concluë à Ausbourg le 25. Septembre de l'année 1555.

Il faut convenir que par cette Paix & par la Transaction qui avoit été concluë & ratifiée à Passau le 2. Août de l'année 1552. trois ans auparavant cette Paix, sous l'autorité du même Empereur Charles V. entre Ferdinand son frere, Roi des Romains & quelques Etats d'Allemagne, qui fut appellée la Paix Publique; par cette Transaction, dis-je, la liberté de la

Religion Proteſtante, ne fut pas non ſeulement tolerée, elle fut encore pleinement établie; d'où il s'eſt enſuivi depuis, que les Sujets Catholiques auſſi bien que les Proteſtans, ont également joüi des mêmes privileges, & ont été traités dans toutes les affaires Politiques, ſans aucune diſtinction de part ni d'autre; ces derniers entr'autres, regardent encore ce Traité comme la baſe & le titre irrévocable de leur liberté. Ils ſe hâtèrent cependant de le conclure, dans la crainte que l'Empereur Charles-Quint, ne fît mourir le Landgrave de Heſſe qui étoit détenu aux arrêts depuis 1547, & de qui cet Empereur avoit menacé l'Electeur Maurice de Saxe, de lui envoyer la tête, ſi on n'acceptoit pas les conditions qu'il offroit ( *Cottes* C. D. )

La huitiéme époque ſe prend encore depuis cette Paix de Religion, juſqu'au Traité de Weſtphalie, incluſivement, conclu en 1648.

Tous les Droits des Etats ont été réglés par ce Traité; il eſt auſſi le ſeul fondement de la Conſtitution de l'Empire, auquel on n'a point encore dérogé, & auquel ſelon toutes les régles de la bonne & ſaine Politique, on ne dérogera jamais, à moins qu'il n'arrive un bouleverſement d'Etat dans l'Empire.

La neuviéme & derniere époque enfin, ſe prend depuis ce fameux Traité de Weſtphalie juſqu'à preſent.

Tout ce qui s'eſt paſſé de plus remarquable dans cet intervalle, eſt la création d'un neuviéme Electorat qui fut érigé en 1692. par l'Empereur Leopold, en faveur du Duc d'Hanovre, independamment de plu-

fieurs Traités de Paix qui font intervenus dans differens tems, mais fondés tous fur celui de Weftphalie,
tels que celui de Nimegue en 1679. celui de Rifwick,
en 1697. celui de Raftatd & de Bade en 1714. celui
d'Hanovre en 1724. ceux de Vienne en 1725. & 1738.
& plufieurs autres.

    La création de ce neuviéme Electorat, quelque
recente qu'elle foit, a trop de trait à mon fujet, pour
ne pas en rappeller l'idée. On n'ignore pas qu'en faveur
des conventions entre le Duc Erneft de Brunfwick
Lunébourg & l'Empereur Leopold I. ce Prince s'y
détermina; quoique ce Duc n'ait jamais joüi des
honneurs ni des prérogatives de l'Electorat, par l'oppofition que les Etats, & plufieurs Princes même de
fa Maifon, y formèrent, malgrè toutes les précautions
qu'avoit prifes l'Empereur pour s'affurer de la parole
de tout le College Electoral, & obtenir fon approbation & fon confentement dans cette création. Ce ne
fut que Georges-Louis, fils de ce Duc, & fon fucceffeur,
& le premier de cette Maifon qui ait monté fur le
Trône de la Grande-Bretagne, qui parvint à l'Electorat en 1708. fous le Regne de l'Empereur Jofeph;
mais avec des reftrictions remarquables, qui furent
inferées dans le *Conclufum* qui fut préfenté au même
Empereur par les Etats, & qu'il confirma folemnellement: entr'autres celle que je vais deduire, qui eft la
plus importante, lors que j'aurai rapporté en peu de
mots ce qui y donna lieu.

    On fe reffouviendra qu'il avoit été ftipulé & arrêté
par le Traité de Weftphalie, que la Branche Guillel-

mine de Baviere venant à s'éteindre, la voix Electorale feroit réunie à la Branche Palatine; que par
conféquent, par fucceffion de tems, les voix Palatine
& de Baviere, qui en font deux prefentement, feroient
réduites à une feule par cette extinction, & que dans
le cas de partage de voix entre les Electeurs Catholiques & Proteftans, fuppofé que le Palatinat vînt à
tomber à un Prince de la Maifon Palatine qui pro-
feffât cette derniere Religion, (dans laquelle il s'en
trouve plufieurs) les Catholiques tomberoient dans le
cas de perdre leur fupériorité. Il fut donc arrêté que
dans ce dernier cas, les Electeurs Catholiques pour
remedier à cet inconvénient, auroient un fuffrage
furnuméraire qui feroit éxercé par l'Electeur de
Mayence, Doyen du College Electoral & qu'en
cas de partage, le College réduit à huit Electeurs, cette voix feroit & demeureroit préponde-
rante.

Je reviens préfentement à l'origine Philofophique;
elle comprend la caufe efficiente de la Jurifprudence, qui
prend fa fource du Droit Public & des conventions ou
Traités Publics: en voici la définition en deux mots.

La fin du Droit Public eft la juftice Publique; c'eft-
à-dire, l'adminiftration & l'exercice de la juftice. Ce
principe eft inconteftable, en diftinguant toutes fois,
la matiére d'avec la forme.

Les perfonnes, les chofes, & les faits, ou les affaires Publiques, fur lefquelles la Jurifprudence eft
éxercée, font ce qui s'appelle ordinairement la matiére.

La maniere d'appliquer la Jurisprudence & les Loix, & ce qui regarde les Diétes, & les Tribunaux Souverains de l'Empire, est ce qui concerne la forme, & le tout ensemble en quoi consiste le Droit Public. Cette derniere définition va être plus disertement éclaircie dans le Chapitre suivant.

# CHAPITRE SECOND.

### *Du Droit Ecrit & non Ecrit.*

LE DROIT d'où dérive la Jurisprudence d'Allemagne, peut être regardé de deux especes, & désigné sous la dénomination de Droit Ecrit & de non Ecrit.

Le Droit Ecrit est aussi de deux natures. Il se divise en ce qu'on appelle Droit Commun, & en Droit Spécial.

Le Droit Commun en Allemagne, n'est autre chose en matieres Civiles, que le Droit Romain; mais il n'est reçu que subsidiairement, c'est-à-dire, au défaut des Statuts Provinciaux. Cet usage a toujours été suivi depuis Maximilien I. qui le régla ainsi en 1495. à la Diéte tenuë à Worms, où la Chambre Imperiale fut établie. Il faut cependant observer que l'on ne doit point regarder le Droit Romain comme Droit Public Commun, pour la décision des affaires de l'Empire: ce titre conviendroit beaucoup mieux au Droit Canon, qui, en matieres Ecclesiastiques, est suivi dans toute l'étendue de l'Empire, mais relativement aux Concordats Germaniques qui l'ont modifié sur quelques articles. Il est vrai que le Droit Féodal reconnu & suivi en Allemagne, qui est celui des Lombards, & compilé par Hugolin sous Frederic II, pourroit mériter cette qualification à plus juste titre, puisque c'est par lui que tous les Fiefs de l'Empire sont indistinctement régis, quoi qu'il ne soit que subsidiaire quand il ne se rencontre point de pactes ou de Coutumes topiques.

Le Droit Spécial, est celui qui est communément déterminé par les Constitutions de l'Empire, tant anciennes que modernes. Telles 1°. que les Capitulaires de l'Empereur Charlemagne qui ont été suivis pendant très-longtems, mais dont on ne fait plus présentement aucun usage en Allemagne.

2°. La Constitution touchant l'expédition Romaine faussement attribuée à Charles le Gras par Goldast & par d'autres Auteurs ( *Cotte* E ) puisque tous les Publicistes de nos jours conviennent unanimement qu'elle ne peut être attribuée à aucun des Empereurs Carlovingiens, mais qu'elle peut être émanée de Conrad II. Quoi qu'il en soit, elle n'a, pour ainsi dire, aucune autorité aujourd'hui en Empire.

3°. Les Constitutions de Fréderic I. & de Fréderic II. qui font partie du Droit Féodal commun des Lombards, suivi en Allemagne comme on vient de l'observer.

4°. La Bulle d'Or émanée du dernier de ces deux Empereurs, au sujet des immunités Ecclesiastiques.

Cette Bulle étoit d'une grande importance pour la Cour de Rome, en ce qu'elle contient la rénonciation au Droit de Régale en faveur du Pape & de l'Ordinaire, & même au droit de nomination aux bénéfices, qui fut accordé & abandonné aux Chapitres; trois choses qui tenoient au cœur de la Cour de Rome, & dont jusqu'à l'avénement de cette Bulle, elle avoit été sevrée; elle fut à la verité, suggerée à ce Prince par le Pape Innocent III., un des plus Sçavans Pontifes qui ait monté sur le S. Siége, & des plus ardens à en augmenter les prérogatives. (*Cotte* F.) Ce fut lui qui lança les foudres du Vatican sur l'Empereur Othon IV. qu'il avoit cependant couronné à Rome, après avoir embrassé le parti de Fréderic Roi de Sicile, qui est le même qui fut élu Empereur sous le nom de Fréderic II. & qui passa à Rome pour se rendre en Allemagne.

Ce fut aussi ce même Empereur qui renouvella par le conseil & à l'instigation de ce Pontife, l'Alliance que Henri VI. son pere, avoit contractée avec Philippes Auguste Roi de France, dans un Congrès qui se tint à Vaucouleurs, où ce Prince se rendit en Personne, & auquel, Louis, fils aîné du même Philippes Auguste, s'étoit aussi rendu par ses ordres, avec une nombreuse suite de Seigneurs François des plus qualifiés & des plus distingués du Royaume, pour rendre cette assemblée plus éclatante.

Finalement, la Bulle de cet Empereur peut être regardée comme un Acte de reconnoissance de ce Prince envers Innocent II.; mais elle n'est plus censée

comme

comme Loi en Empire, ſes ſucceſſeurs y ayant dérogé, & depuis que les Concordats de Frédéric III & de Nicolas V. faits en 1447. ſont la Loi Fondamentale qui y eſt ſuivië en matières Bénéficiales, le ſurplus étant regi par le Droit Canon.

50. La Bulle d'Or de Charles IV. eſt une piéce de bien plus grande importance que la précédente, en ce qu'elle confirme les Droits & les Priviléges des Electeurs de l'Empire, & qu'elle preſcrit la manière d'élire les Empereurs & les qualités qu'ils doivent avoir pour monter ſur le Trône Impérial. Elle fut faite & publiée en 1356. une partie à Metz, & l'autre partie à Nuremberg. ( *Cotte* G )

Pluſieurs motifs engagèrent ce Prince à publier ſa Bulle d'Or.

Le premier qui le touchoit perſonnellement, étoit d'y établir & conſolider les droits & prérogatives de la Couronne de Bohême.

Il avoit en vuë par le ſecond, d'obvier aux Schiſmes dans les Elections des Empereurs, en fixant le nombre ſepténaire des Electeurs, ce qui y eſt préciſément preſcrit.

Le Troiſiéme étoit d'y décider comme il a fait, les conteſtations qui avoient duré long temps entre les différentes branches de la maiſon de Saxe & de celles de Brandebourg & de Baviere.

Et par un quatriéme, d'y établir comme il n'a pas manqué, & pour toujours, les droits éminens des Electeurs, & l'ordre de ſucceder dans les Electorats.

Une autre raiſon qui donna occaſion à cet Empe-

reur de publier cette Bulle, fut la Constitution que
Henri VI. avoit faite, pour rendre la Couronne Impériale héréditaire dans sa famille, qui se trouvoit
composée de cinq Princes : il avoit même appellé par
cette Constitution, les femelles à succeder au défaut
des mâles, & avoit joint à l'Empire les Royaumes de
Naples & de Sicile dont il étoit Souverain, avant que
d'être élu Empereur. Cette Constitution n'eut cependant
pas l'effet qu'il s'en étoit promis, quoi qu'elle eut été
admise à Rome, & reçuë par cinquante deux Princes
de l'Empire à qui les droits d'élection appartenoient
alors ; puis qu'après Frédéric II, elle fut totalement
abrégée & regardée comme non avenuë, & que cette
disposition fut entièrement détruite par la Bulle d'Or de
Charles IV. qui rétablit l'Election.

6°. La Paix Prophane, ou Publique, ordonnée pour
dix ans par l'Empereur Frédéric III, de l'avis & du
consentement de Maximilien I. Roi des Romains, des
Electeurs, Princes & Etats de l'Empire, pour prévenir
les Guerres Civiles, les Troubles & les séditions dans
toute l'étenduë de l'Empire, est un monument trop
intéressant pour le passer sous silence.

Henri III, fut le premier qui prit la résolution
d'entreprendre ce grand Ouvrage ; Frédéric III. ne le
perdit point de vuë, & le continua à Ulm en 1466.
& y mit enfin la dernière main à Francfort en 1486. le
17 Mars.

Cette Paix fut encore plus particulièrement consoli-
dée par l'Empereur Maximilien premier, qui succéda
à Frédéric en 1493. par différentes dispositions que

fit ce Prince, qui abolirent définitivement les diffidations ou droits manuaires que les Princes de l'Empire s'étoient arrogés, c'est-à-dire, l'usage où ils s'étoient mis dans ce tems-là, de se faire justice par eux mêmes, les armes à la main.

7°. La Transaction de Passau du 2 Août 1552. dont nous avons déjà parlé, qui fut faite sous Charles-Quint, & précédée du réglement de 1548. qui fut appellé l'*interim*, mais qui ne fut suivi d'aucun effet; & la Paix de Religion concluë à Ausbourg le 25 Septembre 1555. par laquelle la liberté de Religion fut pleinement confirmée comme nous venons de le dire, sont des Constitutions trop récentes & journellement suivies pour être oubliées.

8°. Les recez de l'Empire enfin, qui sont les Constitutions faites par le Corps de l'Empire dans les Diétes, sont ce que l'on peut valablement qualifier sous la dénomination de droit spécial.

Ces sortes de Constitutions n'ont cependant force de Loi, ne paroissent & ne sont mises à exécution, qu'après que les Diétes où elles ont été arrêtées, sont finies, & que les Etats dont elles étoient composées se sont retirez: c'est aussi de-là, qu'elles ont tiré la dénomination de recez, du mot *Recesserunt*.

Elles sont encore appellées *Recessus*, par une autre raison qui est, qu'elles étoient dressées lorsque les Etats étoient sur le point de se séparer & de se retirer chez eux. On les appelle en Allemand *Reichs-Asbchied*, les congés de l'Empire, parce qu'on les a couchés par ecrit dans le moment où les Etats prennent congé les uns des autres.

Le Droit Public non écrit que les Allemands appellent en leur langue *Reichs-Her-Kommen* malgré les prétentions de quelques Auteurs qui le révoquent en doute, & qui assurent même qu'il n'y en a point dans l'Empire, ( en quoi ils sont dans l'erreur ) ne consiste simplement qu'en certains usages qui s'observent dans l'Empire: tel est l'usage reçu, qui exige que l'Empereur soit né Allemand, & celui qui lui donne le droit de Gouverner l'Empire en pleine liberté, pourvû qu'il ait atteint l'âge de dix-huit ans accomplis.

Le Sçavant Kulpifius, Professeur de l'Université de Strasbourg nous a donné un Traité si ample de tous ces différens usages, auquel on peut avoir recours, que ce seroit tomber dans une redite continuelle d'en rappeller d'autres que ceux dont je viens de parler, & qui suffisent pour donner une juste idée de leur existence.

## CHAPITRE TROISIE'ME.

*Des Conventions & Traitez Publics.*

LES conventions qui ont donné lieu à la Jurisprudence Publique sont:

1º. Le Concordat Germanique fait le 19 Mars 1448. entre l'Empereur Frédéric III, & le Pape Nicolas IV. touchant la partition des mois pour la disposition des Bénéfices. ( *Cotte* H )

Suivant ce Concordat, la disposition des bénéfices, qui viennent à vacquer dans les mois impairs, est pleinement dévoluë au Pape, & celle de ceux dont la vacance tombe dans les mois pairs, appartient à l'ordinaire.

Il contient encore d'autres dispositions sur différentes matières, entre lesquelles la Nation Germanique, & surtout ceux qui professent le Luthéranisme, se sont depuis souvent élevez, dont les griefs sont amplement détaillez & rapportez dans un ouvrage qui porte pour titre *fasciculus rerum expetendarum & fugiendarum*, le prétexte le plus spécieux dont ils se servoient, étoit, qu'il n'avoit pas été signé ni approuvé unanimement par tous les Princes de l'Empire; mais jusqu'à présent il n'y a eu aucune décision contraire, & tout ce qui y est prescrit, est exactement suivi à la lettre.

En second lieu toutes les Capitulations que font les Electeurs à chaque nouvel Empereur qui monte sur le Trône, dans l'intervalle de son élection à son couronnement, par lesquelles, les mêmes Electeurs prescrivent à l'Empereur elû, de certaines conditions arbitraires, suivant les circonstances des tems, & qu'il est obligé & s'engage de suivre pendant son administration & gouvernement de l'Empire.

La première, est celle que les Electeurs firent dresser pour Charles-Quint, dans l'intention de se précautionner contre la trop grande puissance de cet Empereur, qui réunissoit dans sa seule personne, les Royaumes des Espagnes à l'Empire. Aussi refusa-t-il d'abord de la signer; mais

à force de sollicitations de la part de ses Partisans, &
de lui insinuer que s'il s'obstinoit dans son refus, il
seroit indubitablement suivi de la privation de la Couronne Impériale, qu'on le menaçoit de déférer aux
mêmes clauses, à François I. Roi de France & son
compétiteur; il s'y soumit de bonne grace, mais il
n'y donna pas moins quelques legéres atteintes dans
toutes les occasions qu'il trouva favorables & qui tendoient à augmenter son pouvoir.

Les principaux Traités Publics, d'où nait également
la Jurisprudence Publique, sont le Traité de Westphalie
conclu à Munster entre l'Empire & la France, & à
Osnabruck entre l'Empire & la Suéde.

Il renferme cinq objets Principaux. Dans le premier,
la liberté des Etats & toutes les prérogatives de la
supériorité Territoriale y sont définitivement reglez;
la restitution ordonnée en faveur de ceux qui avoient
été dépossedez de leurs Terres, & qui y sont rentrez:
les Maisons de Würtemberg, de Bade, de Gevoldseck,
de Nassau-Siégen, de Hanau, de Solms, d'Isenbourg,
de Salm, de Falckenstein, de d'Axbourg, de Waldeck, d'Oettingen, d'Hohenloe, de Lœwenstein, &
Wertheim, d'Erbach, de Brandestein, de Kevenhuller,
& plusieurs autres sont de ce nombre.

Le second objet à considérer, est la confirmation de
nouveau, de la liberté de Religion, & admet les
Calvinistes sous la dénomination de *Protestans*, qu'il ne
désignoit auparavant que sous celui de Luthériens.
Cet article constate encore que la restitution à faire
des biens & droits Ecclesiastiques qui avoient été usur-

pés pendant la guerre, fera reglée fur le pied qu'étoient les chofes le premier Janvier 1624., & que de part & d'autre, il fera libre à chacun de changer de Religion, même la Dominante, pour en embraffer une des deux autres; qu'il dépendra toute fois du Prince dans ce dernier cas, d'ordonner à ceux qui y feront, de fe retirer de fes Etats, & la faculté à ceux-ci, de faire leur tranf-lation de Domicile, fans qu'on puiffe les forcer à refter dans l'ancien : que les Prélats qui auroient le malheur d'être entrainés dans une pareille chute, feroient feule-ment privez de leurs Prélatures, fans cependant être deshonorés : cette difpofition s'appelle le *Refervat Ecclefiaftique*. Que ceux enfin, qui feront elus aux Pré-latures de la Confeffion d'Aufbourg en feront inveftis par l'Empereur, fans être obligé de fe pourvoir en Cour de Rome, & que dans les caufes de Religion, les Etats Catholiques & de la confeffion d'Aufbourg qui fe trouveroient divifés en deux partis, la pluralité des fuffrages n'aura point lieu. Il y eft encore ftipulé que les Princes & les villes de Siléfie qui fuivent la Confeffion d'Aufbourg, joüiront de la liberté de confcience.

Le troifiéme qui n'eft pas d'une moindre confé-quence, eft qu'il fufpend l'autorité du Pape dans les terres des Proteftans.

Le quatriéme concerne la Ceffion fans aucune ré-ferve, du Landgraviat d'Alface faite à la Couronne de France. Celle faite à la Couronne de Suéde de la Pomé-ranie citérieure, de la principauté de Rugen, plufieurs Villes & une expectative fur la Poméranie ultérieure, la principauté de Camin, les Archevêché & Evêché de Bremen & de Werden qui ont passé depuis dans la Maison d'Hanovre, par des conventions particulières entre cette Couronne & cette Maison. Celle de la Poméranie ultérieure faite à l'Electeur de Brandebourg avec toutes les Commanderies & biens appartenans à l'Ordre de S. Jean qui se trouveront enclavés dans les Etats de ce Prince, de même que les Evêchés d'Halberstatt, de Minden, & de Camin, & l'Expectative sur l'Archevêché de Magdebourg. Et finalement celle faite au Duc de Meckelbourg des Evêchés de Swerin & de Ratzebourg avec les deux Commanderies de Mirow & de Nemerow, qui dépendoient de l'Ordre de S. Jean.

Et le cinquiéme & dernier, le Gouvernement Politique de l'Empire. Ce dernier objet renferme bien des parties, comme par exemple, que la dignité Electorale à laquelle le haut Palatinat & le Comté de Cham seront attachez, restera à l'Electeur Maximilien de Baviere & à ses descendans jusqu'à l'extinction de la Branche Guillelmine, qu'il retourneroit à la Maison Palatine.

Qu'il sera crée un huitiéme Electorat en faveur de Charles-Louis Comte Palatin du Rhin & de ses héritiers descendans de la ligne Rodolphine qui demeurera supprimée, la ligne Guillelmine venant à s'éteindre.

Que le même Electeur de Baviere renonçera à répéter les treize millions qu'il prétendoit lui être dûs pour pareille somme d'argent prêté, hypotéquée sur la Haute-Autriche.

Que

Que les Princes & Etats de l'Empire seront & demeureront maintenus dans tous les droits de la supériorité territoriale, & que les Villes libres de l'Empire auront voix décisive dans toutes les Diétes tant générales que particuliéres, de même que les autres Etats : & qu'enfin les Cantons Suisses seront confirmés dans leur possession d'indépendance de l'Empire & des Decrets de la Chambre Imperiale.

Les autres Traités depuis celui-ci, ne dérogent en aucune façon, aux dispositions qui y sont établies par rapport à l'Empire; ils sont tous au contraire, fondés sur ce dernier, que l'on doit regarder surtout, comme le fondement de ce qui concerne les interêts de chaque Prince où Etat de l'Empire en particulier.

## CHAPITRE QUATRIE'ME.

*De l'Empereur & des Personnes Publiques de l'Empire, qui partagent l'autorité Souveraine avec l'Empereur, en ce qui concerne l'Empire.*

LES Personnes Publiques de l'Empire sont de deux espéces ; les unes sont *Impérantes*, & les autres *subordonnées*.

Les *Impérantes*, sont les Personnes en qui réside la souveraine Puissance, & se divisent en celles qui ont l'autorité absoluë par leur propre droit, & en celles qui le tiennent du droit d'autrui, tels que sont les Vicaires de l'Empire.

D

Le Droit propre se divise aussi en *Primarium*, ou Principal, & en *Secundarium*, ou moins Principal, c'est-à-dire, qui a une autorité moins absoluë.

Le Droit propre *Primarium*, est renfermé dans la seule personne de l'Empereur, par son Election à l'Empire; sur quoi il est à propos d'observer ici, la maniére d'y parvenir, qui est l'Election qui se fait à la pluralité des suffrages des Electeurs légitimement assemblés & solemnellement convoqués, & qu'il n'appartient qu'au seul Electeur de Mayence d'avoir le droit de recueillir les voix, comme Doyen né du College Electoral, & que dans le cas que le *Siége* de Mayence seroit vacant, cette prérogative appartiendroit de droit à l'Electeur de Cologne; ce qui n'est cependant jamais arrivé.

Secondement le Couronnement.

Troisiémement les droits qui sont dévolus à la Majesté Impériale, qui sont de deux espéces, c'est-à-dire, ceux qui sont reservés à la seule personne de l'Empereur, ou ceux qui doivent être communiqués.

Quatriémement, l'Epouse de l'Empereur qui est qualifiée du titre d'*Auguste* & finalement les autres prérogatives tant de l'Empereur que du Roi des Romains, auxquelles leurs Epouses par leurs mariages, ont droit de participer: prérogatives, qu'elles n'avoient autrefois que par leur Couronnement.

Et cinquiémement le successeur à l'Empire, qui depuis quelques tems est assez communément élu du vivant même de l'Empereur Regnant, sous le titre de Roi des Romains.

Il faut encore obferver que l'Election d'un Roi des Romains peut être faite contre le gré de l'Empereur Regnant, mais elle ne peut être faite fans qu'il en ait connoiffance.

Il eft néceffaire enfin, pour que l'Election d'un Empereur foit légitime, que le Prince élu, ait pour lui la pluralité des voix; c'eft-à-dire, que fuppofé qu'il n'y ait que fept Electeurs qui ayent opiné, quatre voix l'emportent & il en faut cinq quand les neuf, qui compofent aujourd'hui le College Electoral, font affemblés. Dans le nombre pair, les voix fe trouvant partagées, aucun n'eft élu; mais l'avantage qu'a un Electeur qui eft un des élus, eft d'avoir la faculté de retracter la voix qu'il a donnée à un autre & de fe la conférer à lui-même, fi un feul fuffrage lui fuffit pour avoir la pluralité des voix pour lui: il eft encore un autre expédient pour qu'un Electeur puiffe retracter fa voix, & fe l'approprier. Quand par exemple, quatre Electeurs ont donné leur voix à un des Membres de leur College, ils déclarent que pour lever tout obftacle, celui en faveur de qui, ils ont opiné, peut joindre fa voix à la leur & fe la donner; mais aucun Prince à moins qu'il ne foit membre du Collége Electoral, ne peut parvenir de cette façon à l'Empire.

Il eft à craindre auffi, dans des cas de partage, que la divifion ne fe mette entre les Concurrens, & que leur ambition ne leur faffe naître l'envie d'avoir recours à l'ancien ufage, qui étoit de prendre les armes & de marcher contre fon competiteur, pour terminer par le fer, ce que la méfintelligence des Electeurs auroit laiffé indécis. Louis de Bavière ne monta fur le trône que par cette voye, contre Frédéric le Bel Duc d'Autriche, après l'avoir battu. Gonthier Comte de Schwartzbourg fut forcé de s'accommoder avec Charles IV. dans une pareille conjonéture, & l'hiftoire nous en fournit encore d'autres illuftres exemples, auxquels cependant il ne feroit pas difficile de remédier, fi dans de pareils cas de partage, on fe déterminoit à remettre l'éleétion entre les mains des Etats, ce qui raprocheroit l'ancien ufage d'élire; mais il faudroit pour ne pas tomber dans le cas des peines portées par la Bulle d'Or, après le tems preferit pour l'éleétion, qu'ils y procédaffent avec plus de célérité qu'ils ne font ordinairement dans les matiéres qui intéreffent l'Empire, & qui font foumifes à leur décifion. Il faut convenir cependant, que le défaut de décifion dans certains cas qui peuvent furvenir dans les éleétions, flate infiniment les maifons les plus puiffantes d'Allemagne ; elle leur donne le tems de former leur cabale, & de l'affermir, & de parvenir même à leurs deffeins, en bravant toutes les difficultés. qui fe préfentent, parcequ'elles ont la force en main.

Il eft vrai auffi que les Princes de l'Empire prétendent que les Eleéteurs ne peuvent du vivant de l'Empereur, procéder à l'éleétion d'un Roi des Romains, fans qu'au préalable, ils n'ayent été confultés fur la queftion de fçavoir, s'il convient de faire l'éleétion, l'Empereur étant en pleine vie ; mais cette prétention n'a point encore été décidée, & quoique l'on ait été fouvent dans le cas, les Eleéteurs ont toujours paffé outre.

Une autre queſtion, eſt de ſçavoir ſi un Electeur peut ſe donner ſa voix à la premiere ouverture de ſon opinion : la plûpart des Auteurs ſont à la verité pour l'affirmative, fondés ſur l'exemple de l'Empereur Sigiſmond qui ſe la donna, & des Rois de Bohême ; mais de pareils exemples ne paroiſſent pas ſans replique ; la Bulle d'Or même ſemble y être abſolument contraire Chap. 2. Par. 7. mais il faut convenir que le College Electoral n'étoit compoſé alors que de ſept Electeurs.

Le Droit propre *Secundarium*, eſt celui qui réſide dans les Etats de l'Empire, leſquels par leurs ſuffrages Co-impérans dans les Diétes, par un concours de pouvoir ſouverain, exercent contre leurs ſujets ſeulement, une autorité ſouveraine, mais qui eſt toujours ſubordonnée à l'Empire ; c'eſt-à-dire, pour rendre cette définition plus claire, qu'ils ſont ſouverains dans les Diétes, & qu'ils ſont ſubordonnés & même ſujets à cauſe de leurs Terres.

---

# CHAPITRE CINQUIE'ME.

### Du Couronnement de l'Empereur.

L'ELECTION d'un Empereur, eſt ordinairement ſuivie immédiatement après, de ſon Couronnement ; mais les anciens Empereurs ſe faiſoient couronner différemment qu'ils ne le font aujourd'hui ; c'eſt-à-dire, qu'ils étoient couronnés autrefois de quatre Couronnes différentes, qui exigeoient chacune un Cé-

rémonial & Couronnement particulier. La Couronne de Rome étoit la premiére, celle de Lombardie
ou d'Italie étoit la feconde, celle de Germanie étoit
la troifiéme & celle d'Arles la quatriéme.

L'Empereur élû, étoit dans l'obligation d'aller fe
faire mettre fur la tête celle de Rome par les mains
du Pape, dans Rome même; comme une marque de
fa jurifdiction fur les reftes de l'Empire Romain. Cet
ufage n'étoit cependant qu'une pure cérémonie, quoique fi l'on vouloit ajouter foi à ce qu'en difent les
anciens Auteurs d'Allemagne, un Empereur n'en pouvoit prendre le titre, qu'après fon Couronnement.
Il eft vrai encore que Grégoire VII. & fes Succeffeurs
ont prétendu que cette cérémonie étoit effentielle, parce qu'elle marquoit, fuivant leurs idées, la foumiffion
des Rois d'Allemagne à Rome, & au S. Siége, & que
fans elle enfin, les Peuples ne pouvoient reconnoitre
le nouveau Roi, & qu'il ne leur étoit pas permis de
lui prêter aucun Serment de fidélité; ils ajoutoient encore pour mettre le comble à leurs prétentions, que cette
cérémonie dépendoit parfaitement de leur volonté.
L'hiftoire nous en fournit même un exemple dans
Henri VII. dit de Luxembourg, qui fut obligé en
1310. d'obtenir un Indult formel de Clement V. qui
réfidoit alors à Avignon, pour différer fon Couronnement; mais Charles-Quint eft le dernier des Empereurs, qui fe foit fait couronner & facrer par le
Pape; encore la cérémonie ne fut-elle pas faite à
Rome, mais à Boulogne. Ce voyage de Rome s'appelloit *l'expédition Romaine*. L'Empereur étoit efcorté fui-

vant l'ufage, par vingt mille hommes d'Infanterie &
de quatre mille de Cavalerie; mais ce voyage fuivant
quelques Auteurs anciens, ne devoit durer en tout
qu'un mois, d'où ils ont prétendu tirer l'origine de
l'impofition qui s'appelle vulgairement *les mois Romains.* Mais il eft certain que le tems de l'expédition
Romaine n'a jamais été fixé quant à fa durée; il n'eft
pas moins conftant qu'il a au contraire toujours duré
plus d'un mois, quelquefois fix & même au-delà; & que
fous ce nom, toute l'expédition Italique que l'Empereur
a fait en même tems comme Roi d'Italie, y étoit
comprife.

Delà vient que l'Empire ayant accordé aux Empereurs un certain nombre de Troupes fixe, comme on
vient de le dire, on a fait une évaluation de l'entretien
de ces Troupes par mois. La Diéte tenuë à Nuremberg
en 1521. accorda à Charles-Quint dix florins d'Allemagne par mois pour chaque Cavalier & quatre pour
un Fantaffin à pied de l'expédition Romaine, qui a fervi
dans la fuite de modéle pour les autres collectes de
l'Empire, & c'eft delà que tire la véritable origine de
la dénomination *des mois Romains.*

La Couronne de Lombardie pour le Royaume de
ce nom, fe conféroit de même à Milan ou à Monra,
où l'Empereur élû alloit fe faire couronner; il rece-
voit auffi dans Aix-la-Chapelle, la Couronne de Germanie, où il étoit obligé de fe tranfporter, de même
qu'à Arles pour s'y faire couronner en qualité de Souverain du Royaume de ce nom.

Il faut cependant obferver à l'égard de cette dernière Couronne, que très peu d'Empereurs ont été l'y recevoir ; il n'y avoit pas même de Loi qui les y contraignît. La preuve s'en tire de ce que quelques-uns l'ont été prendre à Généve, les autres ailleurs comme à Soleure ; Conrad II. fut à Payerne se faire couronner. Charles IV. a été le dernier Empereur qui ait été couronné de cette Couronne en 1365: il la reçut dans la ville d'Arles même, ce qu'aucun de ses prédécesseurs n'avoit fait avant lui. Mais les Empereurs se sont affranchis aujourd'hui de toutes ces corvées, de maniere qu'ils ne sont assujetis qu'à un seul Couronnement qui doit se faire en éxécution de la Bulle d'Or de Charles IV., à Aix-la-Chapelle, & à une unique Couronne, qui est celle de Germanie, pour tout l'Empire.

Cette disposition de la Bulle d'Or, quelqu'expresse qu'elle soit, n'a pas empêché que plusieurs Empereurs successeurs de Charles IV. n'ayent choisi d'autres villes de l'Empire suivant l'exigeance des cas. Il ne faut que consulter les Historiens, qui nous apprennent que Robert fut couronné à Cologne, Ferdinand I. Maximilien II. l'Empereur Mathias, Ferdinand II. & Leopold I. furent couronnés à Francfort ; Rodolphe II. Ferdinand III. & Ferdinand IV. l'ont été à Ratisbonne ; Joseph I. fut couronné à Ausbourg Roi des Romains & les Empereurs Charles VI. frere du précédent & Charles VII. dernier Empereur, l'ont été à Francfort. Mais dans les cas où les Empereurs sont forcés d'enfreindre cette Loi, ils sont alors obligés de donner des Reversales ou Lettres Patentes, portant que c'est

sans

*sans tirer à conséquence & sans préjudice du droit acquis à la Ville d'Aix-la-Chapelle*, qu'ils ont choisi une autre Ville de l'Empire pour s'y faire couronner.

Quant au couronnement tel qu'il s'éxécute présentement, il consiste dans l'imposition de la Couronne Imperiale sur la tête de l'Empereur élû, & ce couronnement n'est légitime & valable, qu'autant que cette auguste cérémonie est faite par les trois Electeurs Ecclésiastiques canoniquement sacrés & bullés, qui tiennent chacun la main à la Couronne.

Il faut cependant distinguer ici, l'acte particulier de l'imposition de la Couronne Impériale, d'avec l'acte total du couronnement qui renferme la consécration & la bénédiction. Il faut aussi observer que l'Electeur de Treves n'est admis seulement dans cette solemnité, qu'à l'imposition de la Couronne avec les deux Electeurs de Mayence & de Cologne, & qu'il est exclus du reste de l'acte total, qui ne peut être fait que par ces deux derniers Electeurs, à qui le droit seul en est réservé.

On ne peut se dispenser de faire encore une autre observation, que si le couronnement se fait dans une des Villes du Diocèse de l'un ou de l'autre des deux Electeurs de Mayence ou de Cologne, c'est alors celui dans le Diocése duquel la Ville indiquée pour le couronnement se trouvera située, qui en fera les fonctions, à l'exclusion de l'autre, suivant le traité particulier qui en fut fait entr'eux à Margentheim en Franconie en 1654.

E

Mais si le couronnement se fait dans une Ville qui ne soit point du ressort de leur Diocèse, chacun des deux, suivant le même traité, en fait alternativement les fonctions, & c'est l'Electeur de Mayence en sa qualité de Doyen né des Electeurs, qui commence. Celui de Cologne actuellement régnant, du consentement de cet Electeur, en fit les fonctions au couronnement de l'Empereur Charles VII. son frere à Francfort, quoique cette Ville soit du Diocèse de Mayence, mais ce fut sans tirer à conséquence.

Les mêmes cérémonies s'observent à peu de choses près, au couronnement d'un Roi des Romains, lorsqu'il est elû du vivant de l'Empereur, dont après son Election il devient le successeur sans qu'il soit besoin de procéder à une nouvelle Election, étant en droit de prendre les rênes de l'Empire aussitôt que l'Empereur a fermé les yeux. Ses uniques fonctions pendant sa vie, se réduisent cependant à très peu de chose, si ce n'est qu'il est censé son Vicaire unique & perpétuel & dans de certains cas, comme de voyages hors de l'Empire, caducité causée par le grand âge, ou des infirmités qui lui ôtent l'entiére faculté de gouverner par lui-même, il devient alors Régent actuel de l'Empire.

On lui prescrit par cette raison, immédiatement après son Election, une capitulation dont il promet solemnellement par des Réversales, d'observer après la mort de l'Empereur tous les articles. Enfin il a le même pouvoir que l'Empereur lorsqu'il le représente, mais hors de là, il se reduit aux simples titres honorifiques de *Majesté* & *d'Auguste*, à prendre dans toutes les cérémonies où il se trouve, la gauche de l'Empereur & d'en être qualifié de *Dilection*. Ce qui le distingue encore de l'Empereur, est que l'Aigle déployée qu'il porte dans son Ecusson, n'est chargée que d'une tête, & que celui de l'Empereur en a deux. Enfin il est obligé de promettre par serment, s'il est élû Roi des Romains, sans avoir atteint ses années de majorité, que si l'Empire vient à vaquer & qu'ils ne soient point encore accomplis, que les Vicaires de l'Empire gouverneront en son lieu & place, mais toujours en son nom.

Quelques Publicistes prétendent que dans les affaires personnelles qui pourroient lui survenir, l'Empereur seul a droit d'en connoitre; d'autres le soumettent à la jurisdiction des Etats, & quelques-uns à celle de l'Electeur Palatin: mais il seroit, ce me semble plus dans la régle, qu'il ne reconnût que la Chambre Impériale.

---

## CHAPITRE SIXIEME.

*Du Roi des Romains & des Vicaires de l'Empire.*

J'AI déja parlé du Roi des Romains dont l'Election est la même que celle de l'Empereur, puisque le titre est un préalable nécessaire pour monter sur le Trône Imperial. On vient de dire aussi, que les

Electeurs pouvoient se passer du consentement des Empereurs vivans pour procéder à son Election. Une autre question se présente à décider à ce sujet, la première étant résoluë, si l'on s'en rapporte à l'usage ; mais celle dont il s'agit, qui est de sçavoir si le consentement des Etats est nécessaire aux Electeurs, pour élire un Roi des Romains, jusqu'à présent n'a point encore été décidée.

La défense des Etats, pour soutenir leur droit est bien simple ; ils allèguent qu'avant la Bulle d'Or, l'Election ne se faisoit qu'avec le concours & l'agrément des Princes ; que lors de l'Election de Ferdinand I. l'Electeur de Saxe, partie interessée, pour la négative, ne put se dispenser de se déclarer en leur faveur, & que suivant l'article VIII. du Traité de Munster, Parag. III., la décision de cette question avoit été renvoyée aux Comices, dont aucun n'a rien statué sur cette question, en sorte que les Electeurs jouissent toujours du Possessoire, qu'ils ont exercé en plein, malgré les protestations des Etats, lors de la tenuë de la Diéte d'Election de l'Empereur Joseph. Ces questions cependant, pourroient très bien se renouveller par des Puissances étrangères, comme elles l'ont été autrefois par la France & par la Suéde.

Celle-ci prétendoit avec quelque fondement, que l'Election d'un Roi des Romains ne se devoit faire que lors de la vacance du Trône de l'Empire.

Celle-là, insistoit de son côté, non pas que l'on ne procédât point à l'Election d'un Roi des Romains du vivant de l'Empereur, mais que si l'interêt &

les circonftances des tems l'éxigeoient, que le choix
que feroit le College Electoral, ne tombât point fur
un Prince qui fût de la famille régnante.

Il réfulte des oppofitions de ces deux Puiffances,
que la premiére avoit en vuë d'empêcher ces Elections
prématurées, pour que l'Empire ne devînt pas héréditaire dans la Maifon régnante. La feconde pouvoit bien avoir le même objet, mais le plus marqué,
étoit de faire connoitre que dans ces fortes d'Elections,
faites du vivant d'un Empereur, la liberté y étoit
abfolument gênée. On ne peut en effet en difcon-
venir, non plus que d'avancer que la création d'un Roi
des Romains anéantit & abforbe entièrement les
Prérogatives des Vicaires de l'Empire, par fon exif-
tence, au moment que l'Empereur régnant a fermé les yeux.

Il y a de trois efpéces de ces Vicaires dans l'Empire :
les uns font appellés Vicaires de l'Empire, les autres
Vicaires de l'Empereur, & la troifiéme, les Vicaires
des Païs détachés de l'Empire & de ceux qui en font
limitrophes, fans faire corps avec l'Empire.

Les Vicaires de l'Empire font les Princes qui, pendant la vacance du Trône Imperial par mort, ou par
quelqu'autre empêchement légitime, ont droit de gouverner l'Empire fuivant les Loix fondamentales.

Les Princes à qui ce droit appartient, fuivant la
Bulle d'Or, font l'Electeur Palatin & celui de Saxe.

L'Electeur Palatin eft en poffeffion de ce droit, parceque le Vicariat de l'Empire eft fpécialement attaché
au Palatinat, & conféquemment, ce Prince eft Vicaire

né de l'Empire dans toute l'étenduë du païs qui est
régi par le droit Allemanique.

Il y a cependant une contestation là-dessus, entre ce
Prince & l'Electeur de Bavière qui lui dispute ce droit;
ce dernier se fonde sur ce qu'en 1622. Frédéric V.
Roi de Bohême & Electeur Palatin, fut depouillé
de la dignité Electorale par l'Empereur Ferdinand II.
qui la conféra au Duc de Bavière de la Branche
Guillelmine, & que sur ce que le Vicariat étant affecté au caractere électoral, il avoit passé avec cette
dignité à cette Branche de Bavière qui en fait réellement les fonctions présentement, conjointement
avec l'Electeur Palatin, comme il va être dit ci après.

L'Electeur de Saxe de son côté, est aussi Vicaire né dans
l'étenduë de tout le Païs qui est régi par le droit Saxon.

Quant aux Vicaires de l'Empereur; ce sont ceux
qu'il lui plait de nommer, quand ce Prince s'absente,
ou qu'il prévoit qu'il sera obligé de s'absenter, & de
commettre par un titre spécial, pour le gouvernement de l'Empire, pendant le tems de son absence.

A l'égard des Vicaires des Païs détachés, limitrophes ou accessoires, ce sont le Vicaire du Royaume
d'Arles, celui du Royaume de Lombardie ou d'Italie,
& celui de Rome.

La nomination que fit Rupert Electeur Palatin,
de Louis son fils Comte Palatin à la dignité de Vicaire d'Empire & du Royaume d'Arles, pendant son
absence, causée par l'expédition Romaine qu'il entre-
prit en 1409. & qui lui succéda dans l'Electorat,
lorsqu'il fut élevé sur le Trône Impérial, a induit plu-

fieurs auteurs en erreur : elle leur a fait avancer
fans aucune autre preuve, que le Vicariat du Royaume d'Arles étoit acquis de droit à la maison Palatine ; en quoi ils fe font bien trompés, les Comtes
Palatins du Rhin n'ayant aucun titre qui leur donne
la qualité de Vicaires de ce Royaume, qu'ils n'ont
jamais euë ni exercée, fi ce n'eft le feul Comte Louis
que l'on vient de citer. Les autres auteurs qui ont
prétendu que l'Empereur Charles IV. avoit donné ce
titre à perpétuité au Dauphin de France, n'ont pas
moins erré que les précédens, fondés uniquement fur
la donation du titre de Vicaire d'Empire dans le
Royaume d'Arles que cet Empereur accorda au Dauphin Charles en 1378. fans faire attention que ce n'é-
toit qu'une fimple commiffion à vie & perfonnelle,
pour le Prince feulement & fans tirer à conféquence
pour l'avenir.

Le Vicaire du Royaume de Lombardie ou d'Italie, a toujours été, fuivant quelques Auteurs, le Duc
de Savoye ; il eft cependant notoire que cette qualité
n'a été folidement établie en faveur de cette Maifon, que pendant le régne de Charles - Quint, qui
la confolida telle qu'elle eft aujourd'hui par les Decrets
de 1521. 1530. & 1555. ce qui nous eft confirmé
par Lunig, *Archive d'Empire*. D'habiles Jurifconful-
tes ont néanmoins foutenu & trouvent encore aujourd'hui bien des partifans, que s'il fe préfentoit quelque chofe à expédier, de quelque importance qu'elle
fût, pendant un Interregne, & qu'elle regardât les
Etats d'Italie, que le droit d'en connoître & d'en

décider, appartiendroit par préférence aux Electeurs
de Saxe & Palatin. Les Ducs de Mantouë cependant, n'ont pas moins contesté le droit de Vicariat à ceux
de Savoye jusqu'à leur extinction ; mais l'Empereur
Joseph a levé toutes les difficultés à ce sujet, en ab-
sorbant le droit prétendu de ces Ducs, par l'extinction de la Maison de Gonzague & par la possession
du Duché de Mantouë, quoiqu'il ne soit pas encore
bien décidé que le Mantouan soit réuni de droit
aux Domaines de la Maison d'Autriche.

Les Ducs de Modène ont prétendu & prétendent
encore avoir des droits acquis sur le même Vicariat, en vertu de celui qu'ils ont déja exercé sur quelques Païs d'Italie, mais jusqu'à present leurs prétentions n'ont pas été suivies, & par conséquent
n'ont pas eu lieu.

Le Pape est Vicaire né de l'Empire dans la Ville
de Rome & ses dépendances, selon les partisans zé-
lés de l'Empereur : les Protestans entr'autres, sont
les premiers à le soutenir.

Quoique nous ayons dit que les Vicaires de l'Empire ayent droit de tenir les rênes du Gouvernement pendant les Interregnes, & que le pouvoir absolu leur soit déferé de droit, il est cependant limité, puisqu'ils n'ont pas la faculté de donner les fiefs des Princes, qui pourroient vaquer
pendant un Interregne, dont l'investiture ne pouvoit se faire autrefois que par le Drapeau, mais qui
se fait aujourd'hui pour les fiefs Ecclésiastiques comme pour les Séculiers indistinctement, par l'épée,

dont

dont le Vaſſal baiſe le Pommeau. Il eſt vrai que du tems de la Bulle d'Or, l'ancien Cérémonial des Inveſtitures étoit en uſage : mais ſi l'on ſe donne la peine de la conſulter & d'en prendre l'eſprit, elle apprendra Tit. V. qu'elle défend expreſſément aux Vicaires, l'inveſtiture des Fiefs majeurs, par ces termes, *Feudis Principum duntaxat exceptis, & illis, quæ* Vahn Lehn *vulgariter appellantur.* D'où il faut conclure expreſſément, que les Vicaires ne peuvent engager ni aliéner ce qui appartient de droit à l'Empire, & qu'ils ne ſont pas même en droit de donner de nouvelles inveſtitures, & encore moins de renouveller les anciennes. Mais quant aux ſimples Comtés & Seigneuries, il eſt inconteſtable qu'ils en peuvent donner l'inveſtiture.

## CHAPITRE SEPTIE'ME.

*Des Etats de l'Empire, & en particulier des Electeurs & de leurs Charges ou Offices.*

LEs Etats de l'Empire ſont les perſonnes & les Corps qui ont droit de ſéance dans les Diétes, & qui y ont celui de ſuffrage, ſoit par tête, ſoit par banc, ſuivant chacun leurs qualités.

Ils ſont ſouverains dans leurs terres, avec tous les attributs & droits Régaliens, mais cependant d'une maniére ſubordonnée à l'Empire.

Ces Etats ſont diviſés en trois claſſes.

F

La première est composée des princes Electeurs.

La seconde est formée des Princes de l'Empire.

Et la troisième des Villes Impériales.

Les Electeurs sont sans contradiction, les grands Princes de l'Empire : ce sont eux à qui le droit d'élire le chef du Corps Germanique & de cette espéce de République, est dévolu.

Les uns sont Ecclésiastiques, les autres sont Laïques.

Les Ecclésiastiques sont au nombre de trois, dont le premier est l'Electeur de Mayence qui est doyen perpétuel du Collége Electoral & Archi-Chancelier de l'Empire pour l'Allemagne.

Le second est l'Electeur de Tréves qui est aussi grand Chancelier de l'Empire pour la Gaule Belgique & le Royaume d'Arles : mais cette derniére dignité ne consiste dans aucune fonction, & n'est simplement qu'un titre honorable.

Le troisiéme est l'Electeur de Cologne qui est pareillement grand Chancelier, pour le Royaume de Lombardie ou d'Italie.

Les Electeurs Laïques sont présentement au nombre de six.

Le Roi de Bohême grand Echanson de l'Empire est le premier.

L'Electeur de Baviere, grand Maître pour la table, & grand Pannetier de l'Empire est le second, & porte dans les jours de cérémonie le Glôbe Impérial.

Celui de *Saxe*, grand Maréchal de l'Empire, le

suit immédiatement : il porte devant l'Empereur dans les cérémonies l'épée impériale nuë.

Le Roi de Prusse, comme Electeur de Brandebourg & grand Chambellan de l'Empire, est le quatriéme, & porte dans les jours de cérémonie le scéptre impérial.

L'Electeur Palatin Grand Trésorier de l'Empire porte dans ces mêmes jours, la Couronne Impériale : il est le cinquiéme.

Et le Roi de la Grande Bretagne comme Electeur d'Hanovre est le sixiéme & dernier. C'est pour lui en faveur de qui, l'Empereur Leopold a fait revivre le Titre & Office de Grand Gonfalonnier ou Porte Etendard de l'Empire, mais qui ne lui est pas moins contesté par le Duc de Wurtemberg & l'Electeur de Saxe ; quoique jusqu'à present cette charge ne lui ait été que simplement désignée & qu'il n'en ait pas même fait aucune fonction.

L'ordre de succession parmi ces Princes suit, toujours celui du sang & de la proximité de branche en branche , ce qui s'appelle *Succession linéale agnatique.* C'est sur ce Principe incontestable & suivi exactement en Allemagne , que Guillaume de Neubourg a succédé à Charles Electeur Palatin, dernier de la Branche de Simmeren , contre les prétentions du Duc Léopold , de la Branche de Veldence, qui soutenoit qu'entre agnats, on devoit préferer l'ainé de la Maison & le plus proche en dégré , sans faire attention à la ligne. C'étoit aussi le sentiment de M. *schilter* Professeur & Avocat Général à Strasbourg, mais qui fut refuté par tous les Jurisconsultes Allemands.

F ij

Cette même queſtion fut vivement débatue dans la Maiſon des Ducs de Saxe, lorſque la Branche Electorale de ce nom, ſembla tirer à ſa fin, au commencement du ſeiziéme Siécle; elle fut agitée entre la Branche d'Altenbourg & celle de Weimar en 1607. & décidée par l'Empereur Rodolphe II. en faveur du premier. Mais la nombreuſe poſtérité ſurvenuë contre toute eſpérance, à Jean Georges I. rendit inutile toute la procédure qui avoit été faite, & il n'en eſt reſté aux Miniſtres qui avoient élevé cette conteſtation prématurée, que la honte d'avoir ſemé mal à propos la diſcorde, dans une Maiſon dont l'union faiſoit toute la force & la bonne harmonie.

Pour ce qui regarde l'âge requis dans la perſonne d'un Electeur, pour jouir de tous les droits & prérogatives annexées à cette dignité, la Bulle d'Or le détermine à dix-huit ans accomplis. On s'eſt cependant ſouvent écarté de cette régle; la Bohême ſur tout, qui ſe vante d'avoir le Privilége ſpécial que ſes Rois, à l'exemple de ceux de France, ſont réputés majeurs à quatorze ans; c'eſt un des Etats de l'Empire ſuivant l'opinion de quelques Auteurs, qui a voulu s'arroger ce droit. Il n'eſt pas moins conſtant qu'elle n'a pas plus de Privilége que les autres, puiſque les Rois de Bohême ne ſont cenſés Majeurs qu'à l'âge de dix-huit ans, comme les autres Electeurs. Et il n'y a aucune Conſtitution dans le Droit Public de Bohême qui parle de l'âge de quatorze ans, quoique l'Empereur Léopold, ne manqua pas de ſe ſervir de cette prérogative, mais il ne trouva pas de contradiction. Nous avons encore un exemple affez récent où l'on s'eft écarté de la Loi pour en difpenfer jufqu'aux Electeurs Ecclefiaftiques. Joſeph Clement de Bavière Electeur de Cologne, fut admis à toutes les délibérations du College Electoral, quoique mineur, fans autre prétexte pour autoriſer cette difpenfe jufques là inouïe, que la néceſſité n'a-voit point de loi. Mais le véritable motif qui avoit engagé d'enfreindre la loi en fa faveur, ne tendoit uniquement qu'à avoir des fuffrages ponderans, pour arrêter les entreprifes du Prince Egon Guillaume de Furftenberg. Cet évenement eft trop recent pour avoir été enféveli dans l'oubli. Ce Prince fut élu Archevêque de Cologne en 1688. par neuf fuffrages de Chanoines contre treize qui avoient donné leur voix à Guillaume de Furftenberg; le Pape ayant donné un Bref d'éligibilité au premier, il fut pourvû de l'Archevêché, parce que Furftenberg n'avoit pas obtenu un pareil Bref. On peut donc conclure auffi de-là que le manége de l'Empereur Léopold ne regar-doit point la Diéte, mais feulement l'Election que le Chapitre devoit faire, & que l'Empereur ennemi de Furftenberg, engagea Innocent XI. à donner le Bref d'éligibilité à Joſeph Clement, & à le refufer à l'autre, pour que celui-ci pût emporter la dignité Electorale avec le moindre nombre de voix.

Il eft auffi d'ufage que les Princes encore mineurs, & à qui la dignité Electorale eft échuë par fucceffion directe ou agnatique, font fous la tutelle de leurs plus proches agnats à qui elle eft dévoluë de droit, fi l'on en excepte cependant la Bohême, dont les

Etats prétendent avoir celui de gérer la tutelle de leurs Rois mineurs, & la Maiſon Palatine où les tuteurs légitimes ne ſont appellés qu'au défaut des tuteurs teſtamentaires. On a vû beaucoup d'exemples que ces derniers en pareil cas, ont adminiſtré le Palatinat à l'excluſion des autres; ſi l'on veut cependant examiner les choſes ſans partialité, on conviendra de bonne foi, que la Maiſon Palatine n'a aucune prérogative à l'égard de la tutelle. La queſtion, ſi les tuteurs teſtamentaires doivent être préferés, à ceux que la Bulle d'Or donne, c'eſt-à-dire aux plus proches agnats, n'eſt pas encore décidée. Le cas étant pluſieurs fois arrivé dans la Maiſon Palatine, on y a toujours ſuivi la maxime de préférer le tuteur teſtamentaire, il eſt vrai, mais il y a toujours eu des proteſtations.

Les Princes ſont auſſi, les uns Eccleſiaſtiques, les autres Laïques; il en ſera parlé ci-après.

Les Villes qui ſont auſſi partie des Etats, ſont celles qui ſont immédiatement ſoumiſes à l'Empire. Il en ſera auſſi fait mention dans ſon lieu.

## CHAPITRE HUITIEME.

*De la ſéance des Princes Eccleſiaſtiques dans les Diétes.*

LA ſéance des Princes Eccleſiaſtiques dans les Diétes, ſe diviſe en deux parties, l'une ſuperieure & l'autre inferieure.

## *Partie superieure.*

Les Archiducs d'Autriche, quoique Laïques, occupent par distinction & par préférence aux Princes Ecclésiastiques, la premiere place de cette partie supérieure.

Il faut convenir que cette Maison est aujourd'hui la plus puissante de l'Allemagne & que les alliances qu'elle a faites, ont contribué à son aggrandissement. La premiere que fit l'Empereur Albert fils de Rodolphe I. avec Elizabeth héritiere du Tyrol & de la Carinthie, mit ces deux Etats dans sa Maison: Jeanne héritiere d'Ulric Comte de Ferrete, en épousant Albert dit le sage, y joignit cette Comté. Les Royaumes de Hongrie & de Bohême furent apportés pour la premiere fois dans la Maison d'Autriche, par le mariage que fit l'Empereur Albert II. avec Elizabeth, fille de l'Empereur Sigismond, souverain de ces deux Royaumes. Le Comté de Bourgogne & les Pays-Bas y sont entrés par le mariage de Maximilien Premier, avec la Princesse Marie, fille & unique héritiere de Charles le Hardi dernier Duc de Bourgogne. Le Royaume d'Espagne y étoit entré par l'alliance de Philippe, fils de Maximilien I. avec Jeanne fille & héritiere de Ferdinand le Catholique. Et finalement la Hongrie & la Bohême sont rentrés de nouveau dans cette Maison, par le mariage de l'Empereur Ferdinand I. avec la Princesse Anne, fille de Ladislas qui réünissoit ces deux couronnes sur sa tête.

Tant d'Alliances qui doivent leur premier accroissement à l'Empereur Rodolphe, Comte d'Hasbourg, ont
donné lieu au vers suivant.

*Bella gerant alii, tu felix Austria, nube.*

Les Ducs de Bourgogne jouissoient autrefois de la
même prérogative d'être placés dans cette partie, immédiatement après les Archiducs. Il n'y a plus présentement que le Député qui réprésente le Cercle de Bourgogne qui jouisse aujourd'hui de ce droit, & qui y tient
leurs places, quand l'Empereur juge à propos d'y en
envoyer un, suivant le droit qui lui en a été accordé
par le Traité d'Utrecht.

Ceux qui remplissent les autres places de cette partie
superieure, sont de quatre especes.

Les Archevêques sont de la premiere.

La seconde sont les Evêques.

La troisiéme, les grands Maîtres des Ordres Ecclesiastiques Militaires, l'occupent.

Et la quatriéme est remplie par les Abbés & Prévôts
des Chapitres qui ont le titre de Princes.

Ils ont tous généralement droit de suffrages
par tête ; en voici les noms suivant chacun leur
rang.

L'Archevêque de Saltzbourg.

L'Archevêque de Besançon.

Ce dernier a été dépouillé de ce droit, depuis que
la France s'est rendue maitresse par Conquête, de
la Franche-Comté, & qui lui est demeurée par l'Article XI. du Traité de Paix conclu à Nimegue
en 1679.

Le

Le Grand Maitre de l'Ordre Teutonique.

L'Evêque de Bamberg.

L'Evêque de Wirtzbourg.

L'Evêque de Worms.

L'Evêque d'Eichſtatt.

L'Evêque de Spire.

L'Evêque de Straſbourg, par rapport aux Terres dépendantes de ſon Evêché, qui ſont ſituées en Allemagne.

L'éxercice de ce droit avoit toutes fois été interrompu depuis 1680. que l'Evêché de Straſbourg avoit paſſé ſous la domination du Roi de France ; mais le Cardinal de Rohan aujourd'hui Evêque de cette Capitale de la province d'Alſace, l'a fait rétablir par un réſultat de la Diéte de Ratiſbone, du mois de Fevrier 1723. compris dans les decrets de la Diéte.

L'Evêque de Conſtance.

L'Evêque d'Augſbourg.

L'Evêque d'Hildesheim.

L'Evêque de Paderborn.

L'Evêque de Freiſingue.

L'Evêque de Ratiſbonne.

L'Evêque de Paſſau.

L'Evêque de Trente.

L'Evêque de Brixen.

L'Evêque de Baſle.

L'Evêque de Liége.

L'Evêque d'Oſnabruck.

L'Evêque de Munſter.

L'Evêque de Lubeck ou d'Eutin. Cet Evêque eſt

G

placé fur un banc féparé mis en travers dans la falle de la Diéte, où fe place pareillement l'Evêque d'Ofnabruck quand il eft Luthérien; le Siége de cet Evêché étant alternativement rempli par un Catholique & par un Luthérien.

L'Evêque de Coire eft le dernier des Evêques.

Les Abbés (*a*) & Prévôts des Chapitres qui ont titre de Princes, fe placent immédiatement après les Evêques, chacun dans leur rang, dans l'ordre fuivant.

L'Abbé de Fulde, Chancelier né de l'Impératrice. (*b*)

L'Abbé de Kempten. (*c*)

Le Prévôt du Chapitre d'Elwangen.

L'Adminiftrateur des Abbayes de Mourbach Leures ou Luders. Ces deux Abbayes font aujourd'hui fous la domination de la France.

Le grand Prieur de l'Ordre de S. Jean ou de Malthe, dont la réfidence ordinaire eft à Heiderftem dans le Brifgaw.

L'Abbé de Berchtolfgaden.

Le Prévôt du Chapitre de Weiffembourg. Ce Chapitre eft préfentement fous la domination de la France.

---

(*a*) En Allemagne les Abbés font appellés Prélats, pour les diftinguer des Evêques.

(*b*) Il prend la qualité d'Archi-Chancelier de l'Empereur, & une des prétenduës prérogatives de ce Prélat, eft d'être en droit de mettre la main à la Couronne, lorfque l'Archevêque Confacrant la met la premiere fois fur la tête de l'Impératrice. Il renouvella cette prétention au dernier Couronnement de l'Impératrice Marie Amélie, mais l'Electeur de Cologne s'y oppofa. Le Prélat ceda à la verité, mais fans préjudice de fes droits. Il y a pour & contre lui, mais l'affaire n'eft pas décidée.

(*c*) Une des prérogatives de ce Prélat, eft d'être Archi-Maréchal de l'Empire.

L'Abbé de Malmedy & de Stavélo.
L'Abbé de Brünn.
Et l'Abbé de Corbey.

### Partie Inférieure.

Ceux qui remplissent cette partie inférieure sont de trois espéces différentes.

De la premiere, sont les Abbés & Prévôts des Chapitres qui n'ont ni le rang ni le titre de Princes.

De la seconde, sont les Commandeurs des Ordres Ecclésiastiques Militaires.

Et de la troisiéme & derniere, sont les Abbesses, dont quelques-unes ont cependant le titre de Princesses.

Ceux qui composent ces trois espéces, n'opinent que par banc, & chaque banc n'a que deux voix.

Ces bancs se divisent en deux, l'un appellé le banc de Suabe & le second le banc du Rhin & de Franconie.

### Banc de Suabe.

Ce Banc prend sa séance dans l'ordre suivant.

L'Abbé de Reichnau ; mais depuis que l'Evêque de Constance s'est emparé du droit de ce Prélat, c'est lui qui le représente.

L'Abbé de Marchκtal.
L'Abbé de Salmans Weiler.
L'Abbé d'Oschsenhausen.
L'Abbé d'Elchingue.
L'Abbé d'Irsingue-Irsée.

L'Abbé de Rochenbourg.

L'Abbé de Munchenrod.

L'Abbé de Schuffenried.

L'Abbé de Pétershaufen.

L'Abbé de Wetenhaufen.

L'Abbé de Zwifalt.

L'Abbé de Gengenback.

L'Abbé de Weingart.

Et L'Abbé de Urfberg & Saint Georges près Ifny avec les deux Commandeurs ou Baillifs Provinciaux des Ordres Eccléfiaftiques Militaires qui font celui du Bailliâge de Coblentz

Et celui du Bailliâge d'Alface & de Bourgogne.

### Banc du Rhin.

Le Banc du Rhin eft compofé de ce qui fuit, & fe place dans la Diéte dans l'ordre fuivant.

L'Abbé de Kaiferfheim.

L'Abbé de Œdenheim.

L'Abbé de Werden.

L'Abbé d'Helmftat.

L'Abbé de Saint Ulric & de faint Afre d'Aufgbourg.

L'Abbé de Munfter au Val Saint Grégoire, préfentement fous la domination du Roi de France.

L'Abbé de Saint Corneille près d'Aix-la-Chapelle.

L'Abbé de Saint Emeran de Ratifbonne.

L'Abbé de Bruchfal.

L'Abbé de Walchenried.

Le Duc de Brunſwich a acquis le droit de ce dernier Abbé, par le Traité de Weſtphalie & le repréſente aux Diétes.

L'Abbé de Salfedt.

Il eſt auſſi repréſenté par le Duc de Saxe Altembourg.

Et l'Abbé de Siegberg.

Les Abbeſſes ſe placent ſur l'un & l'autre de ces deux bancs, ſuivant la ſituation de leurs bénéfices, dans l'ordre ſuivant.

L'Abbeſſe d'Eſſen.

L'Abbeſſe de Buchau.

L'Abbeſſe de Quedelinbourg, aujourd'hui ſous la domination du Roi de France.

L'Abbeſſe de Lindau.

L'Abbeſſe de Herford.

L'Abbeſſe de Guerenrordt, mais le Prince de Hanhalt la repréſente.

L'Abbeſſe du Monaſtere inférieur de Ratiſbonne.

L'Abbeſſe de Burcheid.

L'Abbeſſe de Gandersheim.

L'Abbeſſe de Roten-Munſter.

L'Ecolaſtre de Heggenbach.

L'Ecolaſtre de Baindt.

Et l'Abbeſſe de Gunttehenzel.

# CHAPITRE NEUVIE'ME.

*De la séance des Princes Laïques dans les Diétes.*

LA séance des Princes Laïques dans les Diétes se divise de même que celle des Ecclésiastiques, en deux parties, l'une supérieure & l'autre inférieure.

## Partie Supérieure.

Les Ducs, les Comtes Palatins, les Marquis, les Land-Graves & les simples Princes sans titre de charge ou d'office, occupent la partie supérieure dans l'ordre suivant.

Les Ducs de Saxe Gotha, Saxe Weimar & Saxe Eisenach.

Le Duc de Brême & de Werden, c'est l'Electeur d'Hanovre qui le représente.

Les Princes Palatins du Rhin, qui sont le Duc de Neubourg-Soultzbach, le Duc des Deux Ponts & le Prince de Birkenfeldt.

Les Margraves de Brandebourg-Bareith & Brandebourg-Culmbach, ou Anspach.

Les Ducs de Brunswick & de Lunébourg.

Les Land-Graves de Hesse-Cassel & de Hesse-Darmstatt.

La branche de Rhinfelds se joint à celle de Cassel & celle de Hombourg à celle de Darmstatt.

Les Ducs de Wurtemberg.

Les Ducs de Meklenbourg-Schewrin & Strelitz.

Les Margraves de Bade & de Bade-Dourlach.

Le Duc de Saxe-Lavenbourg. Ce Duché appartient aujourd'hui à la Maison d'Hanovre.

Le Duc de Holstein Gottorp.

Le Duc de Savoye.

Les Princes d'Anhalt-Dessau, d'Anhalt-Bembourg, d'Anahlt-Cothen & Zerbst.

Le Duc de Lorraine, comme Marquis de Nomeny, dont le droit est transporté sur le Comté de Falckenstein.

Il faut observer par rapport à ce dernier Prince, que par le traité qu'un des prédécesseurs de sa Maison fit en 1542. à Nuremberg avec l'Empereur Ferdinand I., il fut convenu qu'il contribuëroit aux charges de l'Empire, comme vassal, pour certaines terres, afin de conserver son droit d'Etat immédiat d'Empire. (a)

Les Ducs d'Aremberg.

Les Princes de Hohenzollern.

Les Princes de Lobkowitz.

Les Princes de Salm.

Les Princes de Diétrichstein.

Les Princes de Nassau.

Il faut faire attention que les autres branches de cette Maison, comme celles de Nassau-Dietz, & de Nassau Hadémar, n'y sont pas admises ; mais cette derniere est éteinte.

( a ) La quotepart du Duc de Lorraine, alloit à un tiers moins que ce qu'un Electeur contribuoit aux Charges de l'Empire.

Les Princes d'Averſberg.

Les Princes de Furſtemberg.

Les Princes de Schuartzemberg.

Les Princes d'Œttingue.

Et le Prince de Mindelheim.

L'Empereur avoit accordé cette Principauté à Milord Duc de Marlboroug, mais l'Electeur de Bavière étant rentré dans ſes Etats après la Paix de Baden, le titre en fut éteint & la Terre lui fut renduë.

Tous ceux qui viennent d'être nommés ont droit de ſuffrage *Viritim* & jouïſſent du droit d'Etat d'Empire. Il ne faut pas moins obſerver que ce droit de ſuffrage depuis la Bulle d'Or, eſt attaché au territoire & non à la perſonne. Ce qui étoit tout le contraire avant cette celebre conſtitution, parceque la voix dans les Comices, étoit attachée à la perſonne ſans que le territoire y eut aucune part.

Il y a encore quelques Maiſons en Allemagne où l'ainé conſerve pour lui ſeul, la Principauté toute entiere, & ne donne à ſes cadets qu'un ſimple appanage, qui ſont par conſéquent exclus des droits d'Etat d'Empire. Dans d'autres, tous les freres partagent avec leur ainé, non pas toujours également, mais chaque cadet en ce cas, a droit de ſeance aux aſſemblées, avec cette reſtriction, qu'ils ne peuvent former entre eux avec leur ainé, qu'une ſeule voix dont ils doivent convenir.

Au reſte le nombre d'Etats n'eſt pas encore aujourd'hui fixé.

Il y a cependant encore pluſieurs autres Princes
d'Empire

d'Empire qui n'en ont simplement que le titre, &
qui n'ont point leur féance dans les Diétes, ou même
qui n'y feront jamais admis.

Le Prince de Liechtenftein étoit de ce nombre,
mais l'entrée lui fut accordée en 1713.

Le Prince Portia.

Le Duc de Croy.

Le Prince de Schuartzenberg.

Le Prince de la Tour & Taxis & généralement
tous les Princes d'Jtalie qui en feront toujours exclus, tant qu'ils ne poféderont aucune terre en
Allemagne.

On ne difconvient cependant pas, que les Empereurs n'ayent le droit & la liberté de conférer le titre
de Prince d'Empire à qui bon leur femblera, ni que
le nombre qu'ils en pourroient faire foit limité; on
veut feulement prouver qu'ils ne peuvent donner le
caractere d'Etat d'Empire à qui que ce puiffe être,
& qu'il ne peut être conféré que par les Diétes : c'eft
dans cette circonftance & autres femblables, que les
Etats & Princes qui les compofent, font Co-Impérans.

Enfin la féance & le droit de fuffrage dans les Comices, eft le principal caractere d'Etat d'Empire. La
nobleffe immédiate n'en jouït point & n'en a même
peut-être jamais jouï; d'où il réfulte, qu'elle ne peut
fe qualifier d'Etat d'Empire de quelque ancienneté d'o-
rigine qu'elle puiffe être, mais feulement de membres immédiats, qu'il ne faut cependant pas confondre
avec un autre efpéce de Gentils-hommes qui fe trou-

H

ve en Allemagne qui font auffi immédiats, fans cependant y poſſéder un ſeul pouce de terre.

---

# CHAPITRE DIXIEME.

*De la ſéance des Comtes & Barons de l'Empire dans les Diétes.*

### *Partie Inférieure.*

LEs Comtes & Barons de l'Empire, occupent la partie inférieure des Princes Laïques dans les Diétes,
où ils font diſtribués en quatre bancs: ſçavoir,

    Le Banc de Wétéravie.
    Le Banc de Weſtphalie,
    Celui de Suabe
    Et le Banc de Franconie.

### *Banc de Wéteravie.*

Le Banc de Wéteravie prend ſa ſéance dans l'ordre
ſuivant & eſt compoſé

    Des Comtes de Berg-ob-Zoom.
    Des Comtes de Créange.
    Les uns & les autres ſont éteints.
    Des Comtes de Fleckenſtein.

Ceux-ci ſont pareillement éteints, mais le Prince
de Rohan a obtenu du Roi de France l'inveſtiture de
toutes les Terres Féodales de cette Maiſon, ſituées en
Alſace, dont il jouit.

Des Comtes de Hanau.

Des Comtes d'Hatzfeldt.

Des Comtes d'Isenbourg & Budinge.

Des Comtes de Linange-d'Abo ou d'Achsbourg & de Haterbourg.

Des Comtes de Linange-Westerbourg.

Des Comtes de Mansfeld.

Des Comtes de Nassau.

Des Comtes d'Ortenbourg.

Des Comtes nommés Wild & Rhingraves.

Des Comtes de Reussen & de Plaven.

Des Comtes de Sayn & de Witgensteim.

Des Comtes de Schombourg.

Des Comtes de Schwartzbourg.

Des Comtes de Solms.

Des Comtes de Stolberg.

Des Comtes de Waldeck.

Et des Comtes de Wartemberg.

### Banc de Westphalie.

Le Banc de Westphalie qui suit, est composé

Des Comtes de Beintheim, Tecklembourg & Steinfort.

Des Comtes Bronchorst & Gronsfeld.

Des Comtes de Lippe.

Des Comtes de Mandescheid.

Des Comtes de la Marck.

Des Comtes de Metternick.

Des Comtes de Rantzau.

Des Comtes de Reickeim.

H ij

Des Comtes de Ritteberg.

Des Comtes de Salm, & de Reifferfcheidt.

Des Comtes de Vehlen.

Des Barons de Walpott, & de Baffenheim.

Et des Comtes de Wied.

### *Banc de Suabe.*

Le Banc de Suabe qui fuit immédiatement le précédent, eft compofé

Des Comtes de Freyberg & Inftingue.

Des Comtes de Fugger.

Des Comtes de Furftenberg.

Des Comtes de Gravenegg.

Des Comtes de Hohenembs.

Des Comtes de Konigfeck.

Des Comtes de Cronberg.

Des Comtes de Maxelrein.

Des Comtes de Montfort.

Des Comtes d'Œtingen.

Des Comtes de Rechberg.

Des Comtes de Papenheim.

Des Comtes de Schlick.

Des Comtes de Sinzendorf.

Des Comtes de Sultz.

Des Comtes de Tilly.

Des Comtes de Traün.

Des Comtes de Frantmansdorff.

Des Comtes de Truchzeft & de Waldbourg.

Des Comtes de Waldftein.

Des Comtes de Weifenwolff.

Des Comtes de Wolckeinſtein & Eberſtein.
Et des Comtes de Wolffſtein.

*Banc de Franconie.*

Ce Banc qui fait le quatriéme & dernier, eſt compoſé

Des Comtes de Caſtel.
Des Comtes d'Erpach.
Des Comtes de Giech.
Des Comtes d'Hohenlohe.
Des Barons de Limbourg-Stirum.
Des Comtes de Lowenſteim & Wertheim.
Des Comtes de Noſtiz.
Des Barons de Schomborn.
Et des Comtes de Windiſchgratz.

Il faut obſerver que tous ces quatre Bancs, quelques nombreux qu'ils ſoient, n'opinent que par Banc, & n'ont tous enſemble que quatre ſuffrages.

## CHAPITRE ONZIE'ME.

*De l'Origine des Villes d'Allemagne en général, & de la ſéance de celles d'Empire dans les Diétes.*

LE s Villes qui ont été bâties par les Ducs, Princes, Evêques ou Comtes, ſont originairement Média- tes & Municipales ; mais celles qui étoient déja con- nuës ſous les régnes des anciens Rois de France & ſous la Race de Charles-Magne & que les Empereurs

ont fait conftruire, non pas dans leurs Etats héréditaires, mais dans les Provinces qui font partie du Domaine de l'Empire, étoient & font encore réputées
immédiates, au moment qu'on en pofe les premiers
fondemens.

Henri furnommé l'Oifeleur, un des Empereurs qui
en a le plus fait édifier de fon régne, ordonna à
mefure qu'elles étoient enceintes de murailles, pour
les peupler, que l'on choifiroit parmi les perfonnes
libres de la campagne, un homme fur neuf, pour
venir les habiter.

Les Villes appellées dès-lors, & depuis, Villes Impériales dont nous allons parler, après avoir fait l'é-
numération des Princes, Comtes & Barons d'Empire,
qui ont féance aux Diétes, furent maintenuës par
l'Empereur Rodolphe I. dans toutes leurs poffeffions.
Ce Prince même devint leur véritable protecteur: à
fon exemple, fes fucceffeurs & particuliérement ceux
qui eurent des compétiteurs à combattre, ne fen-
tirent pas moins de quelle conféquence il étoit pour
eux de s'affurer de leur fidélité & de gagner leur amitié, pour en faire ufage dans des occafions critiques.
Rupert ou Robert, Electeur & Comte Palatin, lorfqu'il
fut monté fur le trône, fut celui de fes prédéceffeurs
après Rodolphe, qui les favorifa le plus.

Paffons préfentement à faire l'énumération de celles
qui ont droit d'entrer aux féances.

Elles font divifées en deux Bancs, qui font connus fous les noms de Banc du Rhin & de Banc de
Suabe.

### Banc du Rhin.

Ce Banc est formé de la Ville de Cologne.

D'Aix-la-Chapelle, où j'ai déja dit que les Empereurs doivent être couronnés.

De Lubeck.

De Worms.

De Spire , où jadis la Chambre Impériale tenoit ses assemblées.

De Francfort, où l'Election des Empereurs doit être faite.

De Goslar.

De Bremen.

De Mülhausen.
De Nordhausen. } En Turinge.

De Dormund.

De Wetzlar; c'est où se tient présentement la chambre de l'Empire.

Et de Gelnhausen.

### Banc de Suabe.

Ce Banc qui suit immédiatement le précédent , est composé de |la Ville de Ratisbonne, où la Diéte de l'Empire est actuellement assemblée depuis 1663. sans s'être encore séparée.

De celle d'Ausbourg ; ce fut jadis dans cette Ville où les Protestans présentèrent leur fameuse Profession de Foi à l'Empereur Charles-Quint.

De celle de Nuremberg.

C'eſt dans cette Ville où les Empereurs doivent tenir leur premiere Diéte; elle eſt auſſi recommandable par quelques dépôts précieux de l'Empire qui lui ſont confiés, tels que la Couronne de Charles-Magne, qu'elle garde dans ſon Tréſor, & que le Magiſtrat eſt obligé d'envoyer par des Députés dans le lieu où ſe fait le couronnement des Empereurs.

De celle d'Eſlingen

D'Ulm.

De Reutlingen.

De Nordlingen.

De Rottenbourg, ſur le Taubre.

De Hall en Suabe.

De Rothweil.

Il y a dans cette derniere Ville un Tribunal de l'Empire.

D'Uberlingen.

D'Heilbronn.

De Gemünd en Suabe.

De Memmingen.

De Lindaw.

De Ravenſpurg.

De Schweinfort.

De Kempton.

De Winsheim.

De Kauffbeuren.

De Weil.

De Wangen.

De Pfullendorff.

D'Offenbourg.

De

De Leutkirk.

De Wimphen.

De Weissenbourg au Nord.

De Giengen.

De Gengenback.

De Zell, près la vallée d'Hammersbach.

De Buchhorn.

D'Aalem.

De Buchau sur le lac de Plumes.

De Boffingen.

Et de Donawert.

Cette derniere Ville fut acquise par le Duc de Baviere en 1609. & rétablië dans son premier titre de Ville d'Empire, après la Bataille d'Hostecht. Mais par le Traité de Bade-Rastat, elle fut renduë à cet Electeur, des mains de qui elle n'a point sorti jusqu'à présent.

## CHAPITRE DOUZIE'ME.

*Observations sur la séance, & les suffrages des Villes d'Empire & sur la Ré-&-Corrélation.*

IL est absolument nécessaire, avant d'approfondir la matiere qui va être traitée dans ce Chapitre, de faire encore quelques observations sur la séance des Villes dont on vient de parler. La premiere qui se présente naturellement, est de faire la distinction de celles qui forment les deux bancs du Rhin & de Sua-

be , & faire connoitre que ce ſont les Villes des Cercles de Weſtphalie, de la Baſſe Saxe , du Haut & du
Bas Rhin , qui doivent prendre ſeance ſur le Banc
du Rhin , & que ce ſont celles des Cercles de Franconie
& de Suabe , qui doivent ſe placer ſur le Banc de Suabe.

Il ne faut point être ſurpris non plus , ſi l'on ne
trouve point aucune Ville des Cercles d'Autriche, de la
Haute Saxe & de Bourgogne , qui ait ſéance dans les
Diétes; la ſeule raiſon qu'on en apporte eſt toute ſimple; nulle Ville de ces Cercles , n'étant point décorée
du titre de Ville Impériale , aucune ne peut y avoir ſes
entrées.

Quant à la Ville de Straſbourg & aux dix Villes
Impériales d'Alſace, la raiſon qui les exclut des Diétes eſt bien differente, puiſque Haguenau , Colmar,
Scheleſtat, Weiſſembourg, Landau, Oppenheim, Munſter au Val Saint Grégoire, Kaiſerſwert & Turkeim
y avoient autrefois leur ſéance ſur le Banc du Rhin.
Mais les unes ont perdu leur droit par le Traité de
Weſtphalie & les autres par celui de Riſwich : d'ailleurs, toutes ces Villes ont été rayées de la Matricule
de l'Empire , depuis qu'elles ont été pour toujours in-
corporées à la Couronne de France.

Il faut obſerver encore, que les Villes d'Empire
ne donnent leur voix dans les Comices que par banc,
& que toutes enſemble, n'ont que deux uniques ſuffrages, c'eſt-à-dire un par chaque banc; mais que leur
voix n'eſt pas ſeulement conſultative, mais délibérative ou déciſive, pour me ſervir de l'expreſſion du Traité de Weſtphalie , où l'on avoit prétendu qu'elle ne

devoit être que confultative : il faut cependant convenir qu'elles ne font pas admifes à la Ré-&-Corrélation
dans les Diétes.

Mais comme le terme de Ré-&-Corrélation ne feroit
pas familier pour bien des perfonnes & même peu
intelligible, quoique confacré, c'eft ici le lieu de faire
comprendre ce que l'on entend par cette expreffion.

La Ré-&-Corrélation, n'eft autre chofe qu'un acte
particulier, par lequel les Princes & les Electeurs fe
communiquent refpectivement les uns aux autres, leurs
réfultats pour fe concilier entre-eux, lorfqu'ils fe trouvent de fentimens differens, ce qui arrive très communément : ainfi, par le moyen de la communication
qu'ils fe donnent mutuellement, ils fe rapprochent
les uns des autres , & concertent à la fin, la décifion de la matière mife en délibération.

Mais pour en revenir aux Villes, on leur donne
bien connoiffance de ces réfultats, quand une fois ils
font convenus & arrêtés , mais elles n'ont pas la même faculté de communiquer les leurs, pour entrer dans
la conciliation qui fe fait fans elles entre les autres Princes & Etats d'Empire.

---

## CHAPITRE TREIZIE'ME.

*Des Villes de la Ligue Anféatique, de celles de la Ligue*
*du Rhin & de celles de la Ligue de Suabe.*

IL faut bien fe donner de garde de confondre les
Villes de ces trois ligues, avec celles d'Empire dont
on vient de parler. I ij

Les Villes de la Ligue Anséatique, tirent leur nom de l'expreſſion allemande *An Geel*, qui ſignifie en notre langue, ſur le bord de la Mer : de façon que *Fœdus Anſeaticum*, ſignifie traité fait entre des Alliés voiſins de la Mer : ou ſi l'on veut du mot *Hanſa* qui dans l'ancien Teuton ſignifioit commerce & qui dans notre langue doit par conſéquent s'exprimer par Alliance ou Traité de Commerce : ces Villes, dis-je, n'avoient point d'autre objet lors de la formation de leur union, que de faire fleurir le commerce qui étoit l'unique talent de leurs habitans.

L'origine de cette alliance peut ſe placer dans le douziéme Siecle ; mais elle devint bien plus conſidérable dans la ſuite, le nombre de ces Villes alliées ayant monté juſqu'à ſoixante & dix ſept, qui ne faiſoient entr'elles qu'un ſeul & même corps : auſſi furent-elles ſoutenuës de toutes les Puiſſances d'Allemagne, dont elles obtinrent de grands & magnifiques Privileges, & ſpécialement des Empereurs Charles IV. Frederic IV. & Maximilien II.

Cette alliance fut indiſtinctement compoſée de Villes immédiates & médiates de l'Empire, auſquelles pluſieurs autres Villes Etrangères ſe joignirent.

Ces Villes étoient compriſes ſous quatre claſſes & ſous pareil nombre de Doüanes générales.

Les claſſes étoient celle de Lubeck, celle de Cologne, celle de Brunſwick & celle de Dantſick.

Les Doüanes étoient établies, l'une à Londres, Capitale de la Grande Bretagne, l'autre à Bruges Ville de Flandre, une autre à Bergue en Norwége

& la dernière à Novogrot, dans la Ruſſie Occidentale.

Quelques Auteurs ont prétendu que cette dernière
Doüane avoit été établie à Nerva dans la Livonie,
au-lieu de Novogrot, & avoient ajouté Anvers dans
le Brabant au-lieu de Bruges , mais ſans aucune certitude.

L'Empereur Charles-Quint , mal intentionné pour
cette alliance qui l'inquiétoit, & qu'il croyoit contraire
aux vaſtes projets qu'il méditoit, ne négligea rien
pour la détruire ſourdement. Auſſi fut-il le premier
qui lui porta des atteintes cruelles , dont elle n'a pû
ſe relever, & l'ont fait déchoir de ſa premiere ſplen-
deur. La jalouſie des autres Villes qui n'y étoient
point liées, n'y a pas peu contribué , il en faut convenir, & les efforts inconcevables qu'elles ont mis en
œuvre pour s'emparer du Commerce, lui ont porté
des coups qu'elle n'a pû parer & qui l'ont réduite
à rien, les Villes d'Hambourg, de Lubeck & de
Bremen, étant les ſeules qui ſoient connuës aujourd'hui
ſous le nom de Villes Anſéatiques; triſtes, mais floriſſans
reſtes de la plus célébre union qui ſe ſoit vuë & qui
ſe verra en Europe! On peut s'en rapporter à ce qu'en
ont écrit *Jean Ange de Werdenhague & Joachim
Hayemayer;* ces deux Auteurs ont approfondi cette
matière à n'y laiſſer aucun doute.

La Ligue du Rhin prit naiſſance en 1247. Mayence,
Worms, Spire, Francfort, Bingen, Oppenheim , &
pluſieurs autres Villes, s'unirent contre les Brigands, &
contre les Princes & les Comtes même de l'Empire qui

troubloient le Commerce, par des établissemens nouveaux, & des péages extraordinaires sur le Rhin, qu'ils y établissoient ou qu'ils mettoient à un taux plus fort qu'à l'ordinaire : motifs bien différens de l'objet qui avoit fait naître la précédente alliance. Elle fut renouvellée en 1255. pendant le grand Interregne de l'Empire, & fut composée des mêmes Villes, pour se rédimer & se mettre à couvert des violences & des brigandages des Seigneurs voisins, qui ne reconnoissoient alors, le Corps Germanique destitué de chef, d'autre justice que celle qu'ils se faisoient par la voye des armes. Aussi ne tarda-t-elle pas à se dissiper d'elle-même, avec la même facilité qu'elle s'étoit formée, lorsque les désordres qui y avoient donné lieu furent entiérement assoupis.

La Ligue de Suabe, qui fut faite plus de deux Siécles après celle-ci, entre plusieurs Villes de ce Cercle, fut entierement formée à Erlingue en 1488, & eut à peu près les mêmes raisons, du moins apparentes, que la Ligue du Rhin avoit euës pour armer. Tous les ordres de Suabe, y entrerent pour huit années, mais elle eut encore moins de suites que celle du Rhin, & fut bien plutôt dissipée. Elle fut aussi appellée la Ligue de Saint Georges, parce que les conféderés portoient sur leurs Boucliers l'Image de ce grand Saint.

Je passe présentement à des matières qui sont plus de mon sujet, quoique je ne pouvois me dispenser de dire un mot de ces Ligues, qui peuvent d'ailleurs, se renouveller au premier évenement dans l'Empire.

# CHAPITRE QUATORZIE'ME.

*Des Sujets Immédiats qui font Etats d'Empire, & des Sujets Médiats, & des Landfaffes.*

CETTE matiére embraffe bien des parties, qu'il faudroit traiter bien plus difertement que je ne me le fuis propofé dans ce Traité, mais on va la rendre affez clairement, pour qu'on puiffe y diftinguer les différentes efpeces de Sujets, dont on va parler dans ce Chapitre.

Il y a deux efpeces de Sujets dans l'Empire, dont les uns font appellés Sujets Immédiats & les autres Sujets Médiats.

Les Sujets Immédiats font ou de condition libre ou de condition fervile.

Les Sujets Immédiats de condition libre, font encore de deux efpeces: la premiere, font ceux qui réuniffent dans leurs perfonnes, la qualité d'Etats & de Sujets d'Empire; & la feconde ceux qui font fimples Sujets.

Les premiers font les Princes & les Comtes qui ont féance aux Diétes.

Les autres, font ceux qui ne font point Etats d'Empire, comme, par exemple, les Nobles & les particuliers Immédiats.

Il fe préfente naturellement quelques réfléxions à faire fur ceux qui renferment dans leurs perfonnes tout à la fois, la qualité d'Etats, & de Sujets d'Empire.

La premiere, que les Electeurs & les autres Etats, quoique Co-Impérans, par un concours de pouvoir Souverain dans les Diétes, sont nés Sujets, en ce que dans toutes les affaires publiques, ils sont jugés par l'Empereur & l'Empire dans les Comices, & que dans les affaires particulieres qu'ils ont en leur propre & privé nom, elles sont soumises à la décision du Conseil Aulique ou de la Chambre Impériale.

La seconde, qu'ils payent chacun leur contingent des frais de l'entretien de la Chambre Impériale, de même que pour les expéditions de guerre ou de Paix.

La troisiéme, que leurs fiefs relevent immédiatement de l'Empereur & de l'Empire, à qui ils sont dans l'obligation d'en fournir l'aveu & dénombrement, en produisant leur ancienne investiture.

Et la quatriéme, qu'ils rendent non seulement hommage & prêtent serment de fidélité à cause de leurs fiefs, mais encore de sujétion, quant à leurs personnes.

On ne peut révoquer en doute des principes si certains en général, mais on peut dire d'un autre côté, que malgré que les Electeurs reconnoissent que leurs Etats soient des fiefs relevans de sa Majesté Impériale & de l'Empire, cette vassalité ne déroge cependant point à leur souveraineté, & n'est proprement, selon Puffendorff, qu'une simple formalité; car, dit-il, « ils transmettent les mêmes Etats à leur
» posterité

» postérité par droit de succession. ( quoi qu'il en
» soit de l'acquisition primordiale ) l'investiture qu'ils
» en prennent, ne peut tout au plus passer que pour
» un simple cérémonial, & non pour une collation
» formelle, puisqu'on ne peut la refuser à celui qui
» en fait la réquisition dans le tems prescrit, & que
» dans la prestation de serment de fidélité, la clause
» de *Sauf le Droit d'autrui* est toujours sous-entenduë,
» & qu'enfin, il n'est point extraordinaire de voir des
» égaux, obligés les uns envers les autres. » (*a*)

On reconnoit à ce sentiment, que cet Auteur in-
cline beaucoup pour le parti Electoral ; car quand on
voudroit y adhérer aveuglément, on ne peut se dispenser de convenir qu'il est des cas où un Prince
d'Empire peut être privé de ses Etats ; quelle autre
preuve de sujetion & de vassalité peut-on administrer
plus forte que celle là ? Il ne sçauroit disconvenir que
les Etats d'un Prince d'Empire sont reconnus tombés
en Commise, lorsque ce Prince se déclare ennemi de
l'Empereur & de l'Empire conjointement, ou qu'il
travaille à renverser toute la République ; il est vrai que
dans ces sortes de cas, c'est au Corps Germanique assemblé en Comice d'en connoitre, & de décreter contre
le prévaricateur, conformément aux Loix fondamentales de l'Empire ; on convient aussi que quant aux
faits personnels contre la personne de l'Empereur, cela
souffre un peu plus de difficulté, & que selon quelques Auteurs, aucune peine ni privation ne peut être
légitimement infligée contre lui, l'Empereur étant

______

(*a*) Etat de l'Empire d'Allemagne. Puffendorff, p. 305.

partie capable de chercher à en tirer vengeance, plus par la voye des armes, que par forme de justice : en un mot, ce seroit en vain que l'on apporteroit pour exemples, la déposition des Empereurs Henri IV., Othon IV., celles de Frédéric II. & d'Adolphe de Nassau, non plus que celle de Louis de Bavière ; ces événemens se sont passés dans des tems nébuleux & de troubles, dans lesquels ni les régles, ni la justice, & encore moins les Loix n'étoient plus connuës. L'exemple de Winceslas qui seroit le seul qui pourroit être cité depuis la Bulle d'Or, seroit, si je ne me trompe, encore moins recevable que les précédens, d'autant mieux, qu'en raprochant les faits, & que l'on veuille examiner de près la conduite & les déportemens de ce Prince, on décidera que son attachement pour son Royaume de Bohême, & son aversion décidée pour l'Allemagne, agitée pour lors de troubles & de confusion, l'avoient déterminé à abdiquer la Couronne Imperiale, avant que d'en avoir été déclaré déchu. Que l'on parcoure depuis son commencement jusqu'à la fin de la Bulle d'Or, on n'y trouvera aucun cas qui puisse autoriser la déposition d'un Empereur ; dans les capitulations même qui ont été rédigées depuis la confection de cette célebre Constitution, aucune n'en fait la plus légere mention. Mais il est incontestable, que si il en falloit venir à cette extrémité, ou plutôt qu'elle fût permise, ce dont je doute très fort, ce ne pourroit être au plus que dans les cas où un Prince s'immisceroit de renverser les Loix fondamentales de l'Empire, au-lieu que tant qu'elles subsistent dans toute leur force,

la liberté ne fouffre aucune atteinte & peut fe confer-
ver, en refufant d'obéir à des Décrets qui feroient
diamétralement oppofés aux capitulations ; que fi ce
même Prince fe détermine à les faire exécuter à main
armée, alors dit (b) Puffendorff, » toute liaifon ceffe
» avec lui, & fi on parvient à le détrôner, c'eft au
» droit de la guerre qu'il faut attribuer fa dépofition ».

Les autres cas ordinaires qui font fufceptibles d'encourir l'accufation de félonie, felon les régles du droit féodal des Lombards, ne peuvent être appliqués aux
grands fiefs d'Allemagne, ajoutent ces mêmes Auteurs,
parceque, difent-ils, pour n'avoir point fait les reprifes
dans l'an & jour (terme fixé pour le faire) ou avoir
négligé de requerir l'inveftiture de fon fief, un Prince
d'Empire ne peut être en danger de perdre fes Etats.

La feule raifon qu'ils peuvent donner pour établir
que l'inveftiture n'eft qu'un fimple acte de cérémonie
me paroit affez frivole ; car de dire que les Archiducs
d'Autriche & les Rois de Bohême ne font pas obligés
de fortir de leurs Etats pour en recevoir l'inveftiture,
n'eft pas une preuve bien folide pour établir l'indépendance. C'eft felon moi, un privilege particulier annéxé
à ces Princes, qui ne détruit point en lui-même, l'acte de
vaffalité qui conferve toujours fa même force de fujé-
tion. Il eft vrai que l'on n'exigeoit point autrefois que
les Ducs de Lorraine, de Savoye, de Tofcane, & de
Milan, tous feudataires de l'Empire, fiffent la reprife
de leurs fiefs à chaque mutation, mais foit que ce fût
par négligence ou autrement, on en a fenti les incon-

(b) Ibid. p. 189.

véniens, & l'on en eſt revenu depuis à la regle. On allégue encore que la Ville de Straſbourg par une diſtinction unique & ſpéciale, étoit exempte de l'obligation de prêter foi & hommage, privilége dont les autres Villes Impériales ne jouiſſoient pas : qu'en réſulte-t-il ? ſinon, que c'étoit réellement un privilege, dont elle ſeule jouiſſoit, mais que les autres villes y étoient aſtreintes ſous les peines de droit.

On avance encore que le ſerment de fidélité n'eſt point un ſerment Vaſſalique, tel qu'il eſt preſcrit par les régles du droit féodal : la raiſon qu'on en donne eſt que les Princes qui le prêtent ſont déja maitres du territoire, & qu'ils ne font cet acte, que pour s'affermir dans leurs droits, en s'uniſſant avec d'autres Etats pour compoſer enſemble une République & une eſpéce d'alliance inégale, & que pour en conſerver les prérogatives, ils accordent à celui qu'ils ont élu pour leur Chef, certains droits qu'il a la faculté d'exercer ſur eux ; d'où ils concluent que la preſtation de foi & hommage faite aux Empereurs, n'eſt pas un ſerment de ſujétion, mais ſimplement un acte, par lequel on s'engage à l'obſervation des régles & des conditions établies dans la ſociété dont on eſt reçu membre, de maniére que cette preſtation de foi & hommage tire ſon principe du propre droit des Etats, au-lieu que celui des Etats ne tire pas le ſien de la formule du ſerment. *Superioritas territorialis quam novè inveſtitus conſequitur, non ab inveſtiturâ, ſed collatione præcedente dependet.*

On ne peut diſconvenir de la ſolidité de ce raiſonnement qui, à quelques égards, ne peut ſouffrir aucune difficulté, mais ce qui l'autorise & le rend moins problématique, est qu'avant l'investiture, les Etats exercent de droit & sans aucun empêchement, les mêmes droits Régaliens & Territoriaux, dont ils jouissent après l'investiture : il n'en faut d'autre preuve pour le démontrer, que l'exemple actuel des Duchés de Bremen & de Werden, dont l'Electeur d'Hanovre est en paisible possession, quoique l'affaire de l'investiture de ces deux Duchés soit encore en suspens depuis nombre d'années.

Il faut cependant avoüer, que quand il s'agit de forcer un Prince à remplir les conditions ausquelles il s'est soumis, l'Empereur semble parler en souverain; mais quand il est question d'en venir à l'exécution, il est assez difficile de forcer un Etat puissant qui refuse de s'y soumettre, sans recourir à des voies extraordinaires, telles que celles qu'on est forcé de prendre pour réduire un égal ou un confédéré.

On ne disconvient point non plus que pendant chaque interregne qui surviendra, les Etats peuvent convenir solemnellement entr'eux, qu'à l'avenir les investitures seront & demeureront aboliës & qu'ils ne se présenteront plus à la Cour de l'Empereur qui sera élu pour les requerir; mais il faut avoüer aussi, que ce seroit intervertir le bon ordre, quoique par ce moyen, les Etats supprimeroient bien des démarches & des formalités, peut-être assez inutiles, joint à ce qu'ils seroient dispensés de faire des voyages très dispendieux, dont l'apparat pour soutenir leur dignité, est d'une indispensable nécessité. Le même Puffendorff ne peut s'empêcher de convenir que l'on peut châtier les Etats. » Si l'on en châtie quelqu'un, dit-il, parce-» qu'il viole les droits de la société, ce n'est point une » marque de sujétion, mais la régle des alliances , » comme on le justifie par tous les exemples anciens » & modernes » ( c ).

Il est vrai que dans les régnes des Othons, les châtimens étoient plus rigoureux, mais aussi les Princes étoient-ils plus féroces & plus sanguinaires : ils se faisoient la guerre les uns aux autres, sur des sujets très légers ; il n'étoit pas rare dans ces temps de troubles, de voir trancher la tête aux Ducs & aux Comtes d'Allemagne, parceque c'étoit le remede le plus sûr pour arrêter & réprimer les rébellions qui étoient fort en usage dans ces tems là : des Provinces entières qui se soulevoient la plûpart du tems à propos de rien, rentroient dans leur devoir lorsque l'on s'étoit rendu maitre du chef contre qui on étoit forcé d'en venir à de pareilles extrémités, & contre ceux qui avoient pris les armes contre les Rois. Mais cette sévérité indispensable, s'est rallentië peu à peu, quand de concert on est convenu de certains principes qui ont fixé les devoirs & la qualité des Vassaux. Et à mesure que la supériorité territoriale des Princes a pris accroissement, le pouvoir des Empereurs sur leurs personnes & leurs biens, s'est affoibli, de façon, que pour mettre aujourd'hui un Prince au Ban de l'Empire & le priver de ses possessions, il faut qu'il y soit condamné par une conclusion générale des Etats. Mais il n'est

(c) *Ibid. p.* 142.

plus question préfentement d'éxercer de pareilles fé-
vérités qui feroient injurieufes au Corps Germanique
& qui n'étoient tolérées dans ces tems nébuleux dont
on vient de parler, que pour arrêter l'efpéce de fréné-
fie dont les efprits étoient agités pour lors ; mais on
n'y reconnoit pas moins la fupériorité du chef fur les
membres du Corps Germanique. On s'apperçoit auffi
que Puffendorff qui a mis en avant ces principes , a
voulu faire fa cour aux Princes & Etats de l'Empire,
au préjudice de la Maifon d'Autriche qui occupoit
alors le Trône Impérial, & qu'il étoit diamétralement
oppofé à ceux qui attribuent à l'Empereur une pleine
& entiere Majefté ; mais il ne faut pas moins convenir de bonne foi, que les Princes & Etats d'Allemagne
exercent la fupériorité territoriale en leur propre &
privé nom & comme poffeffeurs de certains terri-
toires, dont quelques-uns font fi vaftes, qu'ils peuvent être comparés à d'autres Souverains qui relevent
cependant de l'Empereur & de l'Empire, & fujets par
conféquent à l'inveftiture & au ferment de fidélité,
auquel jufqu'ici, ils n'ont point dérogé.

A l'égard des fujets immédiats de condition fervile ce font les Juifs, qui, par un privilege fpécial de
Conrad IV. Roi des Romains, qui leur fut accordé
en l'an 1234. furent faits Serfs de la chambre de l'Empereur & mis avec leurs familles & leurs biens fous
fa protection particuliere. C'eft de ce même privilege
que les Juifs font communément appellés *Serfs de la
chambre*, & qu'aucun Seigneur n'en peut admettre à
prendre domicile fur fes terres, fans la permiffion ex-

preſſe de l'Empereur. Ce privilege ſe trouvera dans le nombre des actes & piéces juſtificatives de ce Traité. ( *Cotte I.* )

Quant aux ſujets médiats, ils ſont également libres ou ſerfs.

Ceux qui ſont de condition libre, ce ſont les Princes de Siléſie, parcequ'ils relevent de la Couronne de Bohême, les Comtes, les Barons, les Nobles, les Villes Municipales, qui ſont immédiatement ſoumiſes à leurs Princes & autres qui ſont pareillement ſoumis à des Etats d'Empire.

Ceux qui ſont ſerfs, ſont les hommes dont on a la propriété, & qui, étant attachés aux glêbes des fiefs, ne peuvent abandonner leurs habitations ſans la permiſſion expreſſe du Seigneur.

L'Electeur Palatin, par exemple, acquiert un droit de propriété ſur les hommes, même ſur les bâtards, qui n'ayant point ailleurs de domicile fixe, ſéjournent pendant le cours d'une année ſeulement dans le Palatinat, ou même dans le voiſinage; en vertu de ce droit, il peut les revendiquer dans quelque terre de l'Empire que ce ſoit, où ils ſe ſeront réfugiés, mais encore les forcer à revenir dans ſes Etats, comme ſiens & à lui appartenans.

Ce droit s'appelle *Wildfangiatus*, & les hommes qui ſont dans le cas que l'on l'exerce ſur eux, ſont appellés *Wildfangiens*.

Le même Electeur, ayant voulu dans le dernier Siécle étendre ſon droit ſur les hommes de cette eſpéce qui s'établiſſoient dans les terres des Etats voiſins

des

des siens, s'attira de grandes affaires avec les Electeurs de Baviere & de Mayence, & les Evêques de Spire & de Worms contre qui ce Prince eut de longues discussions à démêler ; mais son droit étoit si incontestable, qu'elles furent toutes terminées à son avantage à Heilbronn en Suabe en 1667. où ce droit fut autentiquement confirmé, & en vertu du quel il fait rentrer tous les jours dans leur devoir, ceux qui sont dans le cas & qui veulent se soustraire de sa domination.

Plusieurs autres Seigneurs de l'Empire jouissent du même droit.

Il me reste à parler d'une autre espéce de sujets qui se trouvent particuliérement en Saxe, en Baviere, dans le Palatinat du Rhin, dans la Hesse, l'Autriche, la Marche de Brandebourg & la Poméranie ; ils sont connus sous le nom de *Landsasses*. Ils tiennent un juste milieu entre les Etats immédiats qui ne reconnoissent que l'Empereur & l'Empire pour supérieurs, & les sujets ordinaires qui sont subordonnés à un Seigneur Territorial, de façon que, quoiqu'ils soient communément parlant, réputés sujets, on leur donne cette dénomination, pour les distinguer des sujets ordinaires, qualification d'ailleurs, qui différe en très peu de chose, de celle de noble médiat. Ils sont quant à leurs personnes, ou à leurs biens, sujets à la supériorité territoriale des Seigneurs souverains, & tenus par conséquent, de comparoitre en toutes sortes de matiéres devant les juges des leurs, sur les assignations qui leur sont données, d'assister aux Diétes Provinciales, de païer leur

L

contingent des Collectes imposées, de servir à la guerre, même dans des cas pressans & extraordinaires & de préter serment de sujétion. Ils jouissent de differens Priviléges qui ne sont point communs aux sujets ordinaires : les uns sont personnels & les autres réels.

Les personnels consistent dans les titres honorables qui leur sont donnés dans les actes publics ou particuliers qu'ils passent, mais qui sont differens les uns des autres, suivant les Provinces où ils font leur résidence ; dans le droit d'avoir des armoiries directement obtenuës des Empereurs ; dans celui de ne pouvoir être forcé de servir à la guerre, hors du territoire du Seigneur Territorial : il y a même des endroits où le Seigneur est obligé de les indemniser des frais de la guerre ; ils ont encore celui d'avoir voix délibérative dans les assemblées Provinciales touchant les affaires du païs, & dans ce qu'on appelle *Jus Fori*, c'est-à-dire qu'ils ne peuvent être assignés tant en matiere civile que criminelle en premiere instance, par devant d'autres Juges que ceux du Prince ou du Seigneur dont ils dépendent.

Les réels consistent dans la jouissance des droits Seigneuriaux ordinaires, quand ils ont des Seigneuries en propriété, dans l'exemption des péages, de logement de Gens de guerre, collectes, impositions, droit d'émigration & de détraction, ce qui n'a pas lieu quand l'Etat est en danger & qu'il a besoin de secours extraordinaires.

Le Landsassiat enfin a particulierement lieu dans les Etats appellés *Territoria clausa* : il n'est pas sans exem-

ple de voir des Evêques, Comtes, Barons & Gentils-
hommes, être Landſaſſes d'autres Etats. Les Evêques
de Miſnie, de Merſbourg & Neaumbourg, le ſont de l'E-
lecteur de Saxe, dont ils ont bien de la peine à convenir, & tant d'autres. En un mot c'eſt un caractere in-
délébile qui ne pourroit s'effacer, quand l'Empereur
l'éleveroit à la dignité de Prince ou qu'il lui procure-
roit ſéance & voix délibérative dans les Diétes.

## CHAPITRE QUINZIEME.

*Des Nobles immédiats, mais qui ne ſont pas Etats
d'Empire.*

IL n'eſt nullement douteux que dans toute l'Allemagne il ne ſe trouve une nombreuſe quantité de
Nobles de cette eſpéce, dont l'origine n'eſt gueres moins
ancienne que celle d'une infinité de Maiſons illuſtres
d'Allemagne ; auſſi les diſtingue-t-on des autres, quoique ces Nobles ne jouiſſent point directement de la
ſupériorité territoriale ; ils ſont en poſſeſſion de preſque tous les Droits Régaliens qui y ſont attachés, ils
ne relevent immédiatement que de l'Empereur & de
l'Empire, & ne reconnoiſſent point d'autre juridiction
que celle du Conſeil Aulique ou de la Chambre Impériale. Ils levent des Collectes ſur leurs ſujets & contrai-
gnent à païer par éxécution, ceux qui refuſent d'acquiter
les ſommes auſquelles ils ont été taxés ; ils recoivent
l'hommage de leurs ſujets & ne ſont tenus envers les

Empereurs, que de leur préter un simple serment de
fidélité ; ils ont le droit de faire la guerre, d'avoir des
Villes murées & des Châteaux forts ; ils peuvent accorder des lettres de grace &c. sur leur territoire seulement. Ils jouissent encore du droit de franchise des
Péages & ne contribuent en rien à l'entretien de la Chambre Impériale ; ils ne recoivent des ordres que de l'Empereur directement, sans être assujetis aux décisions ni
aux réglemens des Cercles. Enfin l'Empereur leur donne des titres de distinction dans tous les rescrits
qui leur sont adressés de sa part. Ces Nobles immédiats sont divisés en trois Cercles, qui sont celui
de Franconie, le Cercle de Suabe & le Cercle du
Rhin.

### Cercle de Franconie.

Ce Cercle est composé de six cantons.
    Le premier, est celui d'Odenwal.
    Le second, celui de Stéigerwal.
    Le troisiéme, celui de Géburg.
    Le quatriéme, celui d'Altmühl.
    Le cinquiéme, celui de Baunach, ou Buchenau.
    Et le sixiéme & dernier, celui de Rhon & Werva.

### Cercle de Suabe.

Celui ci n'est composé que de cinq cantons qui
sont.
    Le premier celui de Hégow, Bodensée & Algaw.
    Le second vers le Danube, entre l'Iser & le Leck.
    Le troisiéme, vers le Hocker.

Le quatriéme, vers la Forêt Noire ou Héréynie, vers le Néker & vers l'Orténau.

Et le cinquiéme, celui de Krécihgow.

### Cercle du Rhin.

Ce Cercle est composé de trois cantons seulement du Haut & du Bas Rhin, dont

Le premier, est celui de Gaw & de Wasgaw.

Le second, celui de Wétéraw, Westerwal & Rhingaw.

Et le troisiéme celui d'Hundéruk & Eberwald, vers le Bas Rhin.

Il faut cependant observer qu'en 1651. la Noblesse de la basse Alsace qui est infiniment nombreuse, fut admise dans l'assemblée de Mergentheim en Franconie, au nombre de ces trois Cercles, sous condition, toutefois, qu'il ne lui seroit pas permis de former un Cercle particulier ; qu'elle ne pourroit éxiger que le quatriéme suffrage ; que dans un cas de partage d'opinions, la pluralité des trois Cercles l'emporteroit, & qu'enfin, elle ne pourroit jouir du droit de concours, pour être admise dans le Tribunal du Directoire, à moins que la Haute Alsace ne s'y joignît : mais cette disposition est tombée d'elle même par les traités publics qui sont intervenus depuis qu'elle a été faite, & n'a pû même avoir aucune éxécution à cause du Traité de Westphalie qui l'avoit précédée, & qui y étoit formellement opposé.

On peut aussi consulter sur cette affaire la confirmation du recès de jonction, de Ferdinand III. en 1651.

Mais revenons à cette efpéce de Nobles Immédiats fur lefquels il fe préfente quelques réflexions à faire & qu'il eft important de faire remarquer.

Les Nobles Immédiats de ces trois Cercles, fur-tout la plus faine & la plus grande partie de ceux des Cercles de Suabe & du Rhin, ont acquis l'Immédiateté pendant la durée du grand Interregne, après la mort de Conradin dernier Duc de Suabe, que Charles d'Anjou, Roi de Sicile, fit mourir à Naples à l'inftance du Pape Clément IV. Ce fut dans ce tems-là, que les Principaux de Suabe, tels que les Comtes & les Nobles, ne fe virent pas plutôt fans chef & abandonnés à leur propre autorité, qu'ils fecoüerent le joug, & ne voulurent plus être foumis immédiatement qu'à l'Empire. Plufieurs de ceux des Cercles de Franconie & du Rhin, fuivirent leur exemple, ce qui eft l'époque certaine de leur Immédiateté : ce feroit même ici la place de toucher un mot des deux fameufes Ligues Catholique & Proteftante qui ont tant fait de bruit vers la fin du feiziéme & dans le dix-feptiéme fiécles, mais comme cet événement par les circonftances qui s'en font enfuivies, eft purement hiftorique, je m'en rapporte uniquement aux Hiftoriens, & je ne le rappelle ici fimplement, que pour conftater le droit qu'ont les Etats de former des ligues.

Les Nobles Immédiats jouiffent encore d'une prérogative qu'il eft néceffaire d'obferver ; ils ne peuvent être contraints de païer aucunes collectes ou fubfides à l'Empire : ils font feulement tenus de fervir l'Empereur de leurs perfonnes à la guerre, quand c'eft une

guerre d'Empire, d'où ils ont été appellés *Officiers ser-*
*vans de l'Empire.*

Ils font cependant dans l'ufage de païer un don gratuit à l'Empereur, qui, de fon côté, leur donne des
réverfales pour la confervation de leurs Priviléges d'é-
xemption, mais la perception s'en doit faire avec beaucoup de ménagement. L'éxemple de 1716. qui fut à
la veille d'avoir des fuites fâcheufes, en auroit été une
preuve plus que démonftrative, fi le mal n'eût pas
été heureufement étouffé dans fon principe.

Le retard de quelques contribuables à païer leur
contingent de ce don gratuit en fut la caufe : il obli-
gea d'en venir aux dernieres extrémités avec eux;
l'Empereur Charles VI. hazarda d'en faire l'éxécution lui-même jufque fur les biens de plufieurs d'entr'eux qui étoient fitués dans le territoire de quelques
Etats d'Empire, mais ceux-ci s'y oppofèrent avec tant
de vigueur, de concert avec les trois Cercles de Suabe, de Franconie & du Rhin, que ce Prince fe défif-
ta bien vite de cette pourfuite & conçut dès-lors, de
quelle conféquence il étoit d'ufer de modération en
pareil cas. En un mot cette nobleffe jouit d'une infinité d'autres prérogatives que je paffe ici fous filence,
& ne différentie des autres Etats d'Empire, que par la privation du droit de féance & de voix délibérative dans
les Dietes, dont elle eft fevrée aujourd'hui, malgré les
tentatives inutiles qu'elle a fait jufqu'à préfent pour
y entrer.

## CHAPITRE SEIZIE'ME.

### Des *autres Immédiats qui ne sont pas Etats d'Empire.*

IL se trouve encore en Allemagne une autre espéce de sujets qui sont immédiats de l'Empire : ce sont les Chapitres, les Colléges & les Monastéres qui jouissent de l'immédiateté. Le nombre à la vérité n'en est pas fort considérable puisqu'il se réduit au seul Chapitre d'Arensfeld ou Arnuel près de Sarbruk.

Le Monastére d'Erbach dans la forêt de Steingem, jouit cependant du même privilége, ainsi que celui de saint Michel de la Montagne des Moines, près de Bamberg.

Quant aux Colléges, celui des Jurisconsultes d'Aix-la-Chapelle, est l'unique qui en jouisse.

Ces Jurisconsultes, dont ce Collége est composé, ne forment pas toutefois, un tribunal dans les formes : ils ne connoissent & ne décident les causes que de ceux qui se soumettent volontairement à leur jugement ; mais ils sont soumis immédiatement à l'Empereur, tant pour leurs personnes que pour leurs biens.

On peut cependant ajouter encore au nombre des sujets qui jouissent du privilége d'immédiateté, quelques Commandeurs des Ordres Ecclésiastiques Militaires, qui n'ont pas de place dans le banc des Prélats, de même que les Ganerbes ou Gowerbes, qui sont

de

de certaines familles nobles uniës entr'elles par des *Pacta conventa*, qu'elles ont faits anciennement tant pour leur défenſe reſpective, que pour le droit de ſucceſſion des uns aux autres.

Toutes ces familles, ſont voiſines les unes des autres, & habitent le même canton dans les ſix Châteaux ci-après dénommés.

Celui de Friedberg.

Celui de Gelnhouſe.

Celui de Saltzbourg ſur la Sale.

Celui de Greiffenberg, près de Francfort.

Celui de Stude.

Et celui de Bénigheim.

Le chef de chacun de ces Châteaux, eſt qualifié du titre de *Burgrave*; il rend la juſtice à ceux de ſa dépendance, aſſiſté de douze Conſeillers que l'on appelle *Burgmann*, comme qui diroit, Bourg-homme, qui ſignifie Principal du Bourg ou du Territoire qui en dépend.

Il faut cependant bien ſe donner de garde de confondre cette eſpéce de Burgraves, avec les anciens Burgraves de l'Empire, qui ſont proprement les Comtes commis à la garde des Châteaux Royaux ou Impériaux. Ceux-là doivent leur origine à Henri I. & à Othon le Grand, de même que les Margraves doivent la leur à Charles-Magne, dont le nombre augmenta conſidérablement ſous le régne de Henri I. dit l'Oiſeleur, qui s'en ſervit avantageuſement dans les tems où l'Allemagne étoit menacée & attaquée même de tous côtés, en commettant la garde des frontiéres

M

de Hongrie aux Margraves d'Autriche, avec le commandement abſolu des troupes; celles de Bohême & de Pologne, aux Margraves de Brandebourg, ainſi que celles de la Luſace de la Miſnie & de Dannemarck qui étoient confiées aux Margraves de Sléeſwick. Mais pour revenir aux Burgraves, ceux de Nuremberg & de Magdébourg ſont les plus conſidérables de cette derniere eſpéce; la Maiſon de Brandebourg deſcend des premiers, & les Ducs de Saxe de la branche de Miſnie qui conſervent encore le titre de Burgraves de Magdébourg, quoique les principales prérogatives de ce Burgraviat aïent paſſé aux Archevêques de ce ſiége, & depuis au Roi de Pruſſe avec l'Archevêché.

Le titre de Burgrave eſt encore donné dans une ſignification bien moins honorable, étant attribué à de ſimples Châtelains comme ceux dont je viens de parler, & même à des Officiers de Juſtice nommés par les Ducs & les Evêques, tel, par éxemple, que le Burgrave de Straſbourg; au-lieu que les anciens Burgraves, commandoient dans les Châteaux qui leur étoient confiés, & qu'ils adminiſtroient la juſtice dans tous les lieux de leur dépendance. Ils étoient chargés auſſi de la défenſe des Evêchés, Abbayes & Monaſtéres des environs.

Il y a encore ſix Villages entiers dans l'Empire qui jouiſſent de l'Immédiateté; qui ſont

Suffelsheim.

Gédean.

Goldramsheim.

Steingambs.

Goyheim.

Et Senfeld dans le Marquisat d'Anspach - Brandebourg en Franconie.

Il n'y a aucun de ces Villages qui n'ait haute,
basse, & moïenne justice, & dont les appels ne ressor-
tissent directement au Conseil Aulique ou à la Chambre Impériale.

Il y a encore des Particuliers de condition libre qui
font leur habitation à la Campagne ou dans les Bourgs
& Villages, qui jouissent également du droit d'Immédiateté.

Il s'en trouve un nombre assez considérable à Leut-
kirck & dans les environs de Méglosse en Suabe, comme aussi dans les Villages de la Contrée de Ried, qui
étoient autrefois du ressort de Fleckensteim.

Ces Particuliers sont encore appellés aujourd'hui
par cette raison, *Hommes d'Empire.*

Après une énumération aussi éxacte que celle que
l'on vient de donner, de tous les Etats en général
de l'Empire, à commencer depuis les Princes jusqu'aux plus petits particuliers, il convient présentement de donner une idée juste & précise des choses
corporelles & incorporelles de l'Empire, & même de
les distinguer de manière quoiqu'abrégée, qu'aucune
ne puisse échaper à quiconque veut être instruit de
tout ce qui a trait à l'Empire & qui fait partie du droit
public, dont on s'est proposé de ne rien oublier
dans ce traité. C'est ce qui va être démontré dans les
chapitres suivans avec autant de précision qu'il sera
possible. M ij

# CHAPITRE DIX-SEPTIE'ME.

## *Des choses corporelles de l'Empire.*

LE s choses de l'Empire sont de deux espéces : les unes sont connuës vulgairement sous le nom de corporelles, & les autres sous celui d'incorporelles.

Celles que l'on connoit sous la dénomination de corporelles, sont de deux natures ; c'est-à-dire, mobiliaires & immobiliaires.

Les mobiliaires, sont ce qu'on appelle les joyaux ou symboles de l'Empire ; comme la Couronne, le Sceptre, le Globe Impérial surmonté d'une croix, dont la tradition veut que le Pape Benoit VIII., ait été l'artisan ; l'épée, le manteau ou chappe impériale, le bonnet, le baudrier & les sandales.

Toutes ces choses sont conservées, partie dans le trésor de Nuremberg, dont le Magistrat a la garde, & partie dans celui d'Aix-la-Chapelle.

Les immobiliaires sont générales ou particulieres.

Les choses corporelles immobiliaires générales, sont le Territoire de l'Empire qui consiste dans le Territoire Germanique, le Territoire Romain, le Territoire Italique ou Lombard, & le Territoire d'Arles.

Le Territoire Germanique fut divisé d'abord par l'Empereur Maximilien I. en six Cercles, & subdivisé depuis par le même Empereur, en dix, qui subsistent aujourd'hui dans le même ordre ; qui sont le Cercle d'Autriche qui tient le premier rang, le second,

le Cercle de Baviere, le troisiéme le Cercle de Franconie, le quatriéme le Cercle de Suabe, le cinquiéme
le Cercle du Haut Rhin, le sixiéme le Cercle du Bas
Rhin, le septiéme le Cercle de Bourgogne, le huitiéme
le Cercle de Westphalie, le neuviéme le Cercle de la
Basse Saxe & le dixiéme celui de la Haute Saxe.

Le Territoire Romain que l'Empereur prétend lui
appartenir par droit de Domaine direct, consiste en
la Ville de Rome & ses dépendances, qui sont les terres de l'Exarquat de Ravennes, dont les Exarques qui
en étoient regardés comme les Souverains, étoient autrefois les Vicerois des Empereurs d'Orient dans Rome
& dans toute l'Italie: ils faisoient leur séjour ordinaire dans la Ville de Ravennes dont l'Exarquat portoit le nom.

Le Territoire Italique ou Lombard, consiste dans
ce qu'on appelloit le Royaume de Lombardie ou d'I-
talie, & fait partie du Territoire de l'Empire, parceque Didier Roi des Lombards, après avoir été chas-
sé de ses Etats par Charles-Magne, son Royaume res-
ta dévolu à l'Empire, à droit de conquête. Il faut cependant remarquer que cet Empereur n'étoit alors
que Roi de France, & que ce fut Pepin, pere de ce
Prince, qui avoit commencé à faire la conquête de
ce Royaume sur Astolphe, prédécesseur de Didier,
& qu'il ne fut reüni à l'Empire, qu'après que Charles-Magne fut monté sur le Trône Impérial. Ces deux
Rois de France donnerent une partie de cette conquête au Saint Siége, ce qui forme aujourd'hui presque tout le patrimoine qui en dépend, & connu sous

le nom de *Patrimoine de Saint Pierre*. En reconnoiſ-
ſance de ce don, le Pape & le Clergé, conjointement
avec le peuple Romain, donnerent ſolemnellement
à Charles-Magne & à ſes ſucceſſeurs, le titre de Pa-
trice ou Prince de Rome, avec le droit de nommer
le Pape.

Il faut cependant faire néceſſairement une diſtinction de ce territoire & des fiefs qui en dépendent,
d'avec ceux qui ſont directement fiefs de l'Empire en
Allemagne, en ce que ceux-ci jouiſſent du droit d'E-
tats immédiats de l'Empire pour la plûpart, & que
relevant de l'Empire, ils n'ont pas moins la ſouve-
raineté en partage dans leurs terres, & le droit d'être
Co-Impérans dans les Comices, ſans incompatibilité,
au-lieu que ceux-là ne jouiſſent d'aucun de ces droits,
& relevent immédiatement de l'Empereur, qui en
donne l'inveſtiture à qui il lui plait.

Le Territoire d'Arles, n'eſt plus aujourd'hui par
rapport à l'Empire, qu'un territoire fictif du même
Empire, qui le perdit ſous l'Empereur Charles IV.
qui eſt le même Empereur, qui après avoir été couronné à Arles, établit le Dauphin de France & ſes
ſucceſſeurs, Vicaires perpétuels de l'Empire dans ce
Royaume, ſur lequel la France avoit de grands droits
à éxercer & qu'elle a fait valoir depuis. Il ne faut
qu'ouvrir le Traité qu'a fait ſur cette matiére, le ſçavant Pierre Dupuy, pour en être pleinement convaincu.

Les choſes corporelles immobiliaires particuliéres,
ſont 1°. les Terres de l'Empereur dans l'Empire : mais

l'Empereur en fa qualité d'Empereur, n'en poſſéde propriétairement aucune dans l'Empire; il n'en tire non
plus aucun revenu pour le ſoutien de ſa dignité. Il
eſt même tenu d'incorporer à l'Empire, les fiefs de
quelque importance qu'ils ſoient, qui viennent à vaquer & dont il ne peut plus diſpoſer.

2°. Les Electorats.

3°. Les Archevêchés.

4°. Les Archiduchés.

Celui d'Autriche eſt le ſeul qui ſoit dans l'Empire ; il n'étoit même originairement que Marquiſat,
puis Duché & finalement érigé en Archiduché en
1453. par Frédéric III.

5°. Les grands Prieurés.

6°. Les Evêchés.

7°. Les Duchés.

8°. Les Marquiſats.

9°. Les Landgraviats.

On ne connoiſſoit point de Landgraves avant le
milieu du onziéme Siécle. C'étoient des Comtes ou
Préſidens de Provinces : cette qualité a été priſe originairement par des Seigneurs qui, dans l'idée que
leur patrimoine pouvoit dater de quelques Siécles
d'ancienneté de plus que celui des autres Comtes,
croyoient être en droit de s'ériger un nouveau titre
qui marquât leur ſupériorité ſur eux ; ou enfin, parcequ'ils ſe voyoient les maitres de la plus grande partie d'une Province, qui avoit formé auparavant un
Duché. C'eſt de cette façon que les Landgraves de
Heſſe & de Thuringe ont pris cette dénomination ,

de même que les Comtes d'Habſbourg s'étoient arrogé la qualité de Landgraves d'Alſace pour ſe former
par ce titre, une marque de diſtinction.

10°. Les Burgraviats.

Leur origne a été définie dans le chapitre précédent.

11°. Les Abbayes & les Prévôtés avec le titre de
Princes & ſimples.

12°. Les Principautés.

13°. Les Comtés avec la dignité de Princes.

14°. Les Comtés ſans dignité de Princes.

15°. Les Baronies.

16°. Les Commanderies.

17°. Les Terres des Abbeſſes, Princeſſes & ſimples.

18°. Les Terres des Chapitres & Monaſtéres.

19°. Les Terres des Nobles Immédiats, qui ſont
les Dinaſties ou Seigneuries.

20°. Et finalement, celles des Villes, Bourgs &
Villages Immédiats.

Il faut auſſi remarquer que toutes ces Terres ſont
allodiales, ou féodales.

Que les allodiales ſont celles qui ſont tenuës en
plein Domaine & ſoumiſes ſeulement au droit de ſujétion.

Et que les féodales au contraire, ſont celles qui,
outre le droit de ſujétion, ſont ſpécialement ſoumiſes à l'Empereur & à l'Empire par le ſerment de fidélité.

Ces Terres féodales qui ſont à proprement parler, les fiefs relevans de l'Empereur & de l'Empire,
ſont diviſées en fiefs hauts régaliens, ou en fiefs de moindre

dre espéce; en fiefs eccléfiaftiques ou féculiers, en fiefs propres ou impropres, en fiefs anciens ou nouveaux, & en fiefs mafculins & féminins, héréditaires ou non héréditaires. Il en eft peu de cette derniere efpéce; fi ce ne font ceux poffédés par la Maifon d'Autriche, confirmés tels par les Conftitutions de Frédéric I. & II. Art. 4. & 12. (*Cotte* K. ) & le Duché de Brunf-wick qui le font devenus par des Pactes de famille. Il en eft cependant encore que l'on tient pour féminins que l'on appelle fiefs oblats, parceque pendant plu-fieurs Siécles, les Princes, les Comtes, & les Gen-tils-hommes, offroient en foule au Souverain, leurs biens & héritages, ainfi qu'aux Evêchés & Monaftéres, pour les tenir d'eux; de-là font venus en partie les fiefs oblats aufquels fuivant toute équité, les filles fuccédoient & leurs defcendans après l'extinction des mâles; c'eft de-là que dérive le Proverbe Allemand que la Croffe n'exclut perfonne, *Krumftab Schleclbt niemandt aub.* Mais la régle généralement fuivie aujourd'hui dans les Chambres d'Allemagne, veut que tout fief foit réputé mafculin, fi les Lettres d'inveftiture ne prou-vent le contraire; quoique les Compilateurs des Actes Publics de l'Empire fourniffent une légion de Diplô-mes émanés de l'autorité Impériale en faveur des filles du dernier poffeffeur d'un fief mafculin, en le lui ad-jugeant au préjudice des Collatéraux.

Plufieurs Cours féodales des Evêques d'Allemagne ont auffi abandonné cette maxime, & font dériver les fiefs oblats du droit du plus fort, des tems des Guerres Civiles qui défoloient l'Empire & pendant

N

lefquelles les Séculiers mettoient leurs Terres fous la
protection des Eccléfiaftiques, en les leur offrant en
fiefs ; protection que l'on foutient dans les Tribunaux
ne devoir mériter, qu'après l'extinction des mâles.
Le Domaine utile eft réüni de droit au direct, attendu que fi le fief paffoit aux filles & à leurs Defcendans, la Charge deviendroit perpétuelle & fans profit. Il eft de régle auffi, que l'Eglife ne veut perdre
aucun de fes droits.

Il faut encore obferver que la plus grande partie
de tous ces fiefs, n'ont commencé à devenir héredi-
taires que vers la fin du dixiéme Siécle, & que jufqu'à ce qu'il plaife aux Empereurs de faire rédiger
un nouveau Code féodal, qui prefcrive une régle fixe,
pour réfoudre toutes les queftions douteufes qui naif-
fent à chaque inftant fur cette matière, il y aura une
incertitude éternelle dans la jurifprudence des fiefs.
Les feules régles générales qui ne varient point en
matière de fief, font que le Vaffal, n'en eft invefti
qu'à charge de fidélité envers fon Seigneur direct,
que s'il y manque, il eft dès-là réputé Félon & conféquemment fon fief tombé en Commife ; qu'à chaque mutation, il eft tenu de faire fa reprife dans l'an
& jour, renouveller fon ferment & fon inveftiture,
qu'il n'a pas la faculté d'aliéner fon fief ni d'en rien
démembrer, & que les feuls Defcendans mâles du
premier invefti, font dans la régle étroite, les feuls
habiles à y fuccéder.

# CHAPITRE DIX-HUITIEME.

## *Des choses incorporelles de l'Empire.*

LES choses incorporelles de l'Empire dont nous avons présentement à parler, sont les Droits de l'Empereur, ceux des Etats & des autres membres de l'Empire qui ne sont point Etats.

Ceux de l'Empereur consistent, ou dans la Majesté Impériale, ou dans ses prétentions sur les Païs qui ont été détachés de l'Empire ; ou dans la domination, ou enfin dans la préséance qui, de l'aveu de toutes les Nations, lui donne sans contestation la prééminence sur toutes les têtes couronnées du Monde Chrétien, comme en étant le Chef.

Il faut donc considérer deux points capitaux dans la Majesté Impériale, qui sont la Forme & les Parties.

La Forme est marquée dans la Capitulation que les Electeurs prescrivent à chaque Empereur, qu'il ne leur est pas permis de transgresser en aucun des Points. Cela est si vrai, que les Capitulations passent aujourd'hui en forme de Loi Fondamentale de l'Empire, & que l'Empereur élu seroit obligé de se conformer à celles de ses Prédécesseurs, si le Collége Electoral négligeoit d'en dresser une nouvelle à chaque Election, mais c'est à quoi l'on ne manque pas.

Quant aux Parties, elles consistent dans les Droits réservés & attribués uniquement à la personne de l'Empereur ; ils sont de trois espéces.

La premiere espéce dérive précisément de la seule prééminence de l'Empereur, en ce que dans toutes les affaires qui concernent l'Empire, il a nonseulement la concurrence, mais encore la primauté : il faut toutefois, en éxcepter la Capitulation que les Electeurs lui prescrivent & qu'il s'engage par serment d'éxécuter dans tous ses points, sans cependant avoir aucune part à sa confection, & à l'Election d'un Roi des Romains quand elle se fait de son vivant, à laquelle il ne participe ou ne doit participer en aucune façon, si ce n'est, que l'on est simplement astreint à lui en donner avis, sans qu'il puisse s'y opposer, ni que l'Election faite du Sujet qui a été choisi, quand bien même il ne lui seroit pas agréable, il puisse l'empêcher de jouir des prérogatives & des droits attachés à sa dignité.

La seconde espece consiste, en ce qu'il n'y a que l'Empereur à qui on puisse demander justice, qui ait le droit de décider seul des matières qui ont le point d'honneur pour objet, & des difficultés qui peuvent survenir sur la distinction des Etats d'Empire, comme aussi de faire des réglemens en conséquence.

Ce droit merite quelque réfléxions & n'a pas été sans contradiction, pour peu que l'on veuille en faire l'analyse. Ecoutons Puffendorff sur cet article. » Depuis la Bulle d'Or, *dit cet Auteur*, *dans son état* » *de l'Empire d'Allemagne*, les Electeurs se sont attri- » bués à eux seuls, le jugement des Causes Royales ; » on a retenu de l'ancienne Coutume que les affaires » des Princes n'ont jamais dépendu du Roi seul, mais

» ont été jugées dans l'assemblée des grands, à l'amia-
» ble, & par une procédure simple & courte, & lors-
» que dans le dernier Siécle, les Empereurs ont préten-
» du juger seuls des fiefs des Princes, les plus fermes
» d'entre les Etats s'y sont opposés avec vigueur.
» En effet, *continuë-t-il*, les exemples précédens, la
» manière du gouvernement, & l'établissement de
» l'Empire, fait assez voir que l'on ne peut pas laisser
» au jugement de l'Empereur seul, la décision de
» choses si importantes, & que l'établissement du
» jugement des Princes appellé en Allemand, *das*
» *Fursten Recht*, n'est pas une chimère & une imagi-
» nation, comme quelques Auteurs l'ont ridiculement
» prétendu, pour flater les Empereurs. Depuis, plu-
» sieurs familles de Princes, & à leur imitation, les
» villes libres, se sont fait des judicatures arbitraires,
» *c'est l'origine des Austrégues.* » Puffendorff. Etat de
l'Empire Page 263.

Quelque sensé & judicieux même, que paroisse ce
raisonnement, on entrevoit que cet Auteur qui ac-
cuse de partialité en faveur des Empereurs, les Auteurs
qui ne sont pas tout-à-fait de son sentiment, peut en
être taxé lui-même, en faveur des Electeurs & Etats
de l'Empire, peut-être à plus juste titre. Suivons son
raisonnement & sa conclusion. Il fait voir que les affaires qui ont trait à la personne, à l'honneur & aux
fiefs des Princes, ne dépendent point de la décision
de l'Empereur seul, mais qu'elles doivent être discu-
tées & jugées en présence & par les Pairs. Il appuye
son raisonnement 1º. sur ce que l'Empereur qui n'a ori-

ginairement qu'un pouvoir borné & limité, deviendroit abfolu, s'il étoit en droit fans concurrence de perfonne, de ftatuer par lui-même, fur des affaires de l'importance de celles dont on lui donne à lui feul l'attribution.

2°. Sur la liberté dont ont joui de tous les tems les Princes & les Etats d'Allemagne.

3°. Sur la qualité des fiefs qui ne relévent point de l'Empereur feul, mais qui relévent principalement de l'Empire, de maniére que quand il eft abfolument queftion d'en venir aux extrémités, d'en dépouiller quelqu'un, ou de les adjuger à un autre, rien n'eft plus conforme à l'équité naturelle que d'y appeller les Princes de l'Empire.

Il faut convenir avec cet Auteur, que l'ufage qu'il adopte a duré jufqu'à Maximilien I. mais que le Confeil Aulique qui doit fon origine & fa création à cet Empereur, changea bien les chofes de face, par la forme & l'autorité qui lui fut attribuée, & par la condefcendance qu'ont eu les Princes de s'y foumettre, en le reconnoiffant pour juge de leurs caufes. De ce moment là, le Confeil des Princes, tant préconifé par Puffendorff, perdit toute fa force & demeura comme fupprimé.

L'hiftoire nous en fournit des éxemples qui en font la preuve; Charles-Quint & quelques-uns de fes Succeffeurs, fans avoir égard aux anciens ufages, n'ont pas laiffé que de condamner de leur chef, plufieurs Electeurs & Princes de l'Empire. Il eft vrai que les Princes d'Allemagne protégés par la France & aidés

de la Suéde ont recouvré, du moins en partie, leurs
anciens droits & leur liberté, qui avoit essuyé bien des
atteintes & qui a été particuliérement affermie par le
Traité de Westphalie & par toutes les Capitulations
postérieures à ce Traité, dont les plus formelles au
sujet de la proscription des Princes & autres affaires
qui les intéressent, sont celles des Empereurs Charles
VI. & Charles VII. dans lesquelles ils se sont pré-
cautionnés contre l'éxemple récent qu'ils avoient devant leurs yeux, de la proscription des deux Electeurs
de Baviere & de Cologne.

La troisiéme & derniere espéce, est que l'Empereur
a la faculté d'éxercer son pouvoir dans toutes les
Terres des Etats, sans qu'aucun puisse, ni ait le droit
de s'en soustraire, bien entendu cependant, que les
affaires qui pourroient donner l'ombre d'atteinte à la
Supériorité Territoriale qui leur appartient, en seront
absolument exceptées.

Il s'agit présentement d'éxaminer les Droits réservés à l'Empereur, qui vont être discutés & expliqués
dans le chapitre suivant.

---

## CHAPITRE DIX-NEUVIE'ME.

### Des Droits réservés à l'Empereur.

CE s sortes de Droits peuvent être divisés en
trois Classes.

*Premiere Claſſe.*

La premiere renferme ſept eſpéces de Droits différens, mais preſque tous relatifs les uns aux autres.

La premiere conſiſte au Droit de propoſer aux
Diétes, qui eſt réſervé à la ſeule perſonne de l'Empereur.

La ſeconde, de préſider dans toutes les Aſſemblées & Tribunaux de l'Empire quand il juge à propos de s'y tranſporter.

La troiſiéme au Droit de ſuffrage dans toutes les
affaires de quelque nature qu'elles puiſſent être qui
ſe traitent dans les Diétes.

La quatriéme, la faculté de rejetter les recès des
Diétes.

La cinquiéme, de faire expédier indiſtinctement en
ſon nom tous les Actes qui émanent de la Chancellerie.

La ſixiéme, de veiller à la ſureté de l'Empire.

Et la ſeptiéme de nommer les Ambaſſadeurs néceſſaires pour négocier dans le ſein de l'Empire &
dans les Cours Etrangeres, les affaires qui concernent le
Corps Germanique. Ce Droit eſt un de ceux attribués à la Dignité Impériale qui mérite le plus d'attention. Le titre d'Ambaſſadeur de l'Empereur eſt
ſi éminent par lui-même & par la préſéance que
donne cette qualité ſur tous les Ambaſſadeurs des
autres Têtes Couronnées, qu'on l'a vû plus d'une
fois rempli & brigué par des Princes du Sang Impérial & par ceux des plus grandes Maiſons de l'Empire.

pire. Aussi les Empereurs n'entretiennent-ils de ceux qu'on appelle Ambassadeurs Ordinaires, qu'à Rome & à Madrid ; au-lieu qu'à la Cour de France, ce sont presque toujours des Ambassadeurs extraordinaires qu'on y envoye.

A l'égard des Résidens, les Empereurs n'en ont gueres qu'à la Haye, à Hambourg, à Francfort, à Constantinople ou à Smirne.

### Seconde Classe.

Les Droits de cette seconde Classe sont au nombre de douze principaux.

Le premier est celui de donner seul l'investiture & la collation des principaux fiefs immédiats de l'Empire appellés de l'Etendard, tant aux Ecclésiastiques qu'aux Laïques, mais il ne faut pas confondre ce Droit avec celui de conférer des fiefs ; parce qu'un Empereur n'a pas la faculté de donner aucun ancien fief de l'Empire qui seroit tombé en vacance, comme il a été déja dit, ni même d'en ériger un nouveau.

Il est vrai que les prédécesseurs de Charles-Quint ont tenté toutes les voies imaginables pour pouvoir faire revivre l'autorité de Charles-Magne & de ses Successeurs, en voulant, à leur imitation, disposer en faveur de qui il leur plaisoit, des grands fiefs de l'Empire qui viendroient à vaquer, soit par l'extinction de ceux qui en auroient été les premiers investis, soit dans le cas de félonie de la part des Possesseurs actuels : ce fut même une des principales raisons qui détermina le Collége Electoral à cimenter sur cet article important, la Capitulation de Charles-Quint dont ils appréhendoient avec raison, l'autorité & la puissance suprême; on convient cependant que le dernier de ces deux cas arrivant, les Empereurs en disposoient assez ordinairement avant cette Capitulation, mais c'étoit toujours du consentement des Electeurs, au-lieu qu'ils en disposoient assez communément dans le premier.

Il faut convenir au surplus, que ce Droit de donner l'investiture, n'est pas une prérogative bien extraordinaire; il ne seroit pas convenable que les Princes se la donnassent mutuellement au préjudice du Chef de l'Empire : ce Droit lui seroit toujours dévolu, quand même on conviendroit de donner les investitures dans les Comices, puisqu'on ne pourroit refuser le Droit de recevoir les foi & hommage à celui qui y préside, qui est l'Empereur; c'est donc une preuve incontestable que l'investiture de ces fiefs lui est naturellement réservée.

Le second, est de pouvoir conférer les Electorats vacans; c'est par la Bulle d'Or que ce Droit est confirmé aux Empereurs. ( *Cotte* L. )

Le troisiéme, est celui de donner des dispenses d'âge aux Princes & autres Etats d'Empire.

Le quatriéme de légitimer des bâtards, de réhabiliter & de rétablir dans sa réputation & bonne renommée, les sujets qui se seroient déshonorés, ou qui auroient été déclarés tels, soit par un Conseil de guerre, soit par quelque Arrêt ou Sentence émanée d'un Tribunal Civil.

Le cinquiéme, d'accorder le dernier reffort & le privilége de ne point traduire les Sujets ailleurs que devant leur juge naturel.

Le fixiéme, de conférer les Charges de l'Empire.

Le feptiéme, de conférer les Dignités & augmenter les titres des Terres; comme par éxemple de créer les titres de Roi, d'Archiduc, de Duc, de Prince, de Comte, de Baron, de Noble & autres.

Ce Droit d'accorder le titre de Roi que les Empereurs conféroient jadis à leurs Vaffaux & Grands Feudataires, n'eft plus d'ufage aujourd'hui, car il faut remrquer que préfentement aucun Prince quelque puiffant qu'il foit, & qui gouverne fes Etats en fouverain, ne peut de fon chef ni de fa propre autorité s'ériger en Roi: cette faculté accordée aux Empereurs eft donc fufceptible de bien des reftrictions, & fi il plaifoit à un Empereur de donner le titre de Roi à un Feudataire de l'Empire, il lui faudroit néceffairement le confentement de toutes les Têtes couronnées, & particulièrement celui du Roi de France, qui a fans contredit, la prééminence fur tous les autres, autrement il ne feroit reconnu d'aucune Puiffance Etrangere.

Quant aux autres Dignités, perfonne n'ignore que l'Empereur ne peut les conférer fans l'agrément des Grands qui portent le même titre qu'il voudroit conférer. A l'égard des autres titres de Baron, de Comtes du Palais Impérial & d'Ecuyer, il n'eft pas douteux qu'un Empereur n'en puiffe créer tant & en fi petit nombre qu'il lui plait; c'eft d'ailleurs, très peu de chofe, fur tout quand ces qualités font accordées à des Sujets médiats qui réfident pour la plûpart , dans un autre Etat , comme lorfque les Empereurs de la Maifon d'Autriche poffédoient les-Païs Bas , & qu'ils y conféroient ces dernieres Dignités indiftinctement à quiconque en demandoit.

Le huitiéme , d'inftituer des Ordres Militaires.

Le neuviéme, de connoitre des fiefs Régaliens & des priviléges de l'Empire , aufquels eft attachée une Charge Royale de l'Empire.

Le dixiéme, le Droit de dernier reffort.

Le onziéme de juger les différens concernant les Péages.

Et le douziéme & dernier , de décider les conteftations des Etats tant Catholiques que Proteftans , fur la préféance entr'eux , quand il s'en éléve quelqu'une.

### Troifiéme Claffe.

Les neuf différentes efpéces de Droits qui compofent cette derniere Claffe , font

1°. Le Droit des premieres Prières : c'eft-à-dire la faculté de nommer une fois feulement après fon avénement au Trône Impérial , à un bénéfice dans tous les Chapitres médiats & immédiats , fans aucune exception , foit dans les mois du Pape , foit dans ceux de l'Ordinaire ; enforte que celui qui a obtenu le brevet de nomination de l'Empereur , eft préféré à tout autre , quand la Vacance arrive.

Les Collégiales des Duchés de Cleves & de Juliers ,

celles du Comté de Flandre, l'Eglise de Pulling dans le Wirtemberg, les Evêchés, qui avant 1624, jouiſſoient de l'éxemption, comme les Chapitres de Camine en Poméranie, de Lébus, de Brandebourg, & de Havelberg dans la Marche ; de Miſnie en Saxe, de Gurck, de Seccau & de Lavantin en Autriche, & les Bénéfices en Patronage Laïque, les Hôpitaux, les Léproſeries, les fondations de Séminaires pour les Etudians, les Prébandes de Manſe Epiſcopale, les Chapelles &c. prétendent en être cependant exceptés.

C'eſt le même Droit que celui du joyeux avénement dont les Rois de France ſont en poſſeſſion.

2°. Celui de fonder des Univerſités, dans les Terres des Etats d'Empire.

Ce Droit mérite cependant une obſervation particuliere, en ce que les Empereurs ne peuvent en faire uſage ſans la participation du Prince ou de l'Etat dans la Ville ou Territoire de qui ils voudroient en ériger, de manière, que le cas arrivant, les Etats y ont plus de part pour ainſi dire, que l'Empereur même, dont le Droit ſe borne ſimplement à confirmer les Statuts & Réglemens de ces Univerſités naiſſantes, & à tenir la main à ce que les perſonnes auſquelles on confere les honneurs Académiques, ſoient regardées comme telles par toute l'Allemagne ; car pour la direction de ces Univerſités & les perſonnes qui les compoſent, elles dépendent ſans aucune difficulté, de la Supériorité Territoriale de l'Etat où elles ſont établiës.

O iij

3°. D'ériger un lieu simple en Ville ou Cité.

Ce Droit est à peu près de la même catégorie que le précédent, ne pouvant être éxercé que du consentement de l'Etat sur le Territoire duquel l'Empereur en voudroit jetter les fondemens. Au-lieu qu'on a vû des Etats construire des Villes sans l'agrément de l'Empereur, sur leur Territoire.

4°. D'accorder toutes sortes de Privileges, pourvu toutefois, qu'aucun ne puisse être préjudiciable aux Etats d'Empire.

5°. D'établir les grandes foires franches.

6°. Le Droit des postes générales.

7°. Celui de faire battre Monnoye; mais le seul bénéfice que les Empereurs en retirent, consiste à faire fabriquer des especes d'un titre plus bas que celles des autres Etats qui ont le même droit, cependant avec la même valeur: mais ils n'ont pas la faculté d'augmenter ni de diminuer celles des especes.

8°. De permettre aux Etrangers d'enrôler des gens de guerre, conformement aux recez de l'Empire de 1654. § 186.

9°. Le droit de protection ou d'Avocatie sur l'Eglise Romaine, & le Saint Siége Apostolique.

Les Publicistes, & les Protestans entr'autres, ajoutent un prétendu *Jus circa Sacra :* mais sans vouloir percer plus avant sur cette matière, on peut avancer qu'il pourroit survenir certains cas, comme s'il s'élevoit quelque secte nouvelle dans l'Empire, contre laquelle il conviendroit que l'Empereur se servît de son autorité, pour l'extirper dès sa naissance, conjointement avec les Etats d'Empire.

Un droit de cette espece, dont les Empereurs jouissoient au moins depuis Charles-Magne, méritoit quelque considération en leur faveur de la part de la Cour de Rome, mais Grégoire VII. & quelques-uns de ses successeurs, se sont crus autorisés à n'en avoir aucune, & à lancer les foudres du Vatican contre les Empereurs Henri IV. & Henri V. Frédéric I. Othon IV. Frédéric II. Conrad IV. & Louis de Baviere. Peut-être que le titre d'Empereur Romain, que ces Princes prenoient, & dont ils prétendoient avec raison exercer les droits, leur attira cette disgrace : leurs successeurs l'auroient peut-être encouruë de même selon les cas, si le Schisme qui divisa le Saint Siége, l'extinction de l'Empire d'Orient qui tomba entre les mains des Turcs dont on craignoit la force & la Puissance, & le Protestantisme enfin, n'étoient survenus, & n'eut forcé pour ainsi dire, les Papes à avoir plus de ménagement : quoique de nos jours, l'Empereur Joseph en ait été menacé par Clement XI.

Voila en quoi consiste les principaux droits reservés à la seule personne de l'Empereur; il en est d'autres cependant qu'il faut faire connoitre, dont il a aussi l'attribution, mais qui doivent être communiqués aux Etats d'Empire, & particulierement aux Electeurs.

# CHAPITRE VINGTIE'ME.

*Des Droits de l'Empereur, communiqués aux Etats, & en particulier, de ceux qui doivent l'être aux seuls Electeurs, où leur consentement unanime est absolument requis.*

LEs Droits que l'Empereur ne peut exercer, qu'avec le concours des Etats de l'Empire, doivent se diviser en ceux qui doivent être communiqués aux seuls Electeurs, & en ceux qui doivent l'être aux autres Etats.

Les premiers, dont les seuls Electeurs doivent avoir connoissance sont de deux sortes: les uns requiérent leur consentement unanime, & la pluralité des voix suffit seule pour les autres.

Voici ceux qui doivent être communiqués aux seuls Electeurs pour l'éxécution desquels leur consentement unanime est absolument necessaire, & qui méritent effectivement une attention plus particuliere que les autres, étant pour la plûpart des Droits pécuniaires ou à charge au Public, qui par conséquent intéressent tout le Corps de l'Empire & valent bien la peine, pour les faire passer en force de loi, d'avoir l'unanimité des suffrages. Ils consistent dans le Droit d'accorder de nouveaux péages.

Celui d'augmenter les anciens.

De proroger & continuer ceux qui ont été accordés

dés pour un tems fixé.

De donner le Droit de Doüane & de Gruë.

C'eſt un des articles de la Capitulation de l'Empereur Léopold, art. 20. & de celle de l'Empereur Joſeph, art. 12. ( *Cotte M.* )

On appelle communément ce dernier Droit, *Jus Stapulæ,* ou d'Etapes.

En vertu de ce Droit, on peut & même on oblige tout bateau chargé de quelques marchandiſes que ce puiſſent être, à les décharger dans la premiere Ville que l'on voudra, & de les expoſer en vente : mais ce Droit ſe diſtingue en *plein* & en *moins plein.*

Le *plein,* eſt proprement ce qui s'appelle le Droit de Doüane, qui emporte la néceſſité de vendre, & d'éxiger le Droit de Gruë tout enſemble.

Le *moins plein,* au contraire, eſt ſimplement ce qui eſt connu ſous le nom de Droit de Gruë, qui donne la faculté de faire meſurer ou péſer les marchandiſes du bateau, qui ne font que paſſer, pour être certain de la meſure ou du poids des marchandiſes, & empêcher par cette précaution, que l'on ne fraude les Droits ſur les octrois qui font dus, ſoit par aulne ſoit par meſure ou par Quintal ou Milier, ſuivant que les marchandiſes ſont ſuſceptibles de meſurage ou d'être peſées.

La Gruë eſt un inſtrument attractif, placé ſur le bord d'une Rivière ou d'un Port, dont on ſe ſert pour tirer toutes ſortes de marchandiſes d'un bateau, & les y replacer enſuite lorſqu'elles ont été meſurées ou peſées.

P

## CHAPITRE VINGT-UNIE'ME.

*Qui traite des Droits communiqués aux seuls Electeurs,
& sur lesquels la pluralité des voix suffit pour
les faire passer.*

CEs sortes de Droits ne méritent pas moins d'attention que les précédens, quoique la seule pluralité des voix suffise pour qu'ils puissent avoir leur entiere éxécution. Ils sont à la vérité d'une nature différente de ceux dont on vient de parler, mais ils n'en intéressent pas moins tout le Corps Germanique. Il va être facile d'en juger par l'énumération qu'on en va faire, & de quelle conséquence ils sont.

Le premier, est le Droit de mettre un Membre, même un Etat d'Empire au Ban de l'Empire; c'est-à-dire de le retrancher totalement du Corps Germanique, & de le proscrire publiquement.

Il faut cependant, distinguer cette proscription, en supérieure & inférieure.

La supérieure ne mérite point d'autre explication que celle que nous venons de donner, elle parle d'elle-même; il n'est donc question que de la manière d'y procéder, ce qui ne se peut faire que dans une assemblée générale des Etats dans les Comices, dont le consentement est absolument nécessaire pour que la proscription d'un Membre ou Etat d'Empire, & la privation de ses fiefs, puisse valider.

Cette proscription est cependant si délicate quant à l'éxécution, qu'elle mérite d'être un peu plus disertement détaillée qu'aucun des Droits dont les Empereurs ayent l'attribution concurremment avec les Electeurs, même les Princes & Etats du Saint Empire, en conformité de la Capitulation de l'Empereur Charles VI. où cette disposition fut insérée pour la premiere fois. Ce qu'on appelle Ban de l'Empire est de deux espéces & se distingue en simple Ban & le For-Ban. La peine du simple Ban est encouruë lorsque l'Empereur ou un des Souverains Tribunaux de ce Prince ou de l'Empire, adresse un Mandement à quelqu'un, avec ordre d'y satisfaire sous peine d'être censé proscrit *ipso facto*; & celle du For-Ban lorsque la Partie persiste dans son obstination & la désobéissance, & que l'Empereur fait rendre contre elle une seconde signification de Ban.

La formule ancienne des Empereurs pour mettre un Etat au Ban de l'Empire étoit conçuë en des termes & des imprécations terribles. *Nous déclarons, s'exprimoient-ils, ta femme pour veuve avérée & tes enfans légitimes pour orphelins; nous adjugeons tes fiefs aux Seigneurs de qui ils relevent, tes biens & ta succession, à tes enfans, ton corps & ta chair aux animaux des forêts & aux oiseaux dans les airs & aux poissons dans les eaux. Nous permettons à tout le genre humain d'attenter à ta personne sur tous les grands chemins; tu n'auras ni paix ni escorte dans tous les lieux où l'on en accorde aux plus miserables, & nous t'envoyons au nom du Diable aux quatre coins du Monde.*

La formule ufitée aujourd'hui , fans être conçue dans des termes auffi durs , n'en eft pas moins forte. Voici comme elle fe termine , après que les chefs du délit réel ou prétendu , font articulés dans l'acte de profcription.

*Il ne nous refte plus par conféquent que de l'exclure (le Banni) formellement de notre part , du nombre , de la qualite , & des avantages des membres de l'Empire d'Allemagne , ce faifant de publier folemnellement , ouvertement & fans plus long retard notre préfente déclaration de Ban , telle qu'il l'a méritée par fes fréquens & horribles crimes de Leze-Majefté , ainfi que par d'autres contraventions groffiéres , & felon que la Bulle d'Or , la paix publique , & autres conftitutions de l'Empire , particuliérement les derniers recez, confirmés par les Empereurs , le requiérent , comme auffi fuivant qu'en notre qualité d'Empereur nous y fommes obligés , en vertu de la Capitulation par nous jurée.*

*C'eft pourquoi nous le reconnoiffons , déclarons & publions avoir encouru de fait le Ban & For-Ban de l'Empire , ainfi que toutes les peines & punitions que , felon qu'il eft de Droit & de coutume , de femblables reconnoiffances , déclarations & publications renferment ou entrainent après elles ; en conféquence , nous le privons & le déclarons & publions pour privé & déchu de toutes les graces , libertés , droits Régaliens , Dignités, Titres, Fiefs, Domaines patrimoniaux , Expectatives, Païs, biens , hommes & fujets , quelque part où ils foient , qu'il tient ou a tenus de nous & de l'Empire. Nous abandonnons auffi à un chacun fon corps , (la difpofition de ſa perſonne ) tellement que , comme de la protection qu'il tenoit de nous & de l'Empire , il a paſſé & a été mis , ou s'eſt mis lui-même dans un état de troubles & de dangers , aucuns de ceux qui attenteront ſur lui , ne ſeront condamnables ni puniſſables. Défendons à tous & un chacun des membres & Sujets de l'Empire de quelque état & condition qu'ils ſoient , d'avoir à l'avenir aucune liaiſon avec lui , de lui donner aucune retraite ni ſubſiſtance , ou de faire enſorte qu'il lui en ſoit fourni , ni d'ailleurs de le prendre , ou les ſiens ſous leur défenſe & protection. Défendons de rechef à ſes Vaſſaux , Landſaſſes , Officiers & Sujets , tant Eccléſiaſtques que Séculiers , d'avoir plus pour lui aucuns égards , ou de recevoir de lui ou de ſa part aucuns ordres , bien moins encore d'y déférer , mais leur enjoignons de n'écouter ou n'obéir qu'à nous ou à ceux que nous leur avons déſignés ou que nous pourrions leur déſigner à l'avenir. Nous renouvellons ſpécialement envers tous & un chacun des Officiers & Soldats qui pourroient encore être à ſon ſervice , les avocatoires à eux adreſſés ſelon leſquels il leur a été enjoint de quitter inceſſamment ſon parti & celui d'autres nos ennemis , & de ſe ranger de notre côté en s'abſtenant de le ſervir , ainſi que ſes adhérans , ſoit défenſivement ſoit offenſivement contre nous , l'Empire , ſes fidéles Sujets & tout ce qui nous appartient , mais voulons au contraire , qu'ils ſervent contre lui & ſes adhérans en les perſécutant & en employant tous leurs ſoins pour leur cauſer du dommage , auquel cas ils rentreront en nos graces & clémence , &c.*

Il faut convenir cependant que cette matière du

Ban, est susceptible de quantité d'objections à résoudre, suivant les différens cas, ou les personnes
contre qui le Ban peut être prononcé, ausquels les
Capitulations des Empereurs & la Bulle d'Or même
ont spécialement pourvû. Une des principales sur
laquelle il a été statué dans la Diéte d'élection de
l'Empereur Charles VI. étoit de sçavoir si les Collatéraux d'un Aignat proscrit peuvent succéder aux
fiefs dont il étoit possesseur; aussi a-t-elle inséré dans
la Capitulation de ce Prince, que la privation des
fiefs décernée contre un Banni, ne pouvoit nuire
ni préjudicier à ses Aignats, ni même aux expecta-
tivaires. Nous aurons dans le cours de ce Traité, occasion de rapporter le sentiment des Publicistes dans d'autres cas. Passons à la manière d'éxécuter le Ban,
quand il est prononcé.

Cette éxécution est commise aux membres du Cercle
dont dépend le coupable; elle peut être commise à
d'autres Cercles, quoique l'Empereur Rodolphe second se soit arrogé ce Droit, en commettant l'éxécution prononcée contre la Ville de Donawert appar-
tenante au Duc de Baviere, à un autre Cercle que
celui de Suabe, dont cette Ville faisoit partie.

Il faut aussi observer que les dernieres Capitulations adjugent les fiefs des proscrits, aux Etats dans lesquels ces fiefs sont situées, & à l'Empire, lorsqu'ils
en relévent immédiatement.

Les Ordres Ecclésiastiques ne sont pas moins soumis à l'Empire à cause des fiefs & des Droits de Régale, dont on peut les dépouiller, aussi-bien que

les Laïques, lorsqu'ils troublent la tranquillité publique, & que par le violement des Loix de l'Empire, ils se mettent dans le cas d'encourir la proscription & d'être privés de leurs fiefs, & Droits Régaliens; elle ne differe de celle des Princes & Etats Laïques qui tombent dans le même cas, qu'en ce que la privation de leurs fiefs ne subsiste que durant la vie de l'Electeur, Ecclésiastique, Evêque ou Abbé proscrits, mais après leur mort, ces biens retournent à leurs successeurs.

A l'égard de la proscription inférieure elle est bien différente de la premiere, en ce qu'elle peut être prononcée par les Tribunaux subalternes, de qui elle tire sa dénomination, ou par les Etats même, dans l'étenduë de leur Territoire : mais il y a du remede à cette derniere proscription, dont on peut se relever par la voie d'appel au Conseil Aulique, ou à la Chambre Impériale, ou à l'Empereur lui-même, à qui on peut avoir recours. Cette voie suspend non-seulement l'éxécution de la proscription, mais souvent elle est annullée, & rarement confirmée, pour peu que l'Etat contre qui elle est prononcée ait quelque crédit à la Cour Impériale.

Le second, est de donner le Droit de faire battre monnoye; ce Droit est confirmé par la Capitulation de l'Empereur Charles VI. Art. 33. *(Cotte* N.*)*

Ce Droit n'est assurément point contesté, mais il ne mérite pas moins qu'on ne l'accorde qu'avec de grandes précautions, sur-tout aux Etats médiats. Le Collége Electoral en a si bien senti l'importance &

la néceffité, qu'il en a fait une des conditions de la
Capitulation de l'Empereur Charles VII. Art. 9. §. 11.
mais bien plus étenduë que dans celles des autres
Empereurs prédéceffeurs de ce Prince. En effet, il faut
confidérer que ce Droit eft purement Régalien, fans
qu'il faffe partie de la fupériorité territoriale ; qu'il
ne peut être conféquemment éxercé qu'au defir de la
Loi ou par commiffion. La Bulle d'Or qui doit & qui
eft effectivement regardée dans tout fon contenu comme une Loi inviolable, autorife les Electeurs à en jouir;
d'autres Etats qui fe trouvent avoir fur leurs Terri-
toires des mines d'argent, font également autorifés
à faire battre Monnoye par différens recez de l'Empire, voila la Loi : mais il n'en eft pas de même des
conceffions que les Empereurs ont fi gratuitement
prodiguées, qu'il a fallu pour arrêter le cours des
abus qui en provenoient, obliger leurs fucceffeurs
par leurs Capitulations, de n'accorder à l'avenir de
pareils priviléges que du confentement & de l'avis des
Electeurs.

Au furplus, ces fortes de privileges ne font d'aucune
efpece particuliere ; c'eft-à-dire, qu'ils ne font point
généraux & encore moins uniformes.

Ils ne font point généraux, en ce que tous les Etats
n'ont pas la faculté de faire battre Monnoye, & ils
ne font point uniformes, parce que ce privilege accordé aux uns, eft quelquefois indéfini, & que celui
accordé à d'autres, eft quelquefois borné à l'argent
blanc, & quelquefois réduit à la fimple Monnoye de
Billon.

Il

Il faut aussi observer qu'il n'est pas absolument nécessaire d'être Etat d'Empire pour pouvoir jouir de ce privilege: nombre de Villes de l'Empire sans en être Etats, en ont le faculté.

Il n'y auroit cependant pas d'inconvenient, & il seroit même plus du bon ordre, que le projet de fixer le titre des monnoyes, & d'en régler un prix proportionné à leur valeur intrinséque, pût avoir son exécution, de même que celui d'établir une uniformité d'espéces, concertées entre tous les Etats d'Empire, qui ne différencieroient que par l'effigie de chaque Etat ; ces deux projets préviendroient tous les abus qui se commettent par toute l'Allemagne, qui peuvent se réduire à trois objets principaux, ausquels cependant on a apporté le remede autant qu'on a pû, sans les arrêter. Ces abus sont communément relatifs aux Etats médiats ou immédiats qui ont droit de faire battre Monnoye, ou à la matière dont elle est composée, ou enfin à la forme dont elle est frappée, ou à l'objet & les vuës que peuvent avoir ceux qui exercent ce droit.

L'abus relatif à la personne se commet 1º. quand un Etat fait battre Monnoye, sans y être légitimement autorisé, ou sans être pourvu de ce Droit Régalien. 2º. quand après en avoir joüi, il en a été privé, ou que malgré qu'il ait été suspendu de l'exercer, il continuë de le faire clandestinement .3º. Quand il l'a vendu ou cedé à bail, ce qui est cependant expressément défendu par toutes les Ordonnances, & devroit l'être encore plus rigoureusement à l'égard des Juifs, qui

Q

font ordinairement ceffionnaires de ce Droit, & qui commettent journellement des fraudes énormes, foit en altérant les matières, foit en ne donnant pas le poids aux efpeces. 4°. Quand il fait frapper d'autres efpeces de Monnoye, que celles qui lui font permifes; 5°. Quand il fait fabriquer des efpeces dans d'autres Villes que celles que l'on connoit fous le nom de *Müntz-Statt*, lefquelles efpeces font défignées fous celui de *Hockenmüntz*, ce qui fignifie à proprement parler, Monnoye fabriquée fous la cheminée.

L'abus relatif à la matière confifte en ce que la Monnoye n'eft pas au titre porté par les Ordonnances: 2°. Quand un Etat fait fabriquer de la petite Monnoye, ou ce qu'on appelle Monnoye Provinciale en trop grande quantité. 3°. Quand on affoiblit les efpeces en les rognant ou en enlevant des feuilles; & enfin en faifant une refonte des Monnoyes fabriquées fur le pied des Ordonnances de l'Empire.

L'abus quant à la forme, fe pratique lorfque par exemple, un Etat fe fert du coin d'un autre Souverain pour frapper de la Monnoye; & ceux quant à l'objet, proviennent du profit que cherchent à faire les fabriquans, foit en altérant les efpeces; foit en changeant celles de bon aloy contre de mauvaifes; foit en refondant celles qui ont couru dans tout l'Empire pour en fabriquer d'autres à des titres plus bas.

Il ne faut pas cependant perdre de vuë, qu'un Etat immédiat qui a perdu fon Droit, peut y être réhabilité du confentement des Electeurs, aulieu qu'un

Etat médiat lorsqu'il en est déchu, en est privé à per-pétuité, & que c'est une des prérogatives de l'Empe-reur, de punir ceux qui contreviennent aux Ordonnan-ces sur les Monnoyes, & que ce sont les Cercles qui sont chargés de l'exécution des peines infligées contre les contrevenans.

Le troisiéme, permet d'aliéner & d'engager même les biens de l'Empire, il est confirmé par la même Ca-pitulation de Charles VI, Art. 12. (*Cotte* O.)

Il faut cependant observer par rapport à ce dernier Droit, qu'au desir de toutes les Capitulations & par le Traité de Westphalie, Art. 5. §. 9. les engagemens contractés par tous les Empereurs, sont devenus irra-chetables. (*Cotte* P.)

Le quatriéme permet aussi de conférer les fiefs va-cans de l'Empire.

Mais il faut nécessairement faire la distinction des fiefs qui sont Electorats, d'avec les autres fiefs de l'Empire; ce qui n'est point du tout intelligible, puisque dans cet article, on y fait mention indis-tinctement des fiefs en général. Il est cependant de Droit certain, que les Electorats qui tombent en va-cance, ne peuvent être conférés que par l'Empereur seul; il ne faut que consulter la Bulle d'Or, Cap. 7. §. 7. pour être pleinement convaincu de ce principe. (*Cotte* Q.)

Il est indispensable cependant de remarquer que cet-te derniere disposition ne pourroit pas avoir lieu à l'égard du huitiéme Electorat, qui, suivant & au de-sir du Traité de Westphalie, par lequel il a été affecté à la branche Guillelmine de Baviere, doit s'éteindre avec cette branche, si elle vient à manquer.

Quant aux autres fiefs, on n'ignore pas qu'ils sont ce qu'on appelle ou *Majeurs* ou *Mineurs*, c'est-à-dire Régaliens & non Régaliens.

L'Empereur est tenu par les Capitulations, de réünir à l'Empire les fiefs Majeurs ou Régaliens qui tombent en vacance, soit par mort ou par félonie ils sont ordinairement destinés à l'entretien de l'Empereur & de l'Empire; aucune des Capitulations n'a dérogé à cette disposition; mais avec le consentement des Electeurs, il a la faculté de disposer des fiefs Mineurs, en faveur de qui il jugera à propos, & c'est de ceux-là dont on entend parler, quand on avance qu'il a *le Droit de conférer les fiefs vacans de l'Empire.*

Le cinquiéme enfin, est d'avoir le droit de convoquer les Diétes ou Comices.

On sent facilement de quelle importance seroit un Droit de cette nature, s'il n'étoit pas en quelque façon borné, par l'obligation où sont les Empereurs d'écrire à chacun des Electeurs pour avoir leur consentement par écrit, & d'attendre leur réponse aussi par écrit, avant que de faire aucune démarche pour les convoquer. Il ne faut que consulter le recez de la Diéte de Ratisbonne de l'année 1641. §. 2. ainsi que la Capitulation de Ferdinand III. Art. 13. pour en connoitre les justes conséquences. *(Cotte* R.)

# CHAPITRE VINGT-DEUXIE'ME.

*Qui traite des Droits communiqués aux autres Etats d'Empire, y compris tout le Corps de l'Empire.*

OUTRE les Droits communicatifs d'obligation aux Electeurs, il en est encore d'une autre espece qui de droit, doivent être pareillement communiqués aux autres Etats, & à tout le Corps de l'Empire.

Le Droit de faire des Loix, de les interpréter, & de les abroger, est du nombre, suivant le recez de l'Empire de l'an 1559. & confirmé par la capitulation de l'Empereur Charles VI. Article II. §. 1. (*Cotte S.*)

Cet Article porte son explication avec lui, mais il convient de toucher un mot des Loix d'Allemagne & des tems où le Droit Canon s'y est introduit. Ce fut vers le commencement du treiziéme Siécle où l'on commença à le connoitre ; il fut suivi peu-à-peu non seulement dans les matières Ecclesiastiques, où en fit encore usage dans les matières Civiles, non pas à la vérité dans toute l'Allemagne, puisqu'en plusieurs endroits on a toujours conservé les anciennes Coutumes.

Ce fut aussi dans le même tems, que ces anciennes Coutumes furent rédigées par écrit ; du nombre desquelles les Loix de Lubeck sont particulierement estimées, ainsi que le Droit de Magdebourg, appellé en Allemand *Weichhild*; les principales Villes Anséatiques suivent exactement ces deux Codes, qui sont des Loix Municipales; aulieu que ce qu'on appelle les compilations ou miroirs du Droit de Saxe, du Droit de Suabe, & le Droit féodal de ces deux Provinces, sont purement des Loix Provinciales; en sorte que le Droit suivi aujourd'hui en Allemagne, est un amas confus de Loix composées du Droit Romain, du Droit Canon, des anciennes Coutumes & de l'usage particulier de chaque Province & même de chaque Ville; avec cette distinction cependant, que les Loix Provinciales ou municipales qui sont restées, sont observées par préference.

On sent parfaitement combien un mélange de Loix multipliées à l'excès & au de-là même des règles de la saine Politique, cause de confusions & de contradictions énormes dans toute la Jurisprudence Allemande; de-là vient que les Docteurs aussi bien que les Magistrats suivent les uns, le Code Justinien, d'autres ne se fondent que sur le Droit Canonique, & que les autres au contraire, ne font leur étude que des anciennes Loix Allemandes, qu'ils recommandent aux Allemands de suivre à la lettre avec un zèle inconcevable. D'où il s'ensuit que cette diversité d'opinions trouble l'Etat, & interrompt très souvent le cours de la justice.

A l'égard du Droit Lombard en matière de fiefs, il ne s'est introduit en Allemagne que dans le quinziéme Siécle.

Le Droit des poids & mesures générales en est un autre, qui doit être également communiqué aux Etats, soit pour l'abolir sur de certaines denrées, ou Marchandises, soit pour l'augmenter, & ce, conformement à la réformation de la Police de l'Empire, faite en 1530. titre des aunes, poids & mesures.

Celui de réformer les Monnoyes défectueuses, soit par la fabrication des espéces, soit par le lieu où elles ont été frappées, soit enfin par l'altération des matières, en est encore un autre confirmé par la Capitulation de Charles V. Article 27. & suiv. ( *Cotte* T.)

Celui d'ériger quelqu'un en Etat d'Empire pour lui donner séance & voix déliberative dans les Diétes, confirmé pareillement par la capitulation de l'Empereur Joseph, Article XLIII.

Tous les Auteurs se reünissent sans contradiction, à convenir que les Empereurs ont la faculté de recevoir au nombre des Princes d'Empire, un Prince de l'Empire qui ne releve de personne & qu'il jouit de ce Droit, avec l'agrément de tout le Corps de l'Empire; ils conviennent de même que l'agrément des Villes est aussi absolument requis quand il s'agit d'en incorporer une autre dans le College des Villes Impériales & de lui accorder voix déliberative & séance dans les Diétes; mais ils ne sont pas du même avis sur la prétention de ce dernier College, de vouloir concourir avec les autres Etats à l'admission d'un Prince, lorsqu'on le reçoit & qu'on l'aggrége aux Etats d'Empire. Il est vrai que jusqu'à present les Villes ne se sont point encore départiës de cette prétention, mais il eſt encore plus vrai qu'elles n'ont pu encore parvenir à la faire recevoir.

Le Droit de ſuſpendre & interdire un Etat de ſon Droit de ſéance & de ſuffrage dans les Diétes, & confirmé par la Capitulation de l'Empereur Léopold I. Article XLIV. (*Cotte* V )

Celui de changer & transferer ailleurs les Tribunaux de l'Empire, accordé par le recez de l'Empire de l'an 1530.

Celui de déclarer la Guerre, eſt un des droits des Empereurs le plus critique.

Maximilien I. fut le premier des Empereurs qui ſe détermina à demander le conſentement des Etats pour faire uſage de ce Droit. L'Empereur Charles-Quint s'y ſoumit expreſſément pour la guerre offenſive ; tous ſes Succeſſeurs n'ont pas héſité à ſuivre ſon éxemple & ont ſenti de quelle conſéquence il étoit pour eux d'y être en quelque façon autoriſés, pour pouvoir obtenir des ſubſides & les ſecours néceſſaires en pareil cas, qu'ils n'auroient pas eu bonne grace d'éxiger, ſans le conſentement de tout le Corps Germanique. Les Capitulations des Empereurs Charles VI & Charles VII. font mention de la néceſſité de cette condition. Art. IV. §. 1. (*Cotte* X.)

Il faut cependant obſerver que malgré la clauſe expreſſe de cette condition, il eſt des cas preſſans où le ſeul conſentement des Electeurs peut ſeul ſuffire pour déclarer la guerre ; comme par éxemple ſi elle eſt défenſive ou que le péril ſoit urgent ; mais ſi le danger n'eſt pas évident, & qu'on puiſſe avoir le tems de convoquer

voquer une Diéte, alors, quoique la guerre soit défensive, le consentement des autres Etats n'en est pas moins requis.

Celui de lever des Troupes, & de les faire passer ou séjourner dans les terres des Etats, est un de ceux pour lequel la communication à tout le Corps de l'Empire soit plus valablement requise. Aussi est-il expressément marqué par le Traité de Westphalie, Article 8. V. *Gaudeant* ainsi que dans la Capitulation de l'Empereur Joseph, Art. 13. & 14. (*Cotte* Y.)

Celui d'imposer les Collectes & les Capitations, & de les moderer

Celui de traiter la Paix au nom de l'Empire.

On sent aisément l'importance d'avoir le consentement des Etats sur ces deux Articles; il n'est pas besoin d'en apporter d'autres raisons que celles qui sont exprimées dans le recez de l'Empire de 1641. qui en impose la Loi.

Celui de faire des Traités d'Alliance avec les Puissances Etrangeres, n'est pas moins de conséquence que les deux précédens ; aussi les Empereurs sont-ils astreints à la condition d'en communiquer avec les Etats, par le même Article 8. du Traité de Westphalie qu'on vient de citer & par la Capitulation de l'Empereur Léopold I. Article 10. (*Cotte* Z.)

On excepte cependant les cas pressans où le péril paroitroit évident; c'est aussi la raison & le prétexte dont se sont servis quelques Empereurs, pour faire des Traités particuliers avec d'autres Puissances de l'Europe, tel que celui de Charles VI. avec la France en 1738. Mais les Princes n'ont jamais voulu convenir de cette exception jusqu'à présent, malgré les remarques qui ont été faites sur la Capitulation de l'Empereur Léopold, qui ont été dressées plutôt pour autoriser les Traités que cet Empereur avoit faits, sans la participation des Etats, que pour en démontrer la nécessité indispensable. On peut consulter ces remarques, Article VII. N°. 2.

Le Droit d'envoyer & de congédier des Ambassadeurs pour affaires qui intéressent les Diétes de l'Empire & principalement de dresser ou d'examiner leurs instructions, en est un autre dont la communication nécessaire parle d'elle-même, tout le Corps de l'Empire y étant intéressé.

On ne disconvient pas cependant, que l'Empereur sans le concours des Etats de l'Empire, n'aye le droit de donner aux Ambassadeurs leur premiere Audience, pour recevoir leurs Lettres de créance; mais on ne peut se refuser de reconnoitre en même tems, l'inconvénient qu'il y auroit de lui laisser donner des réponses décisives, sans la participation & le consentement de la Diéte, surtout, dans des affaires qui regardent & qui intéressent comme je viens de le dire, en général ou en particulier, tout le Corps Germanique; aussi le recez de l'Empire de 1576. Article 107. 108 & 109, décide-t-il expressément la nécessité de la participation des Etats dans des matières si délicates, & dont le repos & la tranquillité de l'Empire dépendent.

Celui de construire & de démolir les Forts

& Citadelles, dans le Territoire des Etats.

De mettre Garnison dans les places.

Et finalement le Droit en général, de déliberer, de prendre des résolutions sur toutes les affaires qui intéressent l'Empire, sont autant de Droits, qui ont une si grande liaison avec tout le Corps Germanique, & où le concours du Chef avec les Membres est si indispensable, qu'il est de la bonne Politique que rien qui puisse y avoir trait, ne se fasse sans le consentement des Etats respectifs de tout l'Empire.

# CHAPITRE VINGT-TROISIE'ME.

*Des prétentions de l'Empereur sur les Pais détachés &*
*accessoires de l'Empire.*

LEs Droits particuliers à la personne seule de l'Empereur, ceux qui lui sont communs avec les Electeurs, & les autres Etats d'Empire étant aussi bien constatés qu'on s'est efforcé de le faire, il convient présentement d'éxaminer les autres objets qui intéressent ces Princes en particulier, qui font partie de leurs prérogatives, comme Empereurs, & qui concernent toutes le Droit Public.

On commencera donc par discuter leurs prérogatives sur les Païs détachés de l'Empire, & les prétentions fictives ou fondées qu'ils peuvent y avoir.

La premiere de leurs prétentions s'étend d'abord

ſur toute l'Italie, mais il faut obſerver que la Couronne de Rome n'eſt pas compriſe ici dans celle d'Italie, que chaque Empereur promet par ſa Capitulation, de faire ſes efforts de recouvrer, ou du moins, les Païs qui en ont été diſtraits.

L'hiſtoire nous apprend bien que les Empereurs devant & après Charles-Quint ont fait des tentatives, mais qu'aucuns n'ont réuſſi.

La ſeconde eſt ſur la Ville de Rome & le Patrimoine de ſaint Pierre que les Empereurs prétendent avoir été uſurpés, ou pour mieux dire, dont Charles-Magne & Pepin ſon pere n'ont pu diſpoſer; du moins c'eſt le ſentiment de quelques Auteurs, qui avoient cru par leur attachement à quelques-uns de ces Princes, pouvoir faire revivre ces prétentions, mais le plus grand nombre des Publiciſtes prétendent, que Pepin & Charles-Magne en donnant l'Exarchat aux Papes, s'en ſont réſervé le Domaine ſuprême & que les Empereurs, qui leur ont ſuccédé, ont fait la même choſe, d'où ils font valoir les prétentions de l'Empire ſur Commachio, & ſur le Patrimoine du Pape. Muratori eſt celui de ces Auteurs qui a le plus ſolidement traité cette importante matière.

Cette prétention cependant, eſt d'autant plus fictive, fondée ſur cette premiere preuve, que nous avons déja dit que ces deux Princes en avoient fait la conquête avant que Charles-Magne fût monté ſur le Trône de l'Empire, & que par conſéquent, elle lui étoit acquiſe ſans que l'Empire y eût aucun Droit, & qu'il en pouvoit librement diſpoſer.

La troisiéme, sur les Royaumes de Sardaigne & de Corse, dont cependant le Duc de Savoye est en possession du premier, & la République de Gênes du second, en vertu des Traités ratifiés par les Empereurs, ou ausquels ils ont accédé ; par cette raison la prétention demeure éteinte.

La quatriéme, sur la République de Venise pour les Païs qu'elle occupe en Italie & le Duché de Frioul.

La possession presque immémoriale de ces Etats dans laquelle se trouve cette République sans interruption, depuis plusieurs Siécles, n'autorise-t-elle pas à penser qu'il y auroit prescription, & qu'à tort on voudroit l'en déposséder, ce qui ne pourroit se faire aujourd'hui que par la voie des armes.

La cinquiéme sur la République de Gênes & celle de Lucques comme faisant partie de l'Italie. Celle-ci est dans le même cas que la précédente.

La sixiéme, sur le Royaume d'Arles.

On sçait à quoi s'en tenir sur cette frivole prétention, de même que sur la septiéme sur la principauté d'Orange, qui sont l'une & l'autre sous la domination du Roi de France.

La huitiéme sur le Comtat Vénaissin & d'Avignon, qui furent transmis au Pape Innocent VI. en 1348. par la Reine Jeanne de Naples & Comtesse de Provence, à qui ce Païs appartenoit, moyennant une somme de 80000. florins d'or, somme très considérable pour ces tems-là.

La question seroit, de sçavoir si cette Princesse étoit libre de pouvoir faire cette aliénation. Les ap-

parences font qu'elle le pouvoit, puifqu'elle n'a jamais été conteftée, & que les Papes en ont toujours
joui & jouiffent encore paifiblement. Le Droit des
Empereurs fur ce Païs n'auroit pu leur être acquis que
par l'Epoux de cette Princeffe qu'elle avoit fait étran-
gler, mais ce feroit tirer de bien loin leur prétention,
fuppofé que cette Princeffe n'eût pas été en droit de
l'aliéner ; les Rois de France comme Comtes de Provence, pouvoient à plus jufte titre y rentrer. La meilleure raifon cependant que les Auteurs Germaniques,
donnent fur cette aliénation, eft de dire que cette
Princeffe ne pouvoit la faire, attendu que le Domaine
fuprême de cet Etat appartenoit à l'Empire ; mais ils
n'en rapportent aucune preuve démonftrative.

La neuviéme fur la Suiffe, n'eft pas mieux fondée
& totalement prefcrite, cette République ayant été
maintenuë & confirmée dans fes poffeffions & dans
fa pleine liberté par le Traité de Weftphalie.

La dixiéme, fur la Ville de Genêve.

La onziéme, fur le Duché de Bar.

La douziéme, fur la principauté de Sédan n'a pas
de fondement plus folide que les deux précédentes,
puifqu'on n'en voit aucun titre & que depuis des Siécles, ceux qui en font en poffeffion en jouiffent fans
contradiction, & que la Maifon de Bouillon à qui
appartenoit cette principauté, en a difpofé fans aucune oppofition.

La treiziéme eft formée fur l'Alface.

Par les Traités de Weftphalie & de Rifwick qui
ont fait paffer cette grande Province fous la domi-

nation de la France à qui elle a été réünie sous le Regne de Louis le Grand, les Droits des Empereurs ont tous été éteints à cet égard.

La quatorziéme, sur la Dynastie d'Anholt & de Borckloë dont les Hollandois prétendent que le Domaine direct dans la Gueldre leur appartient, pourroit être mieux fondée, si le Roi de Prusse se désistoit de ses Droits sur cette Province.

La quinziéme, sur l'Angleterre. Très peu d'Auteurs à la vérité ont fait valoir cette prétention.

La seiziéme sur le Dannemarck. Corringius qui a traité ces matières plus à fond qu'aucun Auteur, avoüe que l'Empire a eu des Droits sur ce Royaume, de même que sur celui de Pologne, dont il sera ci-après parlé; mais il ne peut s'empécher de disconvenir aussi que ces mêmes Droits sur ces deux Etats étoient déja éteints dès le tems de l'Interregne.

La dix-septiéme, sur le Duché de Schleswick.

La dix-huitiéme, sur la Prusse.

La dix-neuviéme, sur la Pologne.

La vingtiéme, sur la Livonie.

Et la vingt-uniéme, sur le Royaume de Hongrie un des Païs héréditaires de la Maison d'Autriche.

Ce seroit ici le lieu de discuter la validité ou l'invalidité de ces dernieres prétentions, mais outre qu'elles auroient jetté fort loin pour les démontrer méthodiquement, elles n'ont pas assez de connexité avec ce qui s'appelle le Droit Public, pour s'y être arrété; je me suis contenté seulement de quelques courtes observations particulieres sur quelques-unes, qui, quoique pour la plûpart connuës des perfonnes un peu inftruites, m'ont paru pouvoir trouver place dans ce Traité, afin de paſſer plus promptement à d'autres matières plus réelles, & qui conviennent davantage à mon ſujet. Il faut d'ailleurs obſerver, qu'à l'égard de la plus grande partie de ces Etats, les Auteurs du Droit Public d'Allemagne qui en ont parlé, n'ont eu d'autre but que de faire connoitre les Droits que l'Empire a poſſedés & même acquis en différens tems, ſans cependant diſconvenir que par le laps de tems, la plûpart de ces Droits ſe ſont perdus, & qu'en cela ils ont marché ſur les traces du celebre Dupuy dans ces recherches des Droits de la France.

## CHAPITRE VINGT-QUATRIE'ME.

### *Du Domaine de l'Empereur, & des Inveſtitures.*

ON va effectivement trouver dans ce Chapitre quelque choſe de plus réel que dans le précédent, quoique le Domaine de l'Empereur, comme Empereur, ſoit preſqu'auſſi fictif que ſes prétentions ſur les différens Etats dont on vient de parler. Mais il faut prendre garde de confondre le *Domanium Imperatoris*, d'avec le *Domanium Imperii.*

Son Domaine cependant comme Empereur, eſt public, & ſe diviſe, en Domaine plein & en Domaine moins plein.

Le Domaine plein conſiſte dans les biens de l'Empire, & dans ceux d'Italie.

*Biens*

### Biens de l'Empire.

L'Empereur n'est actuellement propriétaire d'aucuns biens dans l'Empire.

Il est vrai que les anciens Empereurs y avoient autrefois des Domaines considérables, mais qui ont tous été épuisés par des libéralités immenses qu'ils ont distribuées, tant à des Monastères qu'à quantité d'Eglises qu'ils ont fondées & autres donations qu'ils ont faites : Charles IV. entr'autres, que Maximilien I. appelloit par cette raison, *la peste de l'Empire*. De manière qu'un Empereur sans Domaines qui lui soient propres, ne jouit de rien que ce que l'Empire lui donne, qui est fort peu de chose, & n'auroit pour partage que la première dignité du Monde Chrétien.

L'Empereur Charles VI, depuis le Traité d'Hanovre, auroit cependant voulu insinuer qu'il possedoit à titre de plein Domaine de l'Empire, & non pas comme Archiduc d'Autriche, (*a*) les Terres du Cercle de Bourgogne, qui consistent dans les Villes de la Flandre Espagnole, qui lui avoient été cedées par le Traité d'Utrecht, de Rastat, & de Bade ; c'étoit aussi comme possesseur de ces Terres, qu'il prétendoit que les Etats de l'Empire devoient concourir avec lui, au soutien de la

____

(*a*) La Maison d'Autriche a toujours prétendu posséder les Païs Bas sur le même pied que les Ducs de Bourgogne en étoient Souverains, surtout, depuis que Charles-Quint en avoit renouvellé la jonction avec les Domaines de l'Empire en formant le Cercle de Bourgogne ; d'au.. tant que les Duchés, Comtés, & autres Domaines qui en dépendent, ont été anciennement membres d'Empire, à l'exception des Provinces de Flandres & d'Artois qui relevoient de la Couronne de France.

S

Compagnie du Commerce qu'il avoit établie à Osten-
de ; mais ces prétentions s'évanoüirent d'elles-mêmes,
les Hollandois avec l'aide de la France, ayant engagé
ce Prince à rompre cette Compagnie. Elles se sont
encore mieux évanouiës après sa mort, la Reine
de Hongrie aujourd'hui Régnante, s'en étant renduë
propriétaire, à Droit de Pays héréditaires de sa
Maison.

Il n'est donc plus question que d'éxaminer quels
sont les biens que l'Empereur peut posseder en
Italie.

### Biens d'Italie.

Les biens d'Italie consistoient, 1°. dans le Duché
de Milan.

Dans le Duché de Mantouë.

Dans le Royaume de Naples. (a)

Et dans celui de Sicile.

Le Domaine utile de ces Etats & Royaumes ne consiste en rien dans l'Empire, à moins qu'on ne voulût
dire que le Domaine utile des Païs-Bas, des Duchés
de Milan & de Mantouë, & des Royaumes de Naples
& de Sicile en appartient à l'Empereur, & le Domaine direct à l'Empire ; mais suivant le style public, il

(a) L'Empire a prétendu ci-devant, la souveraineté sur ce Royaume, & que le Pape n'en étoit que
Suserain : mais cette prétention,
est regardée aujourd'hui comme su-
rannée : il n'en est pas de même des
Duchés de Milan, de Mantouë, de
Mont-Ferrat, de Guastalle, de Mo-
déne, de Parme & de Plaisance,
du grand Duché de Toscane &
des fiefs de Langhes, qui sont tous
censés du Royaume d'Italie, dont
l'Empereur comme Souverain,
donne l'investiture.

feroit mieux de dire que le plein Domaine de tous ces Païs, appartiendroit à l'Empereur, comme Empereur, & dans les interregnes à l'Empire, fuppofé qu'ils lui appartinffent réellement en cette qualité; une fuppofition de cette efpéce, ne feroit pas recevable aujourd'hui, que les Païs-Bas font & ont toujours été regardés comme Païs héréditaires dans la Maifon de Bourgogne & paffés depuis dans celle d'Autriche par l'alliance avec l'heritière de ce Duché.

On pourroit dire auffi la même chofe du Duché de Milan dont la même Maifon d'Autriche eft encore aujourd'hui en poffeffion. Le feul Duché de Mantouë comme fief d'Empire, feroit l'unique, fur lequel les Empereurs pourroient avoir des Droits, furtout, depuis la mort du Duc Jofeph Marie de Guaftalle, les Royaumes de Naples & de Sicile étant tombés dans la Maifon d'Efpagne de la Branche de Bourbon à droit de conquête, dans la poffeffion defquels elle a été confirmée avec garantië, par les Traités qui ont été faits depuis, lefquels jufqu'à préfent n'ont encore fouffert aucune atteinte.

Il faut donc néceffairement en revenir à dire que le Domaine direct, en général, regarde les Terres de l'Empire & celles d'Italie, & qu'en Empire il s'éxerce fur les Eccléfiaftiques comme fur les Séculiers.

Sur les Eccléfiaftiques par l'inveftiture, qu'ils reçoivent de l'Empereur pour leurs biens temporels.

Cette inveftiture eft de deux efpeces; l'inveftiture Eccléfiaftique & l'inveftiture Séculiere.

L'inveftiture Eccléfiaftique fe donne par le Pape,

pour les dignités Ecclesiastiques, *par la tradition de la Crosse, & de l'Anneau Pastoral*, depuis la cession qui fut faite de ce Droit, au Pape Callixte II. par l'Empereur Henri V. en 1122.

L'investiture Séculiere que les Empereurs se sont conservée, se donne pour le Temporel des Ecclesiastiques, par la *tradition de l'Epée*, & anciennement par le Sceptre, & aujourd'hui ils la donnent de la même façon qu'aux Laïques ; c'est-à-dire que l'Ecclésiastique comme le Laïque qui reçoit le fief, baise le pommeau de l'Epée que l'Empereur tient dans sa main.

L'investiture Séculiere pour les Laïques est également de deux espéces ; médiate & immédiate.

L'investiture Séculiere médiate, se donne par le Conseil Aulique ; c'est celle qui se donne aux Prélats, Comtes, Barons & autres de dignité inférieure, qu'ils y reçoivent debout.

L'investiture Séculiere immédiate, au contraire, ne peut se donner que par l'Empereur personnellement, assis sur son Trône Impérial ; c'est celle qui s'exerce envers les Electeurs, les Ducs, les Princes, les hauts Prélats & autres dignités supérieures, qui la reçoivent tous en personnes ou par leurs Ministres, les deux genoux en terre.

En Italie, le Domaine direct ne consiste seulement comme on vient de le démontrer, que dans ces prétentions que l'on peut distinguer en générales & particulieres.

Les générales se réduisent uniquement sur le patrimoine de S. Pierre, sur la Ville de Rome, & sur

tous les Duchés, Principautés, Marquisats & Di-
nasties d'Italie, qui composoient anciennement le
Royaume de Lombardie, comme on vient de le faire
voir.

Les particulieres sont 1°. sur les Duchés de Piémont &
de Savoye. Il faut pour entendre sur quoi cette prétention est fondée, se rappeller que le Roi Rodolphe III.
de Bourgogne, conféra en l'année 1000. le Comté de
Savoye, au Comte Bertold, Auteur de la Maison
Régnante de ce nom, & que le même Comte
Bertold en fut de nouveau investi, par l'Empereur
Conrad après la mort de Rodolphe, & qu'il y
joignit le Pays de Chablais & de Vallais : il ne faut
pas non plus oublier qu'Othon qui avoit épousé l'héritiere du Marquisat de Suze, du Duché de Piémont
& de la Seigneurie d'Aoste, réünit le tout au Comté
de Savoye, & le transmit à sa posterité, & qu'Amédée II. l'un de ses descendans, y joignit la Province
de Bugey, que l'Empereur Henri lui conféra. On voit
encore qu'Amédée III. héritier de ces Etats, fut créé
en 1110. par l'Empereur Henri IV. Comte d'Empire,
& devint son Vassal : qu'en 1207. l'Empereur Philippe en investissant le Comte Thomas de Savoye, premier de ce nom, de tous ces mêmes fiefs, y joignit les
Seigneuries de Quiers, de Testone, de Modon
& de plusieurs autres; qu'en 1252. le Comte Thomas II. fut investi par Guillaume Roi des Romains,
de la Ville de Turin & de ses dépendances; qu'en
1263. Richard d'Angleterre aussi Roi des Romains, conféra à Pierre Comte de Savoye, à titre

de fief masculin, toutes les terres que possedoit Armand, Comte de Kébourg, au jour de son décès; il est encore notoire que Henri VII. renouvella en 1313. comme Empereur, à Amédée V. Comte de Savoye, les mêmes investitures qu'il avoit recuës de lui n'étant que Roi des Romains, & que le même Empereur lui donna en 1317. l'investiture conditionnelle des Ville & Comté d'Aoste, par laquelle il est stipulé que si lui Empereur ou ses successeurs vouloient rentrer dans cet Etat, il s'en réservoit tant pour lui que pour eux la faculté, en lui remboursant 200000. florins, que lui Comte de Savoye s'obligeoit d'employer à l'acquisition d'autres Terres ou Seigneuries qui seroient substituées au même Comté & réleveroient pareillement de l'Empire. L'époque de l'érection en 1416. du Comté de Savoye en Principauté & Duché n'est point douteuse, & l'on sçait que l'Empereur Sigismont, fit mention dans son diplôme d'érection, non seulement de la Savoye, mais encore des Comtés de Chablais, d'Aoste, de Nice & autres Païs.

Plus on se raproche enfin des tems, on voit qu'en 1632. le Duc Amédée I. reçut de l'Empereur Ferdinand II. l'investiture des Duchés de Savoye, de Chablais, & d'Aoste, avec la principauté de Généve, &c. Et qu'en 1690, l'Empereur Léopold permit au Duc Victor Amédée, de réunir à la Savoye, tous les fiefs qu'il pourroit acquérir en Italie des autres Vassaux de l'Empire, pour les tenir en arriere fief masculin; ce Prince habile, profita en effet de cette faculté, & fit l'acquisition de Duysan, & de plusieurs autres Seigneu-

ries dont il obtint l'investiture en 1699. & en 1700.
Victor Amédée II. reçut en 1708. de l'Empereur
Joseph, l'investiture des Provinces d'Aléxandrie & de
Valence, de même qu'en 1733, le Roi de Sardaigne
reçut de Charles VI. celle de la Savoye, & de tous
les fiefs que ce Prince possède en Italie; & par un
Mandement du même Empereur de 1736. le même
Prince fut mis en possession de tous les fiefs Impériaux des Langhes, avec un plein pouvoir d'y
exercer tous les Droits Régaliens, & de supériorité
territoriale, à charge par lui de les reconnoitre
pour fiefs masculins, mouvans immédiatement de
l'Empire.

Une succession d'investitures & de concessions
d'Empereurs si suivie, établissent, ce me semble, assez
solidement le Domaine de l'Empire sur ces Etats,
pour en assurer la prétention.

2°. Sur les Duchés de Florence, de Parme & de
Plaisance.

Il ne faut pas cependant passer sous silence par rapport à ce dernier article, que par le Traité de 1725.
conclu à Vienne en Autriche, entre l'Empereur Charles VI. & Philippe V. Roi des Espagnes, le Droit de
Domaine direct sur ces trois derniers Etats d'Italie a
été spécialement attribué & confirmé à l'Empereur.

Mais il ne sera pas inutile de faire ici quelques
légeres observations, quant à ces deux derniers Etats
de Parme & de Plaisance.

Je les ai toutes puisées du célébre M. Moser dans
son édition de la Capitulation de l'Empereur Fran-

çois I. Article VIII. Par. 10. Pag. 241. de cette Capitulation.

Le Domaine direct, dit-il, (de Parme & de Plaisance) dévolu à l'Empire, lui est contesté par la Cour
de Rome.

Il n'est pas douteux que l'Empereur Charles-Magne
avoit ces deux Etats sous sa domination, en même tems
qu'il possédoit le Royaume de Lombardie; mais long-
tems après que ce Prince eut fait sa donation de la
Romagne & de l'Exarquat de Ravenne au Saint Siége, les Papes prétendirent que Parme & Plaisance
faisoient partie de cette donation : indépendamment
de cette prétention chimérique, qui tomboit d'elle-
même par le propre Testament de Charles-Magne,
qui légue tout le district de ces deux Villes à son fils;
ils ont prétendu sans aucun fondement, que Louis le
Pieux les avoit comprises dans une autre donation au
Saint Siége. Il ne faut pour détruire cette prétention
qu'en lire le titre qui n'en fait aucune mention, & consulter plusieurs diplômes différens de l'Empereur Lothaire, fils de ce Prince, par lesquels il est expressément
porté que l'Evêque de Plaisance & la Ville de ce nom,
étoient sous sa protection spéciale; la troisiéme prétention de la Cour de Rome sur ces mêmes Etats,
continue cet Auteur, n'est pas plus solidement fondée
que les précédentes; cette Cour l'appuye sur ce qu'ils
faisoient anciennement partie de l'Œmilie, dont
l'Empereur Othon avoit fait donation au S. Siége.
Elle se trouve contestée par tous les Historiographes,
qui prouvent unanimement que l'Œmilie ne com-
prenoit

prenoit du tems même des Lombards, que la Romagne, avec une très petite partie de la Lombardie
Cispadane. Une légion de preuves au contraire,
démontrent successivement depuis toutes ces donations que les Empereurs n'ont jamais perdu de vuë
leur Domaine direct sur ces deux Etats, si ce n'est
dans des tems de troubles, tels que ceux où Louis
de Bavière & Frédéric d'Autriche, se disputoient la
Couronne Impériale, & pendant lesquels Jean XXII.
trouva le moyen d'engager les Habitans de Plaisance
à lui faire des protestations de se soumettre à la domination du S. Siége. Mais Louis de Baviere parvint dans
la suite à remettre les choses dans leur premier état.
Il est cependant vrai que l'époque qui pourroit avoir
plus de vraisemblance, & sur laquelle la Cour de
Rome paroitroit mieux fondée, se tire des événemens arrivés sous le Regne de Charles-Quint: le Traité entr'autres, qui fut fait entre ce Prince & Léon X.
en 1520. contre François I. Roi de France, par lequel
il étoit stipulé que si le sort des armes se décidoit en
faveur de Charles, contre ce Monarque, Parme & Plaisance seroient abandonnés au Saint Siége. L'événement
qui fut en effet en faveur de Charles, auroit du faire
effectuer cette convention, mais outre que les successeurs de ce Prince ne sont pas convenus de l'éxistence
de ce Traité, ils en ont suspecté la copie qui leur en a
été produite par la Cour de Rome. Il n'est pas moins
vrai qu'après que les Troupes Françoises eurent éva-
cué l'Italie, le Pape en vertu de cette convention,
donna l'investiture de ces deux Etats en 1546. à Pierre

T

Aloyse Farnese, que l'Empereur qui s'en étoit rendu maitre refusa de ratifier, malgré les pressantes sollicitations qui lui en furent faites par le Pape; il envoya même des ordres à son Vice-Roi du Milanès de prendre possession de Plaisance quelque tems après la mort de Pierre Farnese, ce qui fut éxécuté: mais le Pape le maintint dans la possession du Duché de Parme dont il refusa constamment l'entrée à Octave Farnese, fils de ce dernier, qui n'en put prendre possession qu'après sa mort. Les monitoires fulminans que Jules III. successeur de Léon X. fit publier contre Octave, par lesquels il étoit déclaré déchu de ses fiefs pour cause de Félonie envers le Saint Siége, & la guerre qui se ralluma entre Charles V. & François I., firent naitre des occasions favorables au Prince Farnese de gagner les bonnes graces de l'Empereur, qui lui valurent la confirmation dans la possession du Duché de Parme; Charles y ajouta encore Plaisance, quoiqu'il en eut précédemment investi Philippes II. son fils, à condition toutefois qu'Octave tiendroit les deux Etats des Ducs de Milan en arrière fief. De nouvelles excommunications furent fulminées de la part du Pape irrité d'un pareil arrangement qui traversoit ses prétentions, mais elles ne servirent qu'à mieux consolider la possession de ce Duc. Elles furent renouvellées avec un peu plus de succès contre Odoart I. un des successeurs d'Octave, qui fut forcé d'abandonner ses Etats, & qui n'y rentra qu'en vertu d'un traité de paix conclu en 1644. dont le Roi de France fut Médiateur. L'Empereur Léopold enfin en donna l'investiture en

1695. à François Farnese dernier Duc de Parme de sa Maison. Ce fut sous ce dernier Duc, que Clément XI. publia quantité de protestations contre le même Empereur, qui furent beaucoup plus vives sous le Regne de Joseph son fils, que le même Pape menaça d'excommunication & de lui déclarer la guerre, s'il occupoit plus long tems les Domaines du Saint Siége. Ce Prince de son côté, sans avoir égard à ces menaces, déclara nul tout ce qui avoit été émané du Souverain Pontife, fit avancer ses Troupes dans l'Etat Ecclésiastique qui l'obligèrent en 1709. d'entrer en accommodement avec lui, par lequel il fut stipulé que cette discussion seroit terminée par des Arbitres, & que pour y parvenir il seroit fait une députation de Cardinaux aux frais des Parties qui en feroient l'éxamen. Mais quoique cette députation n'ait pas eu son éxécution, il paroit que cette affaire est aujourd'hui comme terminée, non-seulement par le Traité de Vienne que nous avons déja cité, mais encore par les investitures & la prestation de foi & hommage de ces Etats faite à l'Empereur par le Grand Duc de Toscane en 1738.

3°. Sur le Duché de Modêne.

4°. Sur celui de Reggio.

5°. Sur celui du Mont-Ferrat. Mais depuis 1708. ce Duché est possédé par le Roi de Sardaigne dont la Maison, par un autre Traité fait à Queyras en 1631. entre la France & les Princes d'Italie, étoit déja en possession des contrées d'Albe & de Trin, qui en faisoient partie; & finalement sur le Duché de la Mirandolle, qui appartient quant au Domaine utile, au Duc de Modêne. T ij

Quant au pouvoir des Empereurs sur les feudataires d'Italie, de même que sur les obligations de ceux-ci envers les Empereurs, les meilleurs Auteurs Italiens & Allemands sur les matières féodales, de l'espéce de celle-ci, sont si variés dans leurs sentimens, qu'il n'est presque pas possible d'asseoir un jugement fixe, si ce n'est qu'à en juger par la formule du serment qu'on fait prêter aux Vassaux d'Italie, ils ne peuvent se dispenser de reconnoitre le Domaine suprême de l'Empereur & de l'Empire, ni de leur être fidéles; mais aller plus loin & croire qu'ils sont tenus de reconnoitre les jurisdictions & d'être astreints à tous les cas ausquels sont tenus les Vassaux d'Allemagne, c'est ce qu'on ne peut trop décider & ce qui peut même faire aujourd'hui une question importante qui pourroit souffrir de part & d'autre beaucoup de contradiction.

La matière sur ce qui regarde tous les Droits de l'Empereur étant tout-à-fait épuisée, il faut présentement parler de ceux qui sont communs à tous les Etats de l'Empire: ils vont être le sujet du Chapitre suivant.

# CHAPITRE VINGT-CINQUIE'ME.

*Des Droits des Etats d'Empire, communs à tous les Etats.*

LEs Droits des Etats d'Empire font communs & particuliers.

La définition des Droits communs fe fait d'elle-même & annonce que les Etats jouiffent chacun de ces Droits en général.

Ils confiftent dans le Droit de féance & d'avoir celui de fuffrage dans les Diétes, dans celui d'immédiateté, de même que de celui de fupériorité territoriale.

Le Droit de féance, & celui de fuffrage dans les Diétes, n'eft autre chofe que celui d'y comparoître foit en perfonne ou par Députés, de s'affeoir, de délibérer, & dire fon fentiment pour l'utilité & la tranquillité publique fur les affaires qui la concerne & autres de différentes efpéces, qui fe traitent dans les affemblées publiques, légitimement convoquées & dans les règles prefcrites, telles que celles qui ont déja été expofées.

Il y a cependant des conteftations dans prefque toutes les Diétes touchant la préféance. Quelques Membres des Etats ne l'ont qu'alternativement, d'autres la prétendent de droit, mais fans la prendre, pour le conftater, & ne pas en abandonner la propriété à celui qui la contefte, ils fe contentent de faire des protestations qui sont renouvellées à chaque Diéte.

Le Droit d'immédiateté est celui par lequel on ne reconnoit que l'Empereur & l'Empire pour juge.

Il faut cependant observer que l'immédiateté est de trois espéces. L'immédiateté personnelle, l'immédiateté réelle & l'immédiateté mixte.

L'immédiateté personnelle n'affecte précisément que la personne, soit par sujétion, soit par le serment de fidélité.

Par la sujétion, c'est un sujet immédiat, & par le serment de fidélité il devient vassal immédiat, puisqu'on peut être vassal immédiat sans être sujet immédiat & que de même on peut être sujet immédiat, sans être vassal immédiat. J'avouë que cette question traitée à fonds, le doit être avec beaucoup de délicatesse & de ménagement, surtout en Allemagne, de crainte qu'aucuns des Etats, qui ne pensent pas que le titre de sujet, puisse être compatible avec la souveraineté qu'ils exercent, ne se scandalisent de la façon qu'elle seroit plus ou moins bien traitée. Il faut cependant se rendre à l'évidence, & convenir que tout Prince, quel qu'il puisse être, astreint au serment de fidélité, est vassal de celui à qui il le prête, sans même qu'il soit possible de trouver un tempérament pour effacer, ou du moins pallier cette sujétion.

L'immédiateté réelle, n'affecte que les biens; ce qui opére que les biens qui sont immédiatement soumis à la souveraineté de l'Empereur & de l'Empire, sans lien féodal ou de serment de fidélité qui les engagent, s'appellent *Biens allodiaux immédiats*.

Au lieu que ceux qui y sont soumis par serment de fidélité, soit que celui qui en a la propriété soit personnellement Sujet, ou non, ces biens sont incontestablement réputés fiefs immédiats.

L'immédiateté Mixte au contraire, affecte les biens & la personne tout ensemble. Tous les Etats d'Empire jouissent sans exception de celle-ci.

Tous ces principes bien établis & sur lesquels on ne varie point, il s'agit de discuter les Droits particuliers, qui sont ceux, qui, par un Droit spécial, sont attachés à de certains Etats nommément.

Les Droits affectés à la dignité Electorale dont les Electeurs tant Ecclésiastiques que Laïques jouissent de tems immémorial, sont de cette espéce, de même que ceux des Princes Ecclésiastiques & Laïques, des Comtes, des Prélats & des Villes Impériales.

Le Droit de Supériorité Territoriale est un Droit tout différent; il consiste dans la faculté d'exercer souverainement dans ses Terres, tout ce qui peut être réputé du Gouvernement civil.

Ce pouvoir souverain a cependant des bornes, puisqu'il est abandonné à l'Empereur & à l'Empire, & qu'il est encore limité dans les Loix fondamentales & actes publics de l'Empire.

Il y a néanmoins des parties dans ce pouvoir qui sont intérieures ou du dedans, & d'autres extérieures, ou du dehors.

Celles qui sont intérieures, regardent le Territoire & les Sujets tout ensemble, comme les Droits de Législation & de Magistrature.

Ces Droits se divisent en Droits sacrés & en Droits profanes.

Les Droits sacrés d'un côté, ont pour objet la Religion Catholique & la Religion Protestante.

Les Droits profanes regardent, de l'autre, les expéditions de justice, de grace & de finances.

Les Parties extérieures, sont celles qui ont trait aux Etrangers ; comme le Droit de faire la guerre & la paix , de conclure des Traités d'Alliance ou de Commerce & autres semblables.

Passons maintenant aux Droits temporels Ecclésiastiques des Etats Catholiques & Protestans.

# CHAPITRE VINGT-SIXIE'ME.

## Des Droits Temporels Ecclésiastiques des Etats.

L Es Droits temporels Ecclésiastiques des Etats sont de deux sortes: ceux des Catholiques & ceux des Protestans.

Les Droits des Etats Catholiques ne sont pas d'une grande étenduë, & ce qui en est conservé est peu considérable, depuis que le Pape & le Clergé ont énervé presque toute la jurisdiction dans les affaires Ecclésiastiques tant spirituelles que temporelles , & qu'ils se sont même rendus maitres de la puissance temporelle dans l'Eglise.

Les Etats Catholiques se sont cependant maintenus dans la jouissance des Droits suivans, qu'ils exercent

sans

sans interruption & sans contradiction, depuis les Traités & Concordats entre les Empereurs & le S. Siége, dont nous avons déja parlé.

Ils jouissent 1°. du Droit de patronage, comme tout particulier, si toutefois, il leur est acquis, soit par construction d'Eglise, soit par fondation ou par dotation, soit par prescription immémoriale, ou enfin par acquisition de quelque fonds, auquel un pareil Droit étoit attaché.

2°. Le Droit de premiere Priere, par concession d'Empereur, ou par prescription immémoriale.

On a déja donné l'explication de ce que signifioit cette expression, ainsi je me contenterai d'ajouter que l'Electeur de Mayence, jouit de ce Droit dans toute l'étenduë Territoriale de son Electorat, par lui-même, de même que le Roi de Prusse dans tout le ressort du sien, mais sans aucune concession; ce Prince se croit même autorisé à n'en pas permettre l'éxercice aux Empereurs dans ses Etats, à qui ce Droit, comme je l'ai déja dit, est néanmoins acquis dans toute l'Allemagne à leur avénement à la Couronne Impériale.

3°. Le Droit de juger les causes mixtes; c'est-à-dire les contestations sur les décimes; celles en matière d'usure, celles en matière de patronage & de serment; toutes celles qui peuvent survenir en matière de mariages, égaux ou dispareils ou *morganetiques*; soit enfin sur le possessoire des bénéfices & autres de pareille espéce.

Nous ne connoissons point en France cette distinction de mariages, qui sont tous valables, quant aux effets

civils, la célébration étant faite dans toutes les Règles
Canoniques & civiles. Il n'en est pas de même en Allemagne de ceux de cette derniere espéce, en voici en
peu de mots la définition.

Les mariages appellés dispareils ou morganetiques,
sont ceux qui se contractent entre deux personnes chez
qui la dignité & la naissance sont absolument dispro-
portionnées. Ils sont valables quant au lien conjugal,
quand les rites & formalités ont été exactement observées, mais les effets civils ne s'ensuivent pas comme
dans les mariages de parité de naissance: comme si, par
exemple, un Prince qui épouseroit une roturiere, il
ne seroit pas douteux qu'il contracteroit une mésal-
liance formelle. Ce cas sans contrédit ne feroit aucune
difficulté en Allemagne quant aux effets civils, mais
on suppose qu'un Prince souverain épouse la fille d'un
Baron ou d'un Gentil-homme immatriculé, ou qu'un
Comte contractât une Alliance avec la fille d'un pere
d'une Noblesse nouvelle, ou enfin l'Alliance d'un
simple Noble avec une Roturiere, ces sortes de cas
qui arrivent journellement en Allemagne, jettent
les Auteurs dans un partage de sentimens très embar-
rassant, & dans une indécision affreuse; malgré le
sentiment des Canonistes scrupuleux, & des Jurisconsultes trop attachés peut-être au Droit Romain, qui
qualifient ces mariages morganetiques d'injustes & de
contraires à la Loi naturelle, ausquels ils se croyent
fondés par cette raison, d'attribuer les mêmes avantages qu'aux autres. Mais les Coutumes de l'Empire
l'emportent toujours sur le Droit Civil, & sur le Droit

Canon, & presque toujours les enfans qui proviennent de ces sortes de mariages sont exclus de tous les avantages des autres & défenses leur sont faites de prendre les titres dont leurs peres étoient décorés.

Ces sortes de mariages inégaux sont cependant de deux espéces ; les uns sont contractés sans aucuns pactes, qui fassent mention de l'inégalité des futurs conjoints ; ceux-là sont simplement appellés mariages inégaux ; au lieu que ceux de la seconde espéce, sont qualifiés de morganetiques, ou mariage de la main gauche, suivant notre expression, parce qu'ils sont faits ordinairement en faveur des enfans d'un premier lit ou des collateraux ou Agnats, avec la clause expresse que les enfans qui naitront de ce mariage, ne succederont point aux fiefs ni aux dignités de leur pere, & se contenteront des sommes, ou de quelques terres qui leur auront été assignées par le Contrat ; des clauses si expresses n'entrainent pas moins après elles des contestations.

Il est vrai que ces sortes de causes, de même que les précédentes dont je viens de parler, sont quelquefois portées indifféremment, tant aux Tribunaux Ecclesiastiques, qu'aux Tribunaux Séculiers, mais il est toujours certain que les premiers sont en droit d'en connoitre ; il arrive même très communément que l'on se pourvoit pour le pétitoire devant le Juge Ecclésiastique, & que pour le possessoire on a plus souvent recours au Juge Séculier.

Je viens aux Droits des Etats Protestans.

V ij

Ceux-ci font infiniment plus confidérables que les précédens & d'une plus grande étenduë.

Il a été décidé par le Traité de Weftphalie que la jurif-diction Eccléfiaftique qui étoit du reffort du Pape , dans les Terres des Proteftans, après avoir refté long-tems fufpenduë, feroit laiffée provifoirement aux Etats, juf-qu'à ce que les différens de Religion fuffent terminés dé-finitivement.

Dans le Traité d'Ofnabruck (*a*) qui confirme la Paix de Religion, & la Tranfaction de Paffau, il y fut ftipulé que ce qui avoit été changé depuis le premier jour de l'année 1624. dans les chofes Eccléfiaftiques & à cette occafion dans les affaires de Politique qui en dépendent, feroit remis en l'état qu'il étoit alors; par une fuite conféquente de cette claufe, il en réfulte que les biens Eccléfiaftiques poffedés par les Catholiques, & depuis tombés entre les mains des Proteftans, doi-vent être reftitués aux premiers, de même que ceux occupés par les Catholiques feroient rendus aux Pro-teftans; à condition toutefois, que les biens Ecclefiafti-ques non immédiats, dont les Proteftans étoient pour lors détempteurs, leur demeureroient en proprieté pour toujours.

Si l'on veut prendre le Traité de Weftphalie à la lettre, il ne feroit pas douteux que les difpofitions qui s'y trouvent à ces égards, n'ont d'autre objet que les biens Eccléfiaftiques, l'exercice & le véritable état de la Religion; on n'a cependant pas laiffé peu à peu que de l'étendre & même de l'appliquer à des chofes

(*a*) Article V. Parag. 14.

de pure Police & en elles-mêmes très indifférentes : deux exemples que je vais rapporter en vont faire voir la preuve.

Les Proteſtans d'Auſgbourg, ayant fait rebâtir l'Egliſe dont ils ſont en poſſeſſion dans cette Ville, les Catholiques les attaquèrent & les firent condamner à faire remettre dans leur Egliſe les Tableaux ou Images en peinture, de Saint Ulric & de Sainte Afre; fondés ſur ce que les repréſentations de ces deux Saints perſonnages étoient repréſentées dans leur Egliſe en 1624.

Peu de tems après l'Ordre Teutonique, ayant fait placer une Statuë de grandeur naturelle, en pierre de taille ſur le portail de la maiſon qu'il poſſéde dans la Ville Impériale de Nordlinguen, cette figure repréſentant la Sainte Vierge, les Magiſtrats de cette Ville, par la même raiſon tirée de l'époque de 1624., la firent déplacer de leur autorité. L'Ordre n'héſita point à ſe pourvoir au Conſeil Aulique, où il obtint en peu de tems, des décrets favorables contre cette entrepriſe; mais le préjugé du jugement rendu contre Auſgbourg, la Juriſprudence contraire obſervée dans le dernier cas, fit crier les Proteſtans; il en fallut venir à un accommodement, & tout fut appaiſé en mettant une petite Statuë au lieu de la grande.

Je reviens donc à mon objet & je dis que dans les cauſes Eccléſiaſtiques des Etats Proteſtans, autres que celles dont je viens de parler, il faut diſtinguer celles qui ſont purement ſpirituelles d'avec celles qui ſont mixtes.

V iij

Les causes purement spirituelles, sont sans contredit, celles qui touchent la Foi, la conduite des ames, l'Office Divin & le Culte. celles-ci sont incontestablement décidées par leurs Théologiens en pleine assemblée ou synode.

A l'égard de ce qui regarde les cérémonies extérieures, c'est au Prince à en décider de son autorité; mais ce qui concerne la discipline Ecclésiastique, est abandonné à la décision du Consistoire & des Jurisconsultes qui y sont appellés & qui y président.

La disposition des bénéfices, & le titre d'ordination des Ecclésiastiques pour les fonctions publiques, n'est cependant point du ressort du Consistoire, ils sont au contraire réservés à la collation des Seigneurs dominans.

De même, les différens des Ecclésiastiques, qui s'élevent sur des matiéres qui concernent leurs biens, ne peuvent être jugés par les Juges Séculiers, mais ceux qui ne regardent uniquement que leurs personnes sont ni plus ni moins décidés que comme le sont les causes mixtes, qui sont de pareille nature parmi les Protestans, que chez les Catholiques: il faut cependant observer qu'il est à l'option du Prince ou du Seigneur dominant, d'en attribuer la connoissance & de les faire juger soit dans un Consistoire soit dans un Tribunal séculier, selon toutefois, la qualité de l'action ou du délit, tant sur le pétitoire que sur le possessoire.

Il me reste à donner une idée de ce qu'on appelle Réservat Ecclésiastique, avant que de discuter les

Droits profanes des Etats, attachés à la supériorité Territoriale dans les Parties intérieures.

Par le Traité de paix de Religion, il fut expressément inféré que si un Ecclésiastique se rendoit de la Religion Protestante, il perdroit *ipso facto* ses bénéfices, sans préjudice de sa réputation.

C'est cette Clause appellée *le Réservat Ecclésiastique* qui tint le plus à cœur aux Protestans. Il est vrai que l'Empereur Ferdinand I. la fit inférer dans ce Traité de son propre mouvement, sans en conférer avec eux, raison pour laquelle ils prétendirent n'être point tenus de l'observer ; ils eurent beau crier, & faire même des protestations contre cette Clause, ils avoient signé le Traité purement & simplement sans aucune restriction, il fallut s'y soumettre & s'y conformer.

Gebhard Archevêque de Cologne, né Comte de Trucksess ayant embrassé le Calvinisme, éprouva dans toute sa rigueur, l'éxécution de cette clause après sa chute ; malgré ses protestations & celles des Protestans, qui regardoient comme une grande victoire d'avoir fait l'acquisition d'un prosélyte de cette conséquence.

La même clause a été confirmée par le Traité d'Osnabruck & étenduë sur les Protestans pour observer l'égalité. La Saxe a fourni un pareil éxemple que le précédent de sa juste sévérité, dans la personne du Prince Maurice Guilleaume, Evêque de Neaumbourg, qui en fut dépouillé.

# CHAPITRE VINGT-SEPTIE'ME.

*Des Droits profanes des Etats, attachés à la superiorité Territoriale, dans les Parties intérieures.*

CE s sortes de Droits sont de trois espéces; les uns sont appellés, Droits de Justice, d'autres Droits de Grace, & les derniers, Droits de Finance.

### Droits de Justice.

Ces Droits s'étendent jusqu'à faire des Loix & des Statuts, & par conséquent donne celui de les interpréter. Les Etats peuvent même faire de nouvelles Loix en matière criminelle, d'autant que la Constitution Caroline sur cette matière, n'est pas généralement suivië dans toute l'Allemagne. La commutation de peine des crimes capitaux en une prison perpétuelle ou à servir toute sa vie comme esclave, ou à travailler aux fortifications, qui est en usage dans plusieurs Etats d'Empire, en est une preuve. Quelque chose même qui doit paroitre assez singulier, est que depuis quelques années, plusieurs Etats ont fait prononcer la peine des Galères contre des Criminels, qu'ils envoyent ensuite à la chaîne chez les Vénitiens.

Ils peuvent aussi donner le pardon aux Coupables. Dans les cas cependant qu'ils ne se trouvent pas être criminels d'Etat, ou mis au Ban de l'Empire, ou enfin que le délit ne soit pas un de ceux contre lesquels

la

la Loi Divine a prononcé; les Souverains ne sont en droit que d'accorder le pardon & de se relâcher ou commüer les peines portées par les Loix humaines.

A l'égard des Réglemens généraux qui doivent être observés par tout l'Empire, ils n'y peuvent pas toucher, ils ne le peuvent même faire que dans les Comices & du consentement de tous les Etats, comme nous l'avons déja fait voir, & alors l'Empereur est obligé de les suivre, à plus forte raison, tous les Membres de l'Empire. Mais ils ont la faculté de faire des Edits, des Mandemens, inhibitions & défenses dans toute l'étendue de leur domination.

Ils ont encore celle de donner des rescrits ou lettres patentes.

Le Droit de poids, mesure & aunage.

D'établir des Magistrats & de les déposer.

D'ériger des Tribunaux de justice.

D'éxercer toutes sortes de jurisdictions.

D'avoir des Archives.

De convoquer les Diétes Provinciales.

De faire des tournées & visites, tant pour le spirituel que pour le temporel, selon la Religion que professe le Prince dominant

D'infliger pour l'éxemple, des peines plus fortes que celles qui sont prescrites par les Loix, dans la punition des crimes.

De juger selon sa conscience.

D'accorder des représailles.

De dénoncer & même de poursuivre les perturbateurs du repos public, même sur le Territoire d'au-

X

trui, & d'éxercer généralement quelconque toute
forte de police.

Une de leurs prétentions eft encore que l'Empereur
n'eft point en droit d'éxaminer leur conduite à l'égard
de leurs fujets, à moins qu'ils ne portent leurs plaintes
par-devant les Tribunaux fuprêmes de l'Empire; de
quelques éxactions par éxemple, commifes contre eux
ou de contraventions aux pactes & priviléges dont ils
feroient en poffeffion; ou enfin de quelques cruautés
ou mauvais traitemens éxercés contre eux. En ces cas,
il n'eft pas fans éxemple d'avoir vû obtenir par des
Sujets, des Décrets contre leurs Seigneurs, appellés
*Mandata fine claufulâ.* Mais les Princes puiffans, dans
ces cas éxtraordinaires, fçavent très bien parer le coup
qu'on voudroit leur porter.

### *Droits de Grace.*

Les Droits de Grace ont auffi beaucoup d'étenduë;
ils donnent le Droit d'accorder toutes fortes de priviléges ou octrois.

De difpenfer ou excepter de la Loi qui on voudra.

D'établir des Lieux d'afyle.

De rétablir la Réputation & bonne Renommée.

De légitimer les Bâtards.

D'accorder la Nobleffe à qui que ce puiffe être qu'on
en croira digne, mais dans l'étenduë de fon Territoire feulement.

De donner des difpenfes d'âge.

De donner des Lettres de Répit.

D'établir des Foires dans ses Domaines.

D'avoir & de donner escorte sur les chemins publics.

D'établir des Colléges, des Compagnies de commerce, & autres Etablissemens équivalens.

D'admettre les Juifs à demeurer dans son Territoire; en un mot ils donnent la faculté d'accorder tout ce qui peut être du ressort de la Puissance Souveraine en matière de Grace.

### Droits de Finance.

Les Droits de Finance ne sont pas d'une moins grande conséquence que ceux dont nous venons de faire l'énumération.

Ils donnent la liberté d'établir des Impots & Capitations sur les Sujets.

De s'approprier du dixiéme de toutes les successions que viennent recueillir les Etrangers dans toute l'étenduë de son Territoire, sans aucune exception, ni privilégiés.

Le Droit de faire percevoir les Droits d'entrée & de sortië sur toutes les espéces de Denrées & de Marchandises.

Celui de faire battre Monnoye.

Le Droit appellé *Angariarum & Parangariarum*, c'est-à-dire, le Droit d'éxiger des Sujets de fournir au Seigneur, des Chevaux, des Chariots, des Bateaux & des Voitures ordinaires & extraordinaires de toutes les espéces.

Celui de Poste & de Courses publiques.

Le Droit d'Eaux & Forêts.

Tous les Droits appellés Fiscaux, qui consistent à faire prononcer des amendes arbitraires suivant les cas de délit plus ou moins considérables ; à s'approprier les biens échus à des personnes indignes, lesquelles peuvent prendre ou retenir, ou qui sont tombées dans le cas de la confiscation ; les biens vacans ou abandonnés ; les Dixmes Novales, c'est-à-dire sur les Terres nouvellement défrichées ; la Dixme des biens de ceux qui ont été condamnés au bannissement, celle de ceux qui ont été condamnés pour crime de Leze-Majesté, & encore ceux qui se sont homicidiés eux-mêmes ; la confiscation pour fraude & le Droit de s'approprier tous les Trésors dont on feroit la découverte dans toute l'étenduë de son Territoire.

Le Droit de s'approprier les Mines.

Et finalement le Droit appellé *Monopolii* qui veut dire, avoir la faculté d'accorder à qui l'on jugera à propos un Commerce exclusif.

Tant de Droits différens, peuvent à juste titre mériter la qualification de Droits Régaliens, comme ils le sont effectivement ; chacun des Etats en jouit paisiblement & sans contradiction ; de même que de ceux qui lui sont attribués dans les Parties extérieures dont je vais parler dans le Chapitre suivant.

# CHAPITRE VINGT-HUITIE'ME.

## *Des autres Droits attribués à la supériorité Territoriale, dans les Parties extérieures.*

LEs Parties extérieures ou du dehors de la supériorité Territoriale, se distinguent en différentes classes : ils consistent dans les Droits de faire la paix & la guerre ; de faire des Traités de Neutralité & d'Alliance ; à envoyer des Ambassadeurs, & dans le Droit de suffrage dans les Congrès des Puissances.

### *Droit de Guerre.*

Ce Droit consiste à avoir celui de pouvoir déclarer la guerre, mais avec cette restriction, qu'il ne faut pas perdre de vuë, qu'un Etat d'Empire, ni l'Empereur lui-même, ne doivent pas être attaqués en guerre, par un autre Etat d'Empire.

Un Droit de cette nature, entraîne nécessairement après lui, celui d'être en possession d'avoir ou d'établir dans son Territoire des Manufactures d'armes & des Arcenaux ; chaque Etat jouit donc tranquillement de ce privilége, sans contestation.

Celui de convoquer le Ban & l'arrière Ban est encore un attribut conséquent, dont chaque Etat peut user dans toutes les occasions où il le croit nécessaire à son service. De même que de celui de faire construire des Forteresses, Châteaux & Forts, sur les frontières de ses Etats & dans tous les lieux indistinctement de son Territoire où il lui plaît pour sa sureté & la défense de son Païs. Celui de lever des Troupes est encore une suite indispensable, lorsqu'on est obligé d'armer pour sa défense, ou tirer vengeance de son Ennemi dont on croit avoir été offensé ; chaque Etat a la faculté d'user de ce Droit avec prudence , & comme il lui plaît.

Le Droit de se faire apporter les clefs des Villes de la dépendance d'un Etat quand il y arrive, est le moindre de ceux qui lui est attribué & dont il est aussi en possession.

### Droit de Paix.

Il n'est pas douteux qu'un Prince quel qu'il soit , qui a le Droit de pouvoir déclarer la guerre à un autre Souverain, n'ait à plus forte raison , la faculté de pouvoir faire la paix, de l'accorder ou de la demander à son Ennemi. Chaque Etat d'Empire étant en droit comme je viens de le démontrer, de déclarer la guerre , il a celui de faire toutes sortes de Traités de paix ; Traités de paix à tems ou tréves, & la paix perpétuelle ; celle-ci renferme trois objets.

Le premier, est l'amnistie générale ou particuliere, laquelle est absoluë, ou avec des restrictions.

Le second objet, sont les restrictions.

Et le troisiéme, les renonciations, les satisfactions & les compensations.

On est dans l'usage d'admettre de pareils Traités.

1º. L'accession des amis & des Alliés.

2º. Les garants du Traité quand il y en a.

Ce sont là les principes généraux dans lesquels je veux me renfermer simplement sans vouloir entrer plus avant dans une matière trop délicate par elle-même, quoique de mon sujet, pour en laisser discuter tous les points aux illustres négociateurs qui en sont chargés par Etat.

### Droit de Neutralité.

Je passe donc à l'article des Traités de neutralité. Elle se définit & consiste à demeurer dans *la tran-quillité & l'inaction dans les troubles*, causés par deux Puissances voisines ou alliées, mais dans les démelés desquelles on ne veut prendre aucune part; c'est uniquement en quoi consiste cette faculté, que chaque Etat d'Empire est en droit d'exercer.

### Droit d'Alliance.

Celui-ci renferme beaucoup plus de parties que le précédent. Il consiste à trouver les moyens dans des cas pressans & en tems de guerre, de se procurer des secours, des avantages & des commodités respectives.

Il faut cependant distinguer les secours; les uns sont auxiliaires, les autres sont utiles.

Les secours auxiliaires sont offensifs & défensifs: mais ils peuvent encore se subdiviser; soit en s'aidant mutuellement dans chacune des deux espéces, des Troupes que l'on a ou que l'on peut mettre sur pied, soit, en convenant par le Traité, que chacune des deux Puissances contractantes, fournira à l'une des deux qui voudra attaquer son Ennemi ou se défendre contre lui, la quantité plus ou moins de subsides dont elles seront convenuës par le Traité.

A l'égard des secours utiles, ils ont pour objet de soutenir le commerce naturel entre les deux Puissances contractantes & de maintenir l'équilibre entre les Nations.

J'ai déja avancé que l'Empereur ne peut faire un Traité d'alliance pour l'Empire, sans le consentement des Etats ni sans le consentement de l'Empire, mais chaque Etat peut entrer dans un Traité d'alliance sans l'Empereur, pourvû néanmoins qu'un pareil Traité ne soit pas dirigé contre l'Empire.

Cet Article concernant le pouvoir des Etats comparé avec celui des Empereurs, & quelques autres de pareille espéce, fait dire à un Auteur, que quelques-uns attribuoient à l'Empereur une Puissance Royale, & aux Etats une liberté bornée par certains temperamens; & que d'autres qui comparoient l'Allemagne à un gouvernement, dont le pouvoir est moderé, portoient un jugement beaucoup plus solide que ceux qui l'auroient définie une forme mixte de République; mais que le sentiment des premiers, ne quadroit point avec les Capitulations qui prescrivent à l'Empereur des Règles & des conventions qu'il doit absolument suivre, & que l'on pouvoit regarder sans partialité, comme une façon de regner limitée.

### Droits des Ambassadeurs.

Il y a des Ministres de trois espéces: ceux du premier,

mier, qui font les Ambaſſadeurs, du ſecond, qui ſont les envoyés, & du troiſiéme ordre qui ſont les Réſidens.

Les Ambaſſadeurs du premier ordre, ont toujours le caractere repréſentatif, & jouiſſent par conſéquent de toutes les prérogatives que donne le Droit des gens.

Ils ſont ordinaires, ou extraordinaires.

Les ordinaires ſont ceux qui réſident dans les Cours, pour donner & tenir lieu d'aſſurance de reſpect ou d'amitié à la Puiſſance chez qui ils ſont envoyés; entretenir avec elle une bonne correſpondance, & traiter avec elle & ſes Miniſtres, de toutes les affaires qui ſurviennent dans le cours de ſa légation, dans leſquelles les deux Cours ſont reſpectivement intéreſſées ſoit directement, ſoit indirectement

Les extraordinaires, ſont ceux qui ſont envoyés dans une Cour pour une affaire ſpéciale uniquement; Ceux là ont la prééminence ſur les Ambaſſadeurs ordinaires du même Prince qui les envoye, & qui ſe trouvent très ſouvent l'un & l'autre dans la même Cour.

Les Ambaſſadeurs du ſecond ordre, ſont ceux qu'on appelle ordinairement Envoyés ou Miniſtres, & quelquefois avec le caractére de Miniſtre, & d'Envoyé tout enſemble, & le plus ſouvent avec le ſimple caractere de Miniſtre ou d'Envoyé. Dans les Diétes, par exemple, on n'y envoye que des Miniſtres, avec le ſimple caractere de Miniſtres, au lieu que dans les Cours ils ont caracteres d'Envoyés, quelquefois même, extraordinaires.

Y

Les Ambaſſadeurs du troiſiéme ordre ne ſont connus que ſous la dénomination de Réſidens ou même d'Agens dans les Cours. Ce ſont ceux là qui ſont envoyés dans les Cours & dans les Diétes de la part des Villes Impériales, Anſéatiques, & des petites Républiques, & de quelques Princes d'Italie & d'Allemagne.

Chaque Etat a donc le Droit d'envoyer dans les Cours, des Ambaſſadeurs de ces trois Ordres, ſuivant l'éxigence des cas où il ſe trouve ; il faut cependant obſerver qu'ils n'ont pas le Droit comme Etats d'Empire, d'envoyer ceux du premier Ordre dans certaines Cours de l'Europe, comme dans celle de France, d'Eſpagne & autres. (a)

### Droit de ſuffrage dans les Congrès.

Ce Droit qu'ont encore les Etats d'Empire, conſiſte à être admis comme une Nation reconnuë Souveraine, & à participer aux conférences & réſolutions qui ſe prennent dans les Congrès par le Miniſtére de Miniſtres Plénipotentiaires.

Il faut cependant convenir que les Etats d'Empire ſe ſont arrogés quelques-uns des Droits dont on vient de parler dans les chapitres précédens XXV. XXVI. XXVII. & XXVIII., qui n'étoient attribués qu'à la ſeule Majeſté Impériale, mais dont ils jouiſſent préſentement dans toute leur plénitude, depuis que par le Traité de Weſtphalie, ils leur ont été confirmés,

---

( a ) Les ſeuls Eiecteurs ſont en poſſeſſion d'envoyer des Ambaſſadeurs ; les Princes prétendent le même Droit. M. Leibnitz a écrit ſur cela ſon Traité *de Suprematu.*

avec cette reſtriction toutefois, dont il faut bien ſe donner de garde de s'écarter, que ces Droits ne peuvent s'exercer que dans l'Etat pour lequel ils ont été accordés.

Paſſons préſentement aux Droits communs à tous les Electeurs en particulier.

## CHAPITRE VINGT-NEUVIEME.

### Des Droits Electoraux communs à tous les Electeurs

L'ORIGINE des Electeurs, dont c'eſt ici la place de dire un mot, eſt aſſez incertaine. Quelques Auteurs l'ont placée ſous l'Empereur Othon III. & ſous le Pape Grégoire V. D'autres avancent avec quelque probabilité, qu'en 1002. le même Pape, parent d'Othon, qui ſe trouvoit ſans poſtérité, nomma les Electeurs; il eſt cependant certain que depuis l'élection de ce Prince, quelques Empereurs furent élus par d'autres Princes que les Electeurs d'aujourd'hui, & d'autres, par tous les Etats aſſemblés; d'où il réſulte, qu'il eſt aſſez vraiſemblable de fixer l'époque de leur création, dans le tems, ou immédiatement avant le grand Interrégne. Quoiqu'il en ſoit, il n'eſt nullement douteux que les Electeurs, par leur conſtitution, forment dans toutes les affaires de l'Empire, un Corps qui eſt toujours total, indiviſible, pur & ſimple, légal & ſubſiſtant par lui-même perpétuellement.

De-là vient qu'ils ont fait un pacte d'union & un autre de confédération Electorale ; l'un est universel & l'autre est particulier.

Le pacte d'union universelle, est connu sous le nom *d'Union du Rhin* qui fut fait en 1438. entre tous les Electeurs, à l'exception de celui de Bohême ; il a pour fondement, différentes conventions & associations faites entre eux ; il reçut sa pleine forme sous les Empereurs Maximilien I. & Charles-Quint, & concerne principalement la conservation des Droits Electoraux, prééminences & possessions réciproques, dont le sçavant Hayemeyer fait mention dans son Traité des Diétes de l'Empire, auquel on peut avoir recours.

Le pacte d'union particuliere fut fait à Vésel, entre les quatre Electeurs du Rhin, Mayence, Tréves, Cologne & Palatin seulement, dans le tems de l'Interrégne ; il a pour objet leur défense mutuelle & subsiste depuis l'an 1519, tems de sa confection, rapporté par Goldast dans son Traité du Royaume de Bohême, Chap. VII. No. 9.

L'établissement de ces sortes d'unions est fort sage à la vérité, on n'en peut disconvenir ; mais les intérêts particuliers qui prévalent ordinairement & par préférence sur le général, font que l'on ne manque jamais de subterfuges, & encore moins de prétextes pour se dispenser d'en mettre les clauses à exécution. On a vû même très souvent dans des cas d'une nécessité très pressante, les Electeurs s'abandonner les uns & les autres par leurs Confreres Alliés, contre les dispositions de ces unions. L'Electeur Palatin au-

jourd'hui régnant, en fournit un éxemple en 1743.
Ses Etats mis à contribution & ravagés par les Troupes Autrichiennes, & abandonné des Electeurs de
Tréves & de Mayence, font des faits trop récens pour
qu'il foit permis de les oublier. Paffons les cependant
fous filence, pour revenir à ces deux pactes.

Ils font l'un & l'autre relatifs aux Droits qui font
communs à tous les Electeurs & conféquemment généraux; voici en quoi ils confiftent.

### Droits Electoraux ou Généraux.

Le premier, eft celui d'avoir le Droit d'élire feuls
& fans le concours d'aucune autre Puiffance, les Empereurs & les Rois des Romains, de la manière cependant qui eft prefcrite par la Bulle d'Or & dont il
ne leur eft pas permis de rien changer ni d'en alté-
rer aucune des claufes.

Le fecond, confifte en celui de tenir des affemblées
entr'eux, contre le gré même de l'Empereur, & d'y
prendre enfemble ou de concert avec lui, ou fans fa
participation, les mefures qu'ils jugent à propos, fur
les affaires générales de l'Empire.

Ils jouiffent en troifiéme lieu, du Droit de demander
à l'Empereur la convocation des Diétes.

Par le quatriéme, ils prétendent avoir celui de
marcher avec les Rois & de les précéder même dans
les Actes de cérémonie qui fe célébrent à la Cour
de l'Empereur. Ce Droit pourroit cependant être fufceptible de quelques reftrictions dans certains cas,

malgré l'autenticité de ce Droit inséré dans la Bulle d'Or, Chap. VI. (*Cotte* A A.)

Il est aussi spécifié expressément par cette Bulle d'Or, que hors la Cour de l'Empereur, les Electeurs cedent la préséance aux Têtes Couronnées, mais non pas aux Républiques; celle de Venise n'en est pas même exceptée, ni celle aujourd'hui des Provinces-Unies, qui n'éxistoit pas encore, lors de la confection de cette Bulle.

Il faut aussi observer qu'à la Cour de l'Empereur, les Ambassadeurs des Têtes Couronnées ont le pas sur ceux des Electeurs. Restriction, dont les conséquences se tirent tout naturellement, si des Têtes Couronnées s'y trouvoient en personnes.

Ils ont en cinquiéme lieu, le Droit de nommer chacun, deux Assesseurs ou Conseillers de la Chambre Impériale.

Sixiémement, d'avoir le premier rang & la premiére autorité dans les Comices.

Septiémement le Droit de manger à la Table des Empereurs, sous des Dais ou Baldaquins.

Huitiémement, celui de se couvrir devant l'Empereur; leurs Ambassadeurs même qui résident à sa Cour, jouissent du même Droit.

Neuviémement, le Droit de ne débourser aucuns frais pour leur investiture, ni pour les expéditions concernant la confirmation de leurs Droits & priviléges. Cet article est plus considérable à certains égards que l'on ne pourroit le croire; il ne faut que jetter les yeux sur le XVII. article de la Capitulation de

Charles VI. par lequel cet Empereur promet de *ne pas charger les Etats & leurs Sujets par des Droits de Chancellerie extraordinaires, de ne pas hauffer la taxe féodale ni d'éxiger les* Anfalls Gelder, *des fiefs dont ils feroient actuellement co-invefiis.*

On fent parfaitement par cette précaution de la part des Electeurs, d'impofer cette claufe expreffe dans les Capitulations des Empereurs, quoiqu'ils foient éxempts de rien païer, combien elle eft de conféquence & favorable aux Princes & Etats d'Empire. Elle l'eft effectivement, en ce que, quoiqu'un Prince puiffe obtenir tout enfemble l'inveftiture de différens fiefs d'Empire, & que lorfqu'ils lui font tous conférés par un feul & même acte, il n'eft tenu d'en païer qu'une feule & même taxe. Les autres Etats d'Empire foit Eccléfiaftiques foit Séculiers, quand ils reçoivent l'inveftiture d'un fief de Prince, par éxemple, ils font tenus de païer l'ancienne taxe de 63. $\frac{1}{4}$ Marcs d'argent, évalués felon l'ufage d'à préfent à 1081. florins argent d'Empire, & les Adminiftrateurs Proteftans des Evêchés, comme ceux d'Ofnabruck & de Lubeck païent outre la taxe ordinaire, une moitié en fus, ce qui fe monte à peu près à 1621. $\frac{1}{2}$ florins. Il eft vrai que ces Déniers n'entrent point dans le Tréfor Impérial, & qu'ils font répartis entre les fous-Officiers de l'Empire, & ceux de la Chancellerie du Confeil Aulique, à proportion des rangs qu'ils y occupent.

Outre cette taxe féodale, on demande auffi les *Anfalls Gelder* dont il eft expreffément fait mention dans l'article capitulaire que je viens de citer, qui font

un Droit de reconnoissance exigé par le Conseil Aulique, lorsqu'un fief d'Empire tombe à un Agnat
collatéral, c'est-à-dire, lorsque ce fief passe d'une ligne
ou d'une branche à une autre. Il n'y a que quelques
années que les Ducs de Mecklenbourg & de Saxe furent
obligés d'acquitter ce Droit qui va à quelques mille
florins. Dans la régle étroite il ne devroit cependant
être exigé que des vassaux tout à fait nouveaux,
s'entend, quand le fief par une investiture nouvelle,
passe à une famille ou Maison, autre que celle qui en
étoit la derniere investie.

On voit donc que la seule avidité intéressée des
Officiers du Conseil Aulique a donné lieu d'exprimer
& de restreindre par les Capitulations, les cas dans
lesquels, ces *Anfalls Gelder*, pourroient être valablement exigés.

Ils ont en dixiéme lieu, le Droit d'ainesse auquel l'E-
lectorat est affecté, sans pouvoir être divisé.

Le onzième Droit dont les Electeurs sont en possession, est le Privilege exclusif de posséder & exercer les
grandes charges de l'Empire, attachées particulierement à chaque Electorat.

Le douziéme, celui du crime de Leze-Majesté, en
premier & second chef envers eux.

Le treiziéme, d'avoir le Droit du dernier ressort dans
leurs jugemens, à moins qu'ils n'y ayent renoncé par
des actes particuliers.

On a cependant la faculté de se pourvoir contre
leurs jugemens au Conseil Aulique, ou à la Chambre
Impériale, quand il s'y trouve surtout, des nullités,

ou

ou dans les cas de deni de justice, qui sont les deux seules raisons admises pour pouvoir avoir recours à l'un ou à l'autre de ces deux Tribunaux.

Le quatorziéme consiste dans le Droit acquis à leurs Sujets, de ne pouvoir être traduits par qui que ce soit en justice, hors du Territoire de leurs Etats.

Le quinziéme & dernier, consiste à pouvoir acheter & acquerir des biens de toute espéce, sans le consentement de l'Empereur & de l'Empire. Cette faculté s'étend même jusque sur les biens féodaux.

Ils se sont encore expressément réservés ce qu'on appelle *Jus ad capitulandi*, quand même il y auroit une Capitulation perpétuelle: c'est-à-dire le Droit d'y faire des additions, omissions ou corrections. Ils ne font même gueres dresser de Capitulations qu'ils ne fassent valoir ce Droit, & spécialement dans celle de l'Empereur Charles VI. par laquelle ils se sont départis de quelques points insérés dans celle de 1690. & de l'Empereur Joseph, que les Princes & Etats d'Empire prétendoient devoir être regardée comme essentielle & inaltérable.

Ces derniers se sont plaints inutilement jusqu'à présent, de ce que les Electeurs présentoient aux Empereurs les Capitulations sans leur participation. Tout ce qu'ils ont gagné s'est réduit simplement, à ce qu'ils y ont inséré depuis la Paix de Westphalie, la clause qu'ils stipuloient tant pour eux, Electeurs, que pour les Etats en général.

Les Princes Protestans ont été les premiers à porter leurs plaintes de ce prétendu empiétement sur

Z

leurs Droits, fondés avec quelque sorte de justice, sur ce que l'Election des Empereurs qui leur étoit dévoluë sans contestation de leur part, & de leur prescrire des Capitulations, étoient deux Actes très différens; que ce second Acte n'étoit nullement de leur seule compétence, n'étant aucunement autorisés de capituler en leur nom; que ces Capitulations n'étoient point obligatoires, étant dressées sans leur participation, & que finalement l'origine de ce Droit dont ils se sont arrogés l'attribution à leur exclusion, n'avoit commencé qu'à Charles-Quint en 1519., sans y être autorisés par les Etats régnans de ces tems-là.

Cette question qui fit grand bruit, & qui n'est point encore décidée, fut agitée très vivement dans les Diétes de 1667. & de 1671., où les premiers projets d'une Capitulation perpétuelle furent dressés & renouvellés au mois de Juillet 1711. entre les Electeurs & le Collége des Princes.

Tout ce qui en a résulté jusqu'à présent, est l'attention & les égards que le Collége Electoral a marqué y avoir eu, en tirant plusieurs articles de ce projet, qu'ils ont inséré dans la Capitulation du même Empereur Charles VI., & par laquelle cet Empereur s'oblige de travailler à terminer le différend touchant la confection d'une Capitulation perpétuelle.

Outre cette multitude de Droits qui sont communs & généraux à tous les Electeurs Ecclésiastiques & Laïques, ces premiers en ont de particuliers attribués singulièrement à leurs personnes & à leur Electorat en particulier: on en va faire le dénombrement dans le Chapitre suivant.

# CHAPITRE TRENTIEME.

## Des Droits particuliers des Electeurs Ecclésiastiques.

CHAQUE Electeur particulier, jouit de quelques Droits qui lui sont attribués personnellement ou à son Electorat, indépendamment de ceux qui lui sont communs avec tout le Collége en général.

### Droits particuliers de l'Electeur de Mayence.

1°. Il est Archi-Chancelier né de l'Empire dans toute l'Allemagne.

2°. Il ferme le côté droit de l'Empereur dans l'Allemagne. C'est-à-dire que dans les Diétes & toutes les Cérémonies, il siége & marche à sa droite.

3°. Il est Doyen perpétuel du Collége Electoral.

4°. Il est Directeur du Cercle du Bas Rhin, & en cette qualité il doit veiller à l'éxécution des recez des Diètes, qui concernent ce Cercle, & des Décrets émanés du Conseil Aulique & de la Chambre Impériale.

5°. Il jouit du Droit *Stapulæ* de Doüane & de Grüe dans la Ville de Mayence.

6°. Ses Sujets ne peuvent point se transplanter hors de ses Etats, pour le devenir des autres Electeurs & encore moins d'aucuns Etats d'Empire, ni se mettre non plus sous la protection & sauve garde d'aucuns d'eux, sans un exprès consentement émané de sa personne.

7°. En sa qualité d'Archi-Chancelier de l'Empire, il est dépositaire de toutes les Archives de l'Empire ; tous les Officiers de la Chambre Aulique, de la Chambre Impériale & des Diétes, sont sous sa dépendance, & doivent toujours être à ses ordres ; il convoque seul les Electeurs pour les Diétes ; c'est lui seul qui y fait les propositions, c'est lui qui y recueille les voix ; les Sermens des autres Electeurs dans l'élection d'un Empereur & d'un Roi des Romains, ne peuvent être reçus que par lui ; il signe ou le Vice Chancelier de l'Empire en son lieu & place, toutes les expéditions de Chancellerie. Il reçoit à l'exclusion de tout autre, les lettres que le Roi des Romains ou les Etats écrivent à la Diéte ; il y fait réponse ; il a encore la direction de la Chambre Impériale, tant pour la révision des procès, que pour corriger les abus qui ne s'y introduisent que trop communément ; & son Secrétaire a droit d'entrée & d'assistance dans cette Chambre, & même d'y tenir le plumitif, à quoi il ne manque pas lorsqu'il s'y trouve.

8°. Cet Electeur perçoit une part dans le dixiéme qui revient à l'Empereur sur les biens & effets des Juifs.

9°. Il éxerce le droit de premiere Priere dans ses Etats, exclusivement à l'Empereur.

10°. Il avoit le droit de retirer les Domaines de l'Empire, engagés par les Empereurs ; mais il n'en jouit plus, ce Droit ayant été totalement supprimé par le Traité de Westphalie.

11°. Il est encore en possession de pouvoir poursuivre sur les Terres d'autrui, les Criminels qui ont commis quelque délit dans ses Etats, & de les y répéter.

12°. Il jouit aussi de la Prérogative exclusive, de couronner l'Empereur dans son Diocèse, & il alterne avec l'Electeur de Cologne dans les autres, à l'exception de celui de ce dernier Electeur qui jouit du même droit dans le sien, d'en faire les fonctions.

Il prétend enfin le Domaine du fleuve du Mein, & plusieurs autres prétentions dont *Boecler* fait une longue énumeration dans sa notice de l'Empire, Liv. VI. Chap. V. auquel on peut avoir recours.

Passons présentement aux Droits de l'Electeur de Tréves, qui à beaucoup près, ne sont pas si étendus.

### *Droits particuliers de l'Electeur de Tréves.*

Cet Electeur prend la qualité & le titre de Grand Chancelier de l'Empire dans les Gaules, & le Royaume d'Arles; titre qui n'est purement qu'honorifique, mais sans réalité.

Il a le Droit d'opiner le premier dans les Diétes d'élection d'un Empereur & d'un Roi des Romains.

Il est assis vis-à-vis de l'Empereur dans les Diétes. Bulle d'Or, Chap. III. §. II. (*Cotte* BB.)

Il précéde immédiatement l'Empereur dans les processions où l'on ne porte pas devant ce Prince les Symboles de l'Empire. Ibid. Chap. XXI. (*Cotte* CC.)

Tous les fiefs d'Empire qui tombent en vacance dans toute l'étenduë de son Electorat, lui sont dévolus de plein droit.                            Z iij

Il prétend au Domaine d'une partie de la Moselle, & a le Droit de mettre au Ban de l'Empire ceux qu'il à fait bannir de ses Etats, à moins qu'ils ne se purgent dans l'année des accusations intentées contr'eux, en vertu desquelles la peine du Bannissement a été prononcée.

Indépendamment de tous ces Droits & Prérogatives qui lui sont particulieres, il a encore beaucoup d'autres prétentions dont *Limnæus* fait mention, Liv. III. Chap. III. N°. 21. & que l'on peut consulter sur cela.

### Droits particuliers de l'Electeur de Cologne.

Les Droits de cet Electeur sont encore bien moins considerables que ceux de l'Electeur de Treves. Ils se réduisent simplement, à la seule prérogative qu'il ait au dessus de lui d'être réellement Grand Chancelier de l'Empire en Italie, & d'en exercer les fonctions, & au droit exclusif de couronner l'Empereur dans son Diocèse; il alterne aussi avec l'Electeur de Mayence, dans les autres Diocéses que l'Empereur élu choisit pour cette auguste Cérémonie; suivant la Transaction passée entre ces deux Electeurs en l'année 1657. qu'il s'éleva entr'eux une grande contestation à ce sujet.

Il siége enfin, & marche à la gauche de l'Empereur dans les Diétes & Cérémonies, tant dans toute l'Allemagne, que dehors l'Empire.

Il est outre sa dignité d'Electeur, Duc d'Engueren, de Westphalie & Comte d'Aremsberg.

Il s'agit présentement de constater les prérogatives particulieres à chacun des autres Electeurs Laïques, qui vont faire la matière du Chapitre suivant.

# CHAPITRE TRENTE-UNIEME.

## *Droits particuliers des Electeurs Seculiers.*

AUCUN des Electeurs Séculiers ne conteste la primauté au Roi de Bohême sur eux. Mais avant de faire une récapitulation exacte des Droits & prérogatives particulieres dont jouit cet Electeur, il ne sera pas hors de propos de dire un mot de la contestation qui s'éleva dans la Diéte d'élection, où le feu Empereur Charles VII. fut élu, par rapport à la voix de l'Electorat de Bohême. Elle fut contestée à la Reine de Hongrie, à qui elle fut refusée, quoi qu'en sa qualité d'héritiére prétenduë de tous les Etats héréditaires de la Maison d'Autriche, elle soutînt qu'elle étoit Reine de Bohême, & que jouissant des Prérogatives & des Droits de cet Electorat, ses Ambassadeurs à la Diéte, eussent demandé d'y être admis, & d'y avoir voix délibérative. On passa cependant outre, à l'élection qui fut faite, & que cette Princesse à reconnuë bonne & valable depuis, par le Traité qu'elle a fait avec l'Electeur de Baviére aujourd'hui régnant, sauf les protestations de ses Ambassadeurs à la Diéte, & sans tirer à conséquence pour l'avenir, jusqu'à ce que la question fût décidée, de sçavoir si un Electorat tombé en quenouille, celle qui en est titulaire peut avoir séance dans les Diétes d'élection.

Cette question paroit cependant décidée, en sa faveur, en plein College Electoral, si on peut s'en rapporter à la nouvelle Diéte d'élection qui s'est tenuë en 1745. après la mort de l'Empereur Charles VII. les Ambassadeurs de cette Princesse y ayant été admis dans leur séance, & à y donner leur voix délibérative.

### Droits particuliers du Roi & Electeur de Bohême.

La premiere des prérogatives dont ces Princes sont qualifiés, est celle de grand Echanson de l'Empire.

La seconde, est de marcher dans les Processions immédiatement après la personne de l'Empereur.

La troisiéme, consiste dans le Droit d'acquerir des fiefs d'Empire, sans avoir besoin d'aucunes lettres de naturalité.

La quatriéme, d'avoir un sous-grand Echanson héréditaire à cause de sa Charge: ce titre est aujourd'hui sur la tête du Baron de Limbourg.

Et la cinquiéme & derniere, de ne recevoir que dans ses propres Etats, tête couverte & à cheval, l'investiture de l'Empereur, pour son Royaume de Bohême.

Il ne paroit pas dans tous ses Droits, qu'il y en ait aucun d'utile, mais on ne peut se refuser de convenir que de tous les Electeurs, il est le seul qui en ait de plus honorables.

### Droits particuliers de l'Electeur de Baviere.

Ce Prince qui tient le second rang dans le nombre

des

des Electeurs Séculiers, jouit de trop belles Prérogatives pour les paſſer ſous ſilence, quand bien même
on ne ſeroit pas aſtreint d'en faire ici le détail.

Celle que lui donne la Charge de Grand Maitre
d'Hotel de l'Empire, attachée à ſa dignité, n'eſt pas
une des moindres de celles dont il jouit.

A cette Charge, eſt attachée la Prérogative d'avoir
un ſous-Grand Maître héréditaire: c'eſt le Comte de
Walbourg de Zeil, qui en eſt actuellement revétu
du titre.

Il a auſſi le Droit de porter le Glôbe Impérial dans
les proceſſions où l'Empereur aſſiſte en forme publique.

C'eſt encore lui qui met ſur la table de l'Empereur
après la cérémonie de ſon Couronnement, le premier
Service du Banquet Impérial, qui doit être compoſé
de quatre Plats d'argent du poids de douze Marcs.

Il eſt outre cela Con-Directeur du Cercle de Baviere
& prétend avoir Droit au Vicariat de l'Empire, lors de
la Vacance du Chef, qu'il conteſte à l'Electeur Palatin ;
fondé ſur ce qu'en conformité des inveſtitures de
1623. & de 1638., l'Empereur Ferdinand II., après
avoir mis Frédéric V. Electeur Palatin, au Ban de
l'Empire, & l'avoir déclaré déchu de ſon Electorat,
il l'avoit conféré à Maximilien de Baviere, avec la
Grande Maitriſe & nommément avec le Vicariat de
l'Empire.

Le Palatinat du Rhin, reſtitué depuis à l'Electeur
Charles Louis, par le Traité de Paix de Weſtphalie,
avec toutes les Prérogatives, celui-ci prétendoit avec

A a

quelque fondement, que le Vicariat de l'Empire en
étoit une des principales, quoique par le même Traité de Paix, l'Electorat de Baviere eut été confirmé à
la Branche Guillelmine, sans toutefois y faire aucune
mention du Vicariat en contestation; mais depuis,
par une transaction faite entre le feu Electeur Maximilien de Baviere & l'Electeur Palatin, le 15. May
1724., il fut convenu entre eux qu'à l'avenir, le Vicariat seroit éxercé en commun, & au nom des deux
Maisons, jusqu'à ce que la contestation soit entiérement décidée en faveur de l'un ou de l'autre.

### *Droits particuliers de l'Electeur de Saxe.*

Le Prince qui réunit aujourd'hui dans sa personne
la dignité d'Electeur avec celle de Roy de Pologne qui
lui a été déferée par le choix qu'en a fait la Diéte de ce
Royaume, jouit d'un des plus beaux Droits de l'Empire, qu'aucun membre du Collége Electoral ne pourroit lui contester; c'est celui d'être Grand Marechal né
de l'Empire.

Il porte en conséquence, l'Epée nuë devant l'Empereur dans toutes les cérémonies publiques.

Il prétend aussi porter le Grand Etendard de l'Empire, dans les expéditions Militaires.

Il a de même, à cause de sa charge de Grand Maréchal de l'Empire, le Droit d'avoir un sous-Grand Maréchal héréditaire, dont le Comte de Papenheim, fait
les fonctions.

C'est à ce Prince qu'il est reservé, de faire la
taxe des denrées dans les Diétes, par un attribut de

cette Charge, de même que de marquer seul les logemens ; de faire sortir les Etrangers de Francfort ,
lorsque le Collége Electoral y est assemblé pour
l'Election d'un nouvel Empereur , & d'ordonner la
garde des portes de la même Ville , lors de l'E-
lection.

C'est à ce même Prince à qui il appartient d'introduire les nouveaux Etats dans les Diétes.

C'est aussi lui qui est Con-Directeur des affaires des
Protestans dans les Diétes.

Il est pareillement & sans aucune contradiction ,
Vicaire né de l'Empire, pendant la vacance du Trône,
dans toutes les Terres qui sont généralement Regiës
par le Droit Saxon.

Et finalement pour derniere Prérogative, assez singu-
liere , celle d'être le protecteur de toutes les écoles de
Tambours & Trompettes de l'Empire.

### Droits particuliers de l'Electeur de Brandebourg.

Le Grand Prince qui réunit aujourd'hui sur sa tête
la Couronne de Prusse avec le Bonnet Electoral de Brandebourg, est en possession, ainsi que ses prédécesseurs
l'ont été, de plusieurs Prérogatives & Droits très honorables, en cette derniere qualité.

Celle d'être Grand Chambellan de l'Empire, lui est
devoluë de droit.

Il est en possession par ce titre, d'avoir un sous-
Grand Chambellan héréditaire: c'est le Prince de Hohenzollern , qui est révetu de cette dignité.

C'est à lui, comme Electeur de Brandebourg, de porter le Sceptre Impérial devant l'Empereur, dans les grandes cérémonies où il se trouve, avec tous les attributs de la dignité Impériale.

Il a la faculté d'établir de nouveaux Péages, & de faire construire des moulins sur toutes les Riviéres & Fleuves de la dépendance de ses Terres Electorales.

Il est aussi en droit de disposer de ses Terres comme biens allodiaux, à condition toutefois, qu'elles ne pourront sortir de sa Maison, & que cette disposition ne pourra nuire ni préjudicier en rien au pacte de succession convenu entre lui, l'Electeur de Saxe & le Landgrave de Hesse Cassel.

Ce pacte de confraternité qui fut fait en 1614. à Néaumbourg entre ces trois Princes, contient trois clauses remarquables.

La premiere porte, que si la Maison de Saxe vient à manquer, il reviendra à l'Electeur de Brandebourg une part, & aux Landgraves de Hesse Cassel deux parts de ses Etats, égales à la premiere.

La seconde stipule, que si d'un autre côté, sa Maison venoit à s'éteindre, l'Electeur de Saxe, & Landgrave de Hesse Cassel succéderont moitié par moitié, mais de façon cependant, qu'il est expressément ordonné par ce pacte, que l'Electorat de Brandebourg demeurera dans la Maison de Hesse Cassel.

Et enfin que si la Maison de Hesse Cassel venoit aussi à manquer, l'Electeur de Saxe retireroit deux portions de la succession, & l'Electeur de Brandebourg une autre, égale à chacune de ces deux portions.

L'origine de ce pacte de confraternité est tirée de bien plus loin, en sorte que selon toute apparence, un autre pacte fait entre les Ducs de Poméranie, & la Branche Brandebourg en 1373. en a été la base & le fondement. Il est vrai que cette derniere confraternité entre ces Maisons, n'étoit nullement réciproque, mais uni-latérale & pour ainsi dire forcée, provenant des Guerres que les anciens Marquis de Brandebourg avoient faites aux Ducs de la Poméranie citérieure, qui furent éteintes par l'entremise de l'Empereur Louis de Baviere, sous les conditions que ce Duché, après l'extinction de la branche des mêmes Ducs de Poméranie, passeroit dans la Maison de Brandebourg. Le cas arrivé après les decès d'Othon Duc de Poméranie & de Stetin, mort sans postérité en 1464. les Marquis de Brandebourg trouvèrent de l'opposition à leur prise de possession de la part des Ducs de la Poméranie Ultérieure; la guerre se renouvella & par les Traités qui l'ont suivie, ces derniers se sont maintenus dans la possession entière de ce Duché, à condition cependant, qu'après leur extinction totale, la Maison de Brandebourg leur succederoit, ce qui est arrivé en effet en 1637. par la mort du Duc Bogislas XIVe. du nom.

Un autre pacte de confraternité qui subsiste entre cette Maison & celle de Meckelbourg est à peu près de la même espéce que celui-ci, avec cette différence, qu'il assigne à celle de Brandebourg les anciennes possessions des Ducs de Meckelbourg, au cas qu'ils viennent à s'éteindre, & ne donne rien à ceux-ci quand même ils survivroient les Marquis de Brandebourg.

A a iij

Au reste ces pactes de confraternité héréditaires ne sont pas les seuls en Allemagne. Celui d'entre la Maison de Saxe & les Comtes de Henneberg convenu en 1554. avoit pour objet l'ancien patrimoine de ces Comtes, dont la Prévôté de Cobourg avoit passé dans la Maison de Saxe en 1346., par le mariage de Frédéric Marquis de Misnie dont elle descend, avec une fille de la Maison de Henneberg. Ce pacte de confraternité portoit, qu'après l'extinction d'une des deux Maisons, toutes les Terres qui composoient l'ancien Comté de Henneberg, seroient réuniës au profit de l'autre, ce qui a eu son éxécution en 1584. par la mort de Georges Ernest, dernier Comte de Henneberg.

Il y en subsiste encore d'autres entre les Maisons de Baviere & Palatine, celles de Brunswick & Lunébourg, Mecklenbourg & Gustrou. Il faut cependant remarquer que ces sortes de pactes de successions mutuelles n'ont de force qu'autant qu'ils sont confirmés par les Empereurs comme Seigneurs directs. C'est aussi une des raisons qui empêche qu'ils ne soient d'un usage aussi fréquent en Allemagne qu'ils l'étoient autrefois, par la difficulté sans doute, de l'obtenir, attendu que les Empereurs se priveroient par cette condescendance, d'un de leurs plus beaux Droits, de conférer les fiefs vacans aux Maisons qui leur sont dévouées, si ils en accordoient si facilement la confirmation.

Je reviens à l'Electeur de Brandebourg après une si longue dissertation, dans laquelle il m'a donné occasion de tomber; ce Prince outre tous ces Droits que je viens de détailler, jouit encore de celui d'avoir sept suffrages dans toutes les Diétes. Le premier comme Electeur, le second comme Duc de Magdébourg, le troisiéme comme Duc de Poméranie, le quatriéme en qualité de Prince de Halberstat, le cinquiéme à cause de sa Principauté de Kamin, le sixiéme comme Prince de Minde, & le septiéme en sa qualité de Comte d'Empire : il en a encore un huitiéme comme Prince de Mœurs ; cette Principauté lui étant demeurée par le Traité de partage fait entre lui, & le Prince de Nassau Orange.

Il est de plus Con-Directeur des Cercles de la Basse Saxe & de Westphalie.

### Droits particuliers de l'Electeur Palatin.

La plus honorable des Prérogatives de ce Prince, est la dignité de Grand Trésorier de l'Empire.

En vertu de cette Charge, il a droit d'avoir un Sous-Grand Trésorier héréditaire ; dignité, dont le Comte de Sinzendorf est revétu.

Il prend aussi la qualité de Vicaire de l'Empire dans les Païs qui se régissent par le Droit Allémanique, mais comme je viens de le dire, cette dignité est présentement commune entre lui & l'Electeur de Baviere, en conséquence de leur transaction, jusqu'à ce que ce différend soit totalement décidé.

Il est outre cela juge de l'Empereur par la Bulle d'Or qui lui donne cette éminente Prérogative.

Ce Droit, attribué aux Electeurs Palatins, tire son origine, de ce qu'anciennement ils faisoient les fonctions de Major-dôme à la Cour & avoient par conséquent, la jurisdiction sur les autres Officiers du Palais, de même que quand quelques Particuliers formoient des demandes contre le Roi, & qu'elles paroissoient douteuses ou mal fondées, le Palatin en prenoit connoissance, & le Prince s'en rapportoit ordinairement à sa décision; non pas qu'il le regardât comme son juge ni son supérieur, mais plutôt, connoissant sur le rapport qu'on lui faisoit, l'équité de la demande, il ne pouvoit légitimement se dispenser de satisfaire le demandeur. Quoiqu'il en soit, ces Princes en ont aujourd'hui la Prérogative, & reconnus pour tels par les Empereurs; on n'ignore pas que les trois Electeurs Ecclésiastiques déclarèrent à l'Empereur Albert I. qu'il eut à se défendre par-devant Rodolphe Comte Palatin, quoique ce Prince eut préféré de décider lui seul contre ses adversaires, & même contre son juge, la contestation dont il s'agissoit. Il est encore aussi constant que depuis la Bulle d'Or, qui confirme ce Droit à ces Princes, aucun n'a prononcé de jugement en pareil cas.

Ils ont de plus, le Droit de Wildfangiat, dont j'ai défini ci-devant la consistance.

Il a pareillement celui de retirer les Domaines de l'Empire engagés par les Empereurs.

Le Droit d'anoblir & de conférer la dignité de Comte.

Par un autre droit assez bizarre, il est le protecteur de tous les Chaudronniers d'Alsace, de Franconie, & de Suabe.

Et la derniere de ses Prérogatives, est celle d'être

le

le Con-directeur des deux Cercles du Haut & Bas Rhin & de celui de Westphalie.

## Droits particuliers de l'Electeur d'Hanovre ou de Brunſwick Lunébourg.

Ce Prince qui occupe conjointement le Trône d'Angleterre avec la derniere dignité Electorale, prétend mettre au nombre de ſes dignités, à cauſe de ſon Electorat, celle d'être titulaire d'une des grandes Charges de l'Empire.

Les Publiciſtes lui ont aſſigné ſur ſes prétentions, celle de Grand Gonfalonnier ou porte Étendard de l'Empire, ſans trop s'embaraſſer ſi l'Electeur de Saxe, & le Duc de Wurtemberg qui la lui conteſtent, comme j'en ai déja fait la repriſe, avoient droit ou non, de la lui diſputer. L'un & l'autre de ces Princes ont allégué des raiſons aſſez plauſibles, le dernier ſurtout, qui prétend que cette dignité eſt attachée au *Comté de Grümingue* qui lui appartient par Droit de ſucceſſion dès l'an 1336., ſans que l'Electeur d'Hanovre en ait juſqu'à préſent donné aucune qui démontre comment elle eſt affectée à ſa dignité. Cette conteſtation n'eſt point encore décidée.

Un autre Droit qui ne lui eſt pas conteſté, eſt celui d'empêcher qu'on ne faſſe aucune digue pour détourner le cours de la Rivière d'Elbe, au préjudice du Duché de Lunébourg.

Il eſt encore certain que les femelles de la Maiſon d'Hanovre, ont Droit de ſuccéder au Duché de Brunſwick.

Cet Electeur par sa dignité, est aussi Con-directeur perpétuel du Cercle de la Basse Saxe.

Il a encore outre cela, la faculté d'attirer ses causes au Conseil Aulique, ou à la Chambre Impériale.

Les Droits particuliers à tous les Princes Electeurs, établis avec toute l'éxactitude possible, il faut maintenant passer aux Droits & Priviléges qui sont propres aux Princes & Etats d'Empire.

## CHAPITRE TRENTE-DEUXIE'ME.

*Des Droits des Princes d'Empire, & de ceux des Archiducs d'Autriche.*

LA Maison d'Autriche a été trop longtems assise sur le Trône de l'Empire, elle est d'ailleurs trop puissante par elle-même, & par les autres dignités qu'elle y possède depuis tant de Siécles, pour ne pas tenir le premier rang parmi les Princes de l'Empire; ce n'est cependant que le titre & la dignité d'Archiduc qui lui a donné, & qui attribue encore aujourd'hui à ses descendans, quoi qu'éteinte du côté des mâles, la préséance sur les autres Etats d'Empire, & par elle seule qu'ils jouissent des Droits dont je vais parler.

### *Droits principaux des Archiducs d'Autriche.*

Ils ont le Privilege en cette qualité, d'occuper la premiere place après les Electeurs, & avant même les Archevêques Princes, dans toutes les Diétes d'Empire.

Ils vont de pair avec quelques têtes couronnées, & prétendent ne donner à aucun Roi, le titre de Majesté, si ce n'est à l'Empereur seul, à qui ils conviennent le devoir.

Ils jouissent de la même Prérogative que les Rois de Bohême, en ce que, pour l'investiture de leurs Etats, ils ne sont astreints à la recevoir ailleurs que sur leurs Terres.

Au défaut des mâles, leurs biens passent aux femelles; & si les femelles viennent aussi à s'éteindre, elles ont la faculté de les aliéner : le premier cas est arrivé, les mâles de la Maison d'Habsbourg étant totalement éteints.

Ils ont aussi le Droit de dernier ressort, & il n'est permis à aucun Etranger de traduire leurs Sujets hors de leur jurisdiction.

Ils peuvent encore garder chez eux sans aucun risque, ceux qui ont été mis au Ban de l'Empire, & ont le Droit d'acquerir des fiefs dans tout l'Empire, sans l'agrément de l'Empereur.

Enfin, les Droits attachés à cette dignité, leurs Prérogatives en qualité d'Archiducs, & les prétentions de la Princesse qui en est aujourd'hui en possession, sont si étenduës, qu'elles ont mérité une explication, & un dénombremenr particulier, dont on peut pleinement s'instruire, si l'on veut avoir recours à Limnæus qui en a disertement écrit. *L.* 5. *ch.* 2. *N.* 28. *&* 30. & à Schuveder dans son *Droit Public*, Sect. 2. Ch. 7. §. 7.

### Droits des Princes Ecclésiastiques.

Le seul Droit qui est commun à tous les Evêques Catholiques & Princes, est d'avoir la préséance dans les Diétes, sur tous les Princes Séculiers. Ils étoient cependant précédés autrefois par les anciens Ducs de Bourgogne qui avoient la séance immédiatement après les Archiducs d'Autriche.

Le seul Archevêque de Saltzbourg qui tient le premier rang dans le Corps Episcopal, jouit de la Prérogative d'être conjointement avec les Archiducs d'Autriche, Con-directeur du Collège des Princes à la Diéte d'Empire. On peut cependant à son sujet, consulter la sçavante dissertation de Coringius, sur la constitution des Evêques d'Allemagne.

Une sujétion utile, mais conditionnelle & obligatoire, rapporte à ce Prélat huit mille écus d'Allemagne pour chacune des trois Messes qu'il est obligé de dire par an dans sa Métropole.

### Droits des Princes Laiques.

Le détail des Droits, communs à tous les Princes Laïques d'Allemagne, seroit trop long & peut-être ennuyeux, si on en vouloit faire ici une énumération éxacte; d'ailleurs tant d'Auteurs les ont si amplement détaillés, que je me contenterai de les désigner, pour satisfaire la curiosité des personnes qui veulent être instruites de tout, & pour qu'elles puissent y avoir recours.

Le sçavant *Coringius* a écrit sur les Ducs & Comtes d'Allemagne d'une manière si claire, qu'il n'a rien laissé échaper ni à souhaiter pour être pleinement instruit de ce qui les regarde.

*Hornius* a donné en 1709. une dissertation imprimée à Wittenberg sur les Burgraves de Magdebourg, dont j'ai aussi touché quelque chose.

Les Comtes Princes, ont aussi fait la matiére d'une autre dissertation que M. *Linck* a donnée en 1708. qui est imprimée à Witteberge.

La seule observation que l'on peut faire ici sur ces derniers, est de faire remarquer que le Comte de Henneberg a été le premier qui ait été créé Prince, sans que sa Comté eût été érigée en Principauté.

Ce fut l'Empereur Henri VII. qui lui confera ce titre, dont le diplôme est rapporté en entier dans *Meibomius*, dans son livre qui renferme plusieurs Historiens des affaires Germaniques.

Les Droits des Comtes & Barons, ont été expliqués en particulier, par différens Auteurs, comme *Lescher*, *Coringius & Spangenberg*, surtout, dans son miroir de la Noblesse.

---

## CHAPITRE TRENTE-TROISIE'ME.

*Des Droits des Villes immédiates, & de la Noblesse immédiate.*

J'AUROIS encore ici bien des occasions de m'étendre sur les Villes immédiates & sur la Noblesse immédiate de l'Empire, en parlant de leurs Droits généraux & particuliers; mais je retomberois fans y penfer, dans le même inconvénient que j'ai voulu éviter dans le Chapitre précédent, fi je ne prenois pas le parti de renvoyer comme je l'ai déja fait, aux Auteurs qui en ont écrit: je me fuis d'ailleurs affez expliqué quant à mon fujet, fur ce qui regarde cette matière, pour ne pas aller plus loin; je dirai feulement, que le nombre & l'Etat de ces Villes n'ont pas toujours été les mêmes, quelques-unes ayant été détachées de l'Empire, & d'autres détachées des Etats; c'eft ce que *Burchardus* Profeffeur en Hiftoire, en l'Univerfité de Kiel dans le Holftein Gottorp, a parfaitement détaillé dans un Traité que nous avons de lui, qui parut en 1707.

Les Droits de ces Villes font encore rapportés très exactement par différens Auteurs, dont *Coringius*, *Brunnemannus*, *Knipfchildius* font du nombre & *Textor* dans fon Traité du Droit Public des Etats d'Allemagne. Ces Auteurs que l'on peut confulter avec confiance fur les doutes qu'on pourroit avoir, les réfoudront fans laiffer aucune obfcurité, de même que ceux qui ont écrit fur les Droits de la Nobleffe immédiate que je vais indiquer, quand néanmoins, j'aurai rapporté en peu de mots, ce que je crois effentiel pour en donner une jufte idée.

Tout ce qui fe peut dire des Villes libres Impériales, eft qu'elles jouiffent des mêmes Droits que les autres Etats immédiats de l'Empire, & qu'elles ne différencient entr'elles, que par la forme de leur Gouvernement. Les unes font Ariftocratiques, les autres Démocratiques, & celles de la troifiéme efpéce font Mixtes.

Celles dont le gouvernement est Aristocratique, sont regiës par un Corps de Magistrature dont les Membres ne peuvent être tirés que dans le Corps de la Noblesse & parmi les Jurisconsultes, & dont le choix ne dépend point du peuple.

Celles au contraire, dont le gouvernement est purement Démocratique, sont regiës par des Magistrats Plebéïens, dont l'élection dépend uniquement de la Bourgeoisie.

Et celles de l'espéce Mixte, sont gouvernées par un Magistrat mi-parti Noble & Plebéïen, dont le choix dépend du Corps de la Noblesse & de celui de la Bourgeoisie.

Quant à leurs Droits qui leur étoient contestés par les autres Etats d'Empire, toutes les difficultés ont été levées en leur faveur. Tout ce qui reste seulement aujourd'hui encore d'indécis, n'est autre chose que de sçavoir si celles d'entr'elles dont le Magistrat étoit composé en 1624. d'un nombre égal de Catholiques ou d'Evangeliques, doit toujours rester comme il étoit alors, ou s'il ne peut point augmenter ou diminuer, de côté ou d'autre, proportionément aux changemens survenus dans la Bourgeoisie, ou si l'on doit s'en tenir à la décision du Magistrat, pour en régler le nombre, en vertu de son *Jus circà Sacra*; & enfin si on a la faculté d'appeller à la Chambre Impériale, ou même à l'Empereur, des jugemens rendus par les Villes de la confession d'Augsbourg.

Quant à la Noblesse immédiate, elle peut être attachée à la seule personne en Allemagne, quoi qu'on n'y poffede aucuns biens, ou à la perfonne & aux biens tout enfemble, ce principe eft inconteftable.

Il eft vrai qu'elle ne forme pas aujourd'hui un Etat d'Empire comme elle faifoit autrefois, c'eft du moins le fentiment du célébre M. *Fetlz* Profeffeur en l'Univerfité de Strafbourg d'après qui je parle, dans fon Traité de la Nobleffe immédiate, differtation I. & de qui on ne peut fe refufer d'adopter le fentiment, par les autorités dont il eft appuyé.

Il fe trouve cependant combattu par ceux de *Coccæius* & de *Thomafius*, qui ont prétendu l'un & l'autre que les Nobles étoient appellés autrefois, *Officiers fervans de l'Empire*, à qui ils refufent même la fupériorité Territoriale: mais le même *Feltz* l'a fi parfaitement rétablië dans une autre differtation qu'il nous a donnée en 1725. fur cette queftion, qu'il faut néceffairement adhérer à fon fentiment & s'en tenir à fes principes, lorfqu'on l'a confultée.

Quant aux Droits & Priviléges de cette même Nobleffe immédiate, il ne faut que jetter les yeux fur les Capitulations des derniers Empereurs, notamment fur celle de Charles VII. adoptée par le Collége Electoral, qui n'y a fait que quelques légeres additions, dans celle qu'il a rédigée lors de l'Election du Grand Duc au Trône de l'Empire fous le nom de François I. où l'on voit que dans prefque tous les articles de cette Capitulation, où il eft fait mention des Electeurs, Princes & Etats de l'Empire, la Nobleffe libre immédiate y eft comprife, & lui accorde en une infinité de points les mêmes avantages, Priviléges & Prérogati-

ves

ves qu'à ces premiers; & quoique cette Noblesse ne jouisse point de cette supériorité Territoriale dont les Etats
d'Empire sont en possession, elle n'éxerce pas moins
presque tous les Droits appellés Régaliens sur son
Territoire.

Aucun Publiciste, par éxemple, ne lui conteste de
relever immédiatement de l'Empereur & de l'Empire, ni de faire la reprise de ces fiefs immédiats
qu'au Conseil Aulique, dont elle ne reconnoit que la
jurisdiction, ou celle de la Chambre Impériale.

Nous avons déja dit qu'elle est en droit de lever
des Collectes sur ses Sujets, de façon cependant qu'on
ne puisse faire de justes plaintes contre elle.

Elle peut en outre ordonner des éxécutions avec
main forte, contre ceux qui refusent de païer.

Elle ne prête à l'Empereur qu'un simple serment de
fidélité pour les Terres qu'elle tient en fief de lui, de
même qu'aux autres Etats d'Empire, pour celles qui
sont dans leur mouvance.

Elle reçoit l'hommage de ses Sujets.

Elle peut faire des Loix & des Statuts.

Elle est en possession de haute, basse & moïenne
justice.

Elle peut même prendre les armes, toutefois avec
certaines modifications.

Elle est aussi en Droit d'établir des Tribunaux d'appellations, des justices inférieures; instituer des Colléges & des Manufactures, &c.

Elle a Droit de Chasse & de Pêche, & jurisdiction
des Eaux & Forêts.

C c

Elle jouit du Droit d'émigration, de fisc & de ce-lui de recevoir des Juifs.

Elle peut accorder dans son Territoire seulement, des Priviléges, des Lettres de grace, de réhabilitation & moratoires, & même des sauf-Conduits.

Elle jouit de l'exemption & franchise des Péages : elle n'est pas soumise aux décisions ni aux réglemens des Cercles, & ne reçoit en un mot, comme nous l'avons déja dit, des ordres qu'immédiatement de l'Empereur.

Elle est encore maitresse d'admettre & immatricu-ler des Nobles Etrangers, de se choisir des Juges dans des causes de mariage, de faire même des Traités de Confraternité & de succession mutuelle & de re-traire des biens & Terres immatriculées, qui auroient été non-seulement venduës ou aliénées par un Parent ou Agnat, mais encore par un des membres du Corps.

D'anciens Priviléges non contestés, lui donnent aus-si le Droit de battre Monnoye.

Elle a celui de nommer des Envoyés à la Cour Impériale, & même dans d'autres Cours Etrangeres.

Les biens immatriculés enfin, sont toujours sujets à la Collecte, quand même ils passeroient en d'autres mains.

Nous ne parlerons point ici de quantité d'autres Prérogatives attachées à la Naissance ni au titre de Noblesse. Nous nous contenterons seulement d'avan-cer que plusieurs Auteurs vont jusqu'à attribuer à cette Noblesse, comme aux autres Etats d'Empire, le *Jus circà Sacra* sans le limiter ; mais il est vrai que d'autres y mettent beaucoup de modifications.

Quant à l'origine de cette Noblesse, nous en avons parlé dans le quinziéme Chapitre de ce Traité, mais elle a été si parfaitement discutée aussi bien que ses Priviléges par *Boecler* & avec tant de netteté dans sa Notice de l'Empire L. X. Chap. I. par *Besoldus* dans son Ordre de la Noblesse & par *Gastelius* dans son Livre de l'Etat de l'Europe, Chap. XXXIII., que je ne ferois que répéter ce que ces trois Auteurs ont écrit, sans pouvoir y rien ajouter, & aux sentimens de qui on peut s'en rapporter sur cette matière, sans crainte de tomber dans l'erreur & la contrariété. Je passe donc rapidement sur cet objet, pour en traiter d'autres plus essentiels à mon sujet, & qui méritent par eux-mêmes d'être éclaircis à fond, tels que les obligations respectives des Empereurs, celles de l'Empire, & des Etats.

On ne peut cependant se dispenser, avant que d'entamer cette matière, de parler des demandes & des plaintes de cette Noblesse libre immédiate de l'Empire : on voit par les Mémoires qu'elle a présentés au Collége Electoral & dans la derniere Diéte d'Election, à quelques Electeurs en particulier, nommément au Roi de Prusse aujourd'hui régnant, qu'elle insiste à être maintenuë non-seulement dans son immédiateté & d'être comprise dans la Capitulation, comme jouissante de presque tous les mêmes Droits & Prérogatives attribuées aux autres Etats d'Empire, mais elle se plaint encore qu'en différentes occasions, on a cherché les

moyens de donner atteinte aux avantages que lui pro-
cure cette immédiateté, & même de l'en dépouiller,
malgré qu'elle y ait été confirmée successivement par
tous les Empereurs. Un des griefs entre autres, qu'elle
a le plus à cœur, & contre lequel elle se récrie, est
de ce qu'on a prétendu l'assujétir aux quartiers d'hy-
ver, dont elle soutient devoir être éxempte, ainsi que
des autres Charges publiques, puisqu'elle croit en être
rédimée par les subsides gratuits qu'elle fournit, &
dont elle convient avec l'Empereur, qui devroient
d'autant mieux, la mettre à l'abri de toutes autres impositions, qu'elle se prête volontairement à y contribuer dans les conjonctures critiques qui se présentent
& où l'Empire a besoin de secours extraordinaires.
Ces Mémoires, jusqu'à présent n'ont pas eu tout le
succés que ce Corps respectable en pouvoit espérer;
mais ses plaintes seront indubitablement reportées à
l'Empereur, ou du moins aux Comices de l'Empire,
pour y être statué solidement & sans retour.

## CHAPITRE TRENTE-QUATRIE'ME.

*Des obligations de l'Empereur, de l'Empire & des Etats.*

LEs obligations des Empereurs se réduisent uniquement à observer & suivre éxactement ce qui
leur est prescrit dans les Capitulations qui leur sont
présentées par les Electeurs. Ces Capitulations renferment presque toujours, les mêmes articles que les pré-

cédentes, en sorte que ce sont perpétuellement les mêmes objets où il ne se trouve que très peu ou presque point de changement, si ce n'est que des circonstances actuelles n'éxigent indispensablement, que les Electeurs prennent d'autres précautions pour rémédier ou prévenir les abus qui en pourroient résulter. En un mot ces Capitulations sont la régle des Empereurs qu'ils promettent à leur avénement au Trône de suivre de point en point.

Quant à celles de l'Empire, elles se réduisent simplement à faire expédier les affaires du Corps Germanique, & à terminer le plus promptement qu'il est possible, les différens qui surviennent assez communément entre les Etats, & les Membres qui le composent; pour en prévenir les suites fâcheuses, & assurer par une sage prévoyance, la tranquillité du même Corps Germanique entre le Chef & les Membres.

Les obligations des Etats, & des autres Membres de l'Empire, sont bien plus étenduës, & renferment plusieurs objets importans ausquels il est d'une extrême conséquence que chaque Etat tienne la main.

Le premier objet qui se présente, est la reconnoissance de la supériorité, & du Domaine direct de l'Empereur comme Chef de l'Empire, par la prestation de serment de fidélité ou hommage, & par le renouvellement d'investiture; ce qu'il est d'une importance infinië qui soit pratiqué à chaque mutation de Vassal ou Seigneur, dans l'an & jour que la mutation est connuë.

Le second objet, est la Contribution aux Charges

de l'Empire, qui font ordinaires & extraordinaires.

Les Charges extraordinaires, font caufées par des cas preffans qui furviennent, aufquels il faut remedier promptement, comme la guerre contre les Turcs & autres évenemens imprévûs.

Quant aux Charges ordinaires, elles font fondées fur les Loix, & fur l'ufage immémorial.

Cette contribution fe fait ordinairement par Collectes ou impofitions dans tout l'Empire, fur le pied de *l'expédition Romaine*, ou du *denier Commun*, ou enfin fuivant les conventions réglées à l'amiable entre les Etats.

*L'expédition Romaine*, ou mois Romains ( c'est aujourd'hui l'expreffion la plus ufitée ) eft la feule impofition ordinaire qui fubfifte dans l'Empire, dont je répete l'origine.

Ceux qui étoient difpenfés de fuivre & d'accompagner l'Empereur à Rome à fon Couronnement, païoient un fubfide en deniers, fur le pied de douze florins du Rhin par Cavalier, & de quatre florins par Fantaffin. C'eft ce qui fert encore aujourd'hui de régle dans les impofitions.

A l'égard du *denier Commun*, il s'impofoit fur tous les Sujets de l'Empire immédiats & médiats, fans exception ; fi ce n'eft de ceux à qui l'éxemption étoit acquife, foit par une conceffion immémoriale, foit par pauvreté.

Cette derniere impofition étoit celle qui avoit fuccédé à *l'expédition Romaine* qui avoit été interrompuë ; mais elle ceffa en 1444. que l'ufage de celle-ci reprit le deſſus & qui a toujours été ſuivi depuis, ſi ce n'eſt que dans le cours des années 1474. 1486. 1495. 1500. & 1572. on ſe ſervit de la méthode du *denier commun* pour vraiſemblablement, faire une balance des deux uſages, & voir celui des deux qui ſeroit le plus avantageux. Mais il eſt à croire que le premier a prévalu, puiſqu'il ſubſiſte depuis tant de Siécles.

Indépendamment de cette contribution, il ſe fait encore d'autres impoſitions que l'on déſigne ſous le nom de *Provinciales* & d'impoſitions *Circulaires*.

Les impoſitions *Provinciales* ſont celles que les Sujets ſont obligés de païer à leurs Princes.

Les impoſitions *Circulaires*, ſont celles qui ſe levent dans un ou pluſieurs Cercles correſpondans, pour ſubvenir aux ſubſides & dépenſes particulieres d'un Cercle ; & chaque Cercle qui eſt dans cet uſage, établit une Caiſſe & un Tréſorier particulier, pour ces ſortes d'impoſitions *Circulaires*.

Le troiſiéme objet eſt la preſtation du ſervice militaire, duë par chaque Etat ſoit en perſonne, ſoit par gens à leur ſolde.

Le quatriéme objet eſt l'obſervation des recez de l'Empire, principalement des Traités de Weſtphalie pour la Religion & le repos public, & des autres Loix fondamentales de l'Empire.

Le cinquiéme & dernier objet eſt l'inſcription ſur la Matricule de l'Empire, qui eſt une des deux choſes néceſſaires pour juſtifier que l'on eſt membre ou Etat de l'Empire.

Cette Matricule n'eft autre chofe qu'un Catalogue qui contient tous les Etats contribuables de l'Empire, pour que chaque Etat, fçache d'un coup d'œil, ce qu'il doit contribuer pour fa cotte part dans les charges. Celle que l'on fuit eft celle de l'année 1521.; de même que les recez des années 1566. § 138. & 1576. § 99. pour la perception de cette impofition & qui la confirment.

Les répartitions de ces Matricules ne font cependant pas affez juftes, pour qu'elles ne donnent pas occafion tous les jours, à ceux qui fe croyent trop chargés à proportion des autres Etats, de demander des diminutions; mais fi ces mêmes Etats fupputoient bien ce que leur en coute en follicitations, en Mémoires & Voyages, ils en feroient quittes à meilleur marché, en païant de bonne grace les fommes aufquelles ils font cotifés, plutôt que de demander de la modération. On en accorde cependant, ce qui ne permet pas de fournir une Matricule bien fidelle. La plus moderne cependant & la plus fuivië eft celle que je joins ici, d'après la traduction conforme à la piéce qui a été prife pour modéle, fans qu'elle puiffe en aucune façon préjudicier aux Droits & à la fouveraineté de fa Majefté Très Chrétienne qui y ont été couchés, contre la teneur des Traités de Paix, ni même à aucuns des Etats qui s'y trouvent compris, puifqu'on ne peut ni rejetter fur eux ce qui en eft retranché, par rapport aux Etats qui fe trouvent aujourd'hui fous la domination de ce Monarque, comme l'Alface & fes dépendances.

MATRICULE

# MATRICULE DE L'EMPIRE.

## I.

### CERCLE D'AUTRICHE.

| | Maitres à cheval. | Fantassins. | Evalués en argent à raison de 12. florins par Cavalier, & 4. florins par Fantassin. | A la Chambre Impériale. |
|---|---|---|---|---|
| LA MAISON d'Autriche quoi qu'éxempte, en vertu de ses Privileges, s'est offerte de contribuer le double du contingent ordinaire d'un Electeur, & fournit pour un mois Romain. | 120. | 554. | 3656. | |
| L'Evêché de Trente représenté par l'Autriche comme possédant le Tyrol. | 14. | 91. | 532. | 60. |
| Celui de Brixen donne également. | 14. | 91. | 532. | 60. |
| Le Prince de Dietrichstein pour la Seigneurie de Trafft représenté par l'Autriche. | | | | 16. |
| Le Comté de Kirchberg, possedé par la Maison de Fugger. | 1. | 4. | 28. | 20. |
| La Ville de Constance exemptée par l'Autriche. | 3. | 50. | 236. | 62.$\frac{2}{5}$ |

## II.

### CERCLE DE BOURGOGNE.

| | Maitres à cheval. | Fantassins. | Evalués en argent. | A la Chambre Impériale. |
|---|---|---|---|---|
| Le Cercle de Bourgogne comprenant les Païs Bas & autres, devoit selon les conditions stipulées lors de son Erection, contribuer. | 120. | 554. | 3656. | |

# III.

## CERCLE ELECTORAL DU RHIN.

| | Maitres à cheval. | Fantaſſins. | Evalués en argent , &c. | A la Chambre Impériale. |
|---|---|---|---|---|
| L'Electeur de Mayence fournit pour ſon contingent en cette qualité. | 60. | 277. | 1828. | 300. |
| Celui de Treves. | 26. $\frac{2}{3}$ | 122. $\frac{2}{3}$ | 806. $\frac{2}{3}$ | 300. |
| Celui de Cologne. | 60. | 277. | 1828. | 300. |
| L'Electeur Palatin ne paye que la moitié du contingent Electoral. | 30. | 138. | 914. | 300. |
| La Prévôté Eccléſiaſtique de Seltz | 1. | 3. | 24. | |
| Balley Coblence, ou la grande Commanderie de ce nom. | 4. | 20. | 128. | 150. |
| Les Princes d'Aremberg. | 2. | 6. | 48. | 39. |
| Naſſau Beilſtein. | 1. | 2. | 20. | 7. |
| La Seigneurie de Rhineck. | 1. | | 12. | 6. |
| Le Comté du bas Eiſembourg. | 2. | 8. | 56. | 15. |

# IV.

## CERCLE DE BAVIERE.

| | Maitres à cheval. | Fantaſſins. | Evalués en argent , &c. | A la Chambre Impériale. |
|---|---|---|---|---|
| L'Electeur de Baviere donne pour ſa cotte-part ſuivant le contingent de ſes Confreres. | 60. | 277. | 1828. | 300. |
| L'Archevêque de Saltzbourg. | 60. | 277. | 1828. | 225. |
| L'Evêque de Paſſau. | 18. | 78. | 528. | 35. |
| Celui de Freſſinguen. | 12. | 80. | 464. | 75. |
| Celui de Ratiſbonne. | 8. | 30. | 216. | 27. $\frac{x}{2}$ |
| Prévôté de Berchtolsgaden. | 2. | 20. | 104. | 45. |
| L'Abbé de Kaylerſeim ou Kaysheim. | 4. | 60. | 282. | 150. |
| L'Abbaye de S. Emeran dans Ratiſbonne. | | | 32. | |
| L'Abbeſſe de Nidermunſter, pareillement dans Ratiſbonne. | | | 10. | |

| | Maîtres à cheval. | Fantassins. | Evalués en argent. | A la Chambre Impériale. |
|---|---|---|---|---|
| Celle d'Obermunſter auſſi dans Ratiſbonne. | | | 10. | |
| Le Comte Palatin de Neubourg. | 20. | 100. | 640. | 125. |
| Le même pour la Seigneurie de Stanfef ou Ehrenfels. | 3. | | 36. | 19. |
| Le même pour la Seigneurie de Heydeck, qui releve du Cercle de Baviere. | 5. | 7. | 88. | |
| L'Electeur de Baviere pour le Land-Graviat de Leuchtemberg. | 6. | 14. | 128. | 50 |
| Le même Electeur pour le Comté de Haag. | 4. | 10. | 88 | 30. |
| Les Comtes d'Ortembourg. | 2. | | 24. | 12. |
| Mrs. de Wolffſtein, Seigneurs d'Ober-Soultzburg & Pürnaum. | 2. | 4. | 40. | 10. |
| Mrs. de Maichſelrein & Waldeck. | 1. | 2. | 20. | 4. |
| La Maiſon de Lobkowitz, pour le Comté de Sternſtein. | | | 38. | 10. |
| La Seigneurie de Breiteneck. | 1. | 2. | 20. | |
| La Ville de Ratiſbonne. | | | 150. | |

# V.

## LE CERCLE DE LA HAUTE SAXE.

| | Maîtres à cheval. | Fantassins. | Evalués en argent. | A la Chambre Impériale. |
|---|---|---|---|---|
| L'Electeur de Saxe donne par rapport à ſon Electorat. | 65. | 301. | 1984. | $309.\frac{2}{3}$ |
| Ce même Electeur contribuë pour le Comté de Leiſnick. | 1. | 2. | 20. | 5. |
| Pour le Comté de Beuclingen en Thuringe. | 2. | | 24. | $7.\frac{1}{2}$ |
| Pour le Comté de Tautenberg auſſi en Thuringe. | 1. | 2. | 20. | 7. |
| Pour la Seigneurie de Wildenfels. | 1. | 2. | 20. | |

| | Maitres à cheval. | Fantassins. | Evalués en argent. | A la Chambre Impériale. |
|---|---|---|---|---|
| Pour la jouïssance des quatre Bailliages de Weida, Sachsenbourg, Arnshaag & Ziegenruck en Thuringe. | 5. | 20. | 140. | $23 \frac{5}{6}$ |
| Pour moitié du contingent de Voigtland. | 10. | 36. | 304. | $23.\frac{1}{4}$ |
| *Les Evêchés de Naumbourg, Meissen, Morsebourg sont éxemptés par la Maison de Saxe qui n'en païe aucun contingent.* | | | | |
| L'Electeur de Brandebourg suivant la cotte part de ses Confreres, donne. | 60. | 277. | 1828. | 300. |
| *Les Evêchés de Brandebourg, Havelberg, & Leibus sont éxemptés par la Maison de Brandebourg, qui n'en païe aucun contingent.* | | | | |
| Le même fournit pour le Comté de Hohenstein Lohr, & Klettenbourg. | 2. | 8. | 56. | |
| L'ancien contingent des Ducs de Saxe en général y compris les 140. florins que l'Electeur de ce nom païe pour les quatre Bailliages ci-dessus mentionnés est de | 25. | 118. | 772. | $142.\frac{5}{6}$ |
| La Poméranie, divisée en antérieure & ultérieure, possédée par la Suéde & Brandebourg, qui fournissent chacun leur moitié en argent, donne en tout. | 34. | 200. | 1208. | 250. |
| Les princes d'Anhalt. | 9. | 20. | 188. | 60. |
| L'Electeur de Brandebourg pour Camine. | 6. | 28. | 184. | 30 |
| La Maison d'Anhalt pour l'Abbaïe de Geringeroda. | 1. | 6. | 36. | 30. |
| L'Abbaïe de Walckenriett. | 2. | 6. | 36. | 30. |
| L'Abbesse de Guedlinbourg | 1. | 10. | 52. | 90. |
| Les Comtes de Schwartzbourg en Thuringe du nom- | | | | |

| | Maîtres à cheval. | Fantassins. | Evalués en argent. | A la Chambre Impériale. |
|---|---|---|---|---|
| bre des quatre Comtes d'Empire. | 7. | 29. | 200. | 51. |
| Saxe Weimar pour le Comté de Gleichen. | 3. | 13. | 88. | 22.$\frac{1}{2}$ |
| Le Comté de Stolberg. | 3. | 12. | 84, | 22.$\frac{1}{2}$ |
| Magdebourg pour les Comtés de Barby & Mühlinguen. | 1. | 2. | 20. | 8. |
| Le Comté de Manffeld. | 10. | 45. | 300. | 77.$\frac{1}{2}$ |
| Mrs Reuffen de Plaven qui possédent la Seigneurie de Gera donnent pour elle & Schlaitz. | 2. | 12. | 72. | 24. |
| Mrs Reuffen de Graitz & Granichfeld. | 1. | 3. | 24. | |
| Mrs de Schonbourg Seigneurs de Glaucha & Waldenbourg. | 2. | 4. | 40. | 10. |

# VI.

## CERCLE DE FRANCONIE.

| | Maîtres à cheval. | Fantassins. | Evalués en argent. | A la Chambre Impériale. |
|---|---|---|---|---|
| L'Evêché de Bamberg donne. | | | 454.$\frac{2}{3}$ | 212.$\frac{1}{2}$ |
| L'Evêché de Würtzbourg. | | | 816. | 250. |
| Ledit Evêché s'est chargé de donner pour la cotte-part des deux Villages de Gochsheim & Sentfeld. | | 5. | 20. | |
| L'Evêché d'Aichstætt. | | | 256. | 120. |
| Le Grand Maître de l'Ordre Teutonique. | | | 298. | 90. |
| Brandebourg Culmbach & la Branche d'Onoltzbach donnent. | | | 688. | 250. |
| Saxe Gotha pour la Seigneurie de Romhild. | | | 50.$\frac{2}{3}$ | |
| Le Comté de Henneberg érigé en Principauté. | | | 146.$\frac{2}{3}$ | 120. |
| Celui de Wertheim. | | | 53.$\frac{1}{2}$ | 48. |
| Celui de Castell. | | | 18.$\frac{2}{3}$ | 7. |
| La Seigneurie de Reigelsberg, donnée aux Barons de | | | | |

| | Maitres à cheval. | Fantassins. | Evalués en argent. | A la Chambre Impériale. |
|---|---|---|---|---|
| Schoenborn en fief de l'Empire est taxée à | 1. | 4 | 28. | 7. |
| Le Comté de *Schwartzenberg* érigé en Principauté. | | | 51. | 6. |
| Celui de *Hohenlohe*. | | | 170. $\frac{2}{3}$ | 66. |
| Celui d'*Erbach*. | | | 37. $\frac{1}{3}$ | 10. |
| Celui de *Rineck* & *Lohr* près du Mayn. | 2. | 10. | 64. | 16. |
| Celui de *Limbourg-Speckfeld*. | | | 34. $\frac{2}{3}$ | 16. |
| Celui de *Limbourg Gaildorf*. | | | 42. $\frac{2}{3}$ | 16. |
| Les Seigneurs de *Seinsheim*. | 1. | 4. | 28. | |
| La Ville de *Nuremberg*. | | | 986. $\frac{2}{3}$ | 300. |
| Celle de *Rothenbourg* sur le *Tauber*. | | | 253. $\frac{2}{3}$ | 90. |
| Celle de *Windsheim*. | | | 56. | 50. |
| Celle de *Schweinfurt*. | | | 98. $\frac{2}{3}$ | 50. |
| Celle de *Weissenbourg* dans le *Nordgau*. | | | 50. | 90. |

# VII.

## CERCLE DE SUABE.

| | Maitres à cheval. | Fantassins. | Evalués en argent. | A la Chambre Impériale. |
|---|---|---|---|---|
| L'Evêque de *Constance* fournit. | 7. | 30. | 204. | 60. |
| Celui d'*Augsbourg*. | 21. | 100. | 652. | 70 |
| L'Abbaye de *Kempten*. | 6. | 20. | 152. | 90. |
| La Prévôté Ecclésiastique d'*Elwang* érigée en Principauté. | | | 80. | 65. |
| L'Evêché de *Constance* pour l'Abbaye de *Reichenau* qui lui est incorporée. | 2. | 4. | 40. | 30. |
| L'Abbaye de *Salmanswiler* contribue | | | 130. | 125. |
| L'Abbé de *Weingarten*. | 4. | 18. | 120. | 50. |
| L'Abbaye de *Weissenau*. | | | 25. | 60. |
| L'Abbaye de *Maulbronn*. | | | | |

| | Maîtres à cheval. | Fantassins. | Évalués en argent &c. | A la Chambre Impériale. |
|---|---|---|---|---|
| exemptée par le Duc de Wurtemberg doit pour contingent. | 5. | 22. | 148. | 125. |
| L'Abbaye de Konigsbronn exemptée par la Maison de Wurtemberg doit. | 1. | 10. | 52. | 52. |
| L'Abbé de Petershausen près de Constance. | | 6. | 24. | 30. |
| Schuffenriet, Maison de Prémontrés dans la Suabe. | 2. | 14. | 80. | 50. |
| L'Abbé de Roggenbourg. | 2. | 10. | 64. | 60. |
| La Prévôté Ecclésiastique de Wettenhausen. | 1. | 3. | 24. | 20. |
| L'Abbaye d'Ochsenhausen. | | | 100. | 77. ½ |
| L'Abbé de Marchthal. | 2. | 5. | 44. | 45. |
| Celui d'Elschingen audessus d'Ulm. | 3. | 13. | 88. | 90. |
| L'Abbaye de Münchroth. | | | 15. | 30. |
| L'Abbé d'Aversberg ou Ursberg. | | 10. | 40. | 12. |
| L'Abbaye de Gengenbach. | | | 12. | 45. |
| L'Abbé d'Ursin ou Yrsée. | | 14. | 56. | 30. |
| L'Abbesse de Lindau. | | | 7. | 37. ½ |
| Celle de Buchau, près du Lac de Feder, créée Princesse d'Empire. | 2. | 6. | 48. | 45. |
| Celle de Rottenmunster près Rottweil. | 1. | 4. | 28. | 30. |
| Celle de Heggenbach ou Heppah près Biberach. | | 5. | 20. | 5. |
| L'Abbaye de Guttenzell. | | | 10. | 5. |
| L'Abbesse de Baind, ou Band. | | 3. | 12. | 5. |
| Le Duc de Wurtemberg. | 60. | 277. | 1828. | 300. |
| Baden Dourlach. | | | 302. | 64. ½ |
| Bade Baden ou le Haut Marquisat. | 12. | 30. | 264. | 64. ½ |
| Les Princes de Hohenzollern donnent pour la jouissance des biens de Werdenberg & pour moitié de ceux de Sigmaringuen. | 4. | 22. ½ | 138. | 27. ¼ |

| | Maîtres à Cheval. | Fantaſſins. | Evalués en argent. | A la Chambre Impériale. |
|---|---|---|---|---|
| Pour Hechinguen & Haiguerloch. | 6. | 20. | 52. | 48. |
| Les Comtes de Helffeinſtein étant décédés, leur Comté de Wieſenſtein paſſa à l'Electeur de Baviere qui donne. | 2. | | 24. | 6. |
| Les Comtes d'Œttinguen. | 8, | 45. | 276. | 69. |
| Ceux de Furſtemberg pour le Land-graviat de Baar & de la Valée de Kintzing. | 6. | 30. | 192. | 69. |
| Ces mêmes Comtes contribuent pour la jouiſſance des biens du Comté de Werdenbérg, Heiligenberg Junguenau & Trochtelſinguen. | 4. | 22. ½ | 138. | |
| Furſtemberg, qui jouit de la Seigneurie de Gundelſinguen, fournit pour elle. | 2. | 2. | 32. | 10. |
| Le Comté de Lüpſen. | 4. | 18. | 120. | 22. ½ |
| Celui de Monfort. | 3. | 20. | 116. | 34. |
| Les ſucceſſeurs des Comtes de Soultz, contribuent pour le Kletgau. | 2. | 9. | 60. | 17. ½ |
| Furſtemberg & la Ville de Rotweil, donnent le contingent des Comtes de Zimmern qui ſont décédés. | 2. | 9. | 60. | 15. |
| Le Comté de Tenguen poſſédé par la Maiſon de Hohenzollern Siggmaringuen. | 1. | | 12. | 3. |
| Les Comtes de Konigſegg. donnent pour le Konigſeckberg. | | 5. | 20. | 5. |
| Ces mêmes Comtes contribuent pour la Seigneurie d'Aulendorff. | 2. | 6. | 48. | 16. |
| La Maiſon de Truchſes de Walbourg, jouiſſant de la Seigneurie de Scher & de Trauchbourg, ainſi que de quelques biens du Sonnenberg, contribue pour cet effet. | 10. | 42. | 288. | 103. |
| Les Comtes d'Hohen-Ems. | 1. | 2. | 20. | |

| | Maîtres à cheval. | Fantaſſins. | Evalués en argent &c. | A la Chambre Impériale. |
|---|---|---|---|---|
| La Seigneurie de Brandeis. | 1. | 6. | 36. | 9. |
| Les Comtes de Rechberg, furent en 1638. pour leur cotte-part, impoſés par proviſion à cauſe d'Iler, Aichheim & Hohen-Rechberg à | 1. | 2. | 20. | |
| Le contingent des Comtes de Fugger, eſt de | 4. | 15. | 108. | |
| La Seigneurie de Mündelheim, poſſédée par l'Electeur de Baviere. | 3. | 10. | 76. | 34. |
| Le Comté d'Erbeſtein, poſſédé par Bade - Baden. | | 4. | 16. | 4. |
| La Seigneurie du Haut Gerolſeck, poſſédée par les Barons de Leyen. | 1. | 2. | 20. | 3, |
| Les Seigneurs de Grafeneck & Eglinguen. | 1. | 2. | 20. | 3. |
| Le Baron de Freyberg pour la Seigneurie de Juſtinguen. | | 5. | 20. | 7. |
| La Seigneurie de Haut Schwangau & Erbach. | 1. | 2. | 20. | |
| La Ville d'Augſbourg. | | | 200. | 250. |
| Celle d'Ulm. | 25. | 150. | 900. | 275. |
| Celle d'Eſlinguen. | | | 90. | 152. |
| Reutlinguen. | 3. | 38. | 188. | 85. |
| La Ville de Nordlinguen. | | | 150. | 162. |
| La Ville de Hall en Suabe. | | | 180. | 556. |
| Celle d'Uberlinguen. | | | 104. | $116.\frac{1}{4}$ |
| Rotweil. | 3. | 61. | 208. | 70. |
| La Ville de Heilbron. | | | 104. | 110. |
| Schwæbiſch Gemünd. | 3. | 35. | 176. | 75. |
| La Ville de Memminguen. | | | 150. | 156. |
| Celle de Lindau. | | | 90. | 100. |
| Dünckelſbühl. | | | 90. | 110. |
| Biberach. | | | $65.\frac{1}{3}$ | 90. |
| Ravenſpourg. | 3. | 40. | 196. | $67.\frac{1}{2}$ |
| La Ville de Kempten. | | | 52. | 60. |
| Weyl. | 1. | 12. | 60. | 5. |
| La Ville de Kauflbayern. | | | $53.\frac{1}{3}$ | 90. |

| | Maitres à cheval. | Fantassins. | Evalués en argent, &c. | A la Chambre Impériale. |
|---|---|---|---|---|
| La Ville de Wangen. | | | 40. | 40. |
| Celle d'Isni. | | | 20. | 50. |
| Pfullendorff. | 2. | 20. | 104. | 37. ½ |
| Offenbourg. | | 30. | 120. | 17. |
| La Ville de Leutkirchen. | | | 14. | 37. ½ |
| Wimpfen. | 2. | 14. | 80. | 57. ½ |
| Guiengen. | 1. | 12. | 60. | 30. |
| Aalin. | 1. | 12. | 60. | 17. ½ |
| La Ville de Guenguenbach. | | 15. | 60. | 17. |
| Zell près d'Hammersbach. | | 10. | 40. | 8. ¾ |
| Buchorn. | | 5. | 20. | 30. |
| Buchau, près du Lac de Feder, | | 2. | 8. | 6. |
| Popfinguen, | | 6. | 24. | 20. |

# VIII.

## CERCLE DU HAUT RHIN.

| | Maitres à cheval. | Fantassins. | Evalués en argent, &c. | A la Chambre Impériale. |
|---|---|---|---|---|
| L'Evêché de Worms est taxé pour son contingent à | 2. | 13. | 76. | 25. |
| L'Evêque de Spire. | 18. | 60. | 456. | 90. |
| L'Evêque de Strasbourg. | 18. | 100. | 616. | 77. ½ |
| *La meilleure partie de cet Evêché étant présentement sous la domination du Roi ; on ne peut refuser à l'Evêque une forte modération de son contingent.* | | | | |
| Celui de Basle. | 2. | 15. | 84. | 30. |
| L'Abbaye de Fulde. | | | 520. | 90. |
| Le Grand Maître de l'Ordre de Saint Jean. | 10. | 80. | 240. | 55. |
| La Prévôté Ecclésiastique de Weissembourg en Basse Alsace, est incorporée à l'Evêché de Spire, & contribue pour son contingent. | 2. | 14. | 80. | 35. |
| Celle d'Odenheim est pareillement incorporée audit Evêché & donne. | | 7. | 40. | 30. |

| | Maitres à cheval. | Fantassins. | Evalués en argent. | A la Chambr Impériale. |
|---|---|---|---|---|
| Hessen-Cassel, pour l'Abbaye d'Hirchfeld. | 2. | 9. | 60. | 30. |
| L'Electeur de Treves, pour l'Abbaye de Prumen située dans les Ardennes. | 1. | 13. | 64. | 50. |
| Le Palatin de deux Ponts, comme jouissant du Comté de Veldentz. | 10. | 30. | 240. | 80. |
| Le Palatin Lautereck. | 2. | 4. | 40. | |
| Les Land-Graves de Hessen contribuent conjointement. | 50 | 260. | 1640. | 300. |
| Quoique ni la Lorraine ni la Savoye ne fournissent point de contingent, cependant il est fait emploi sur le Rôle Matriculaire du Duc de Lorraine pour. | 40. | 184. $\frac{2}{3}$ | 1216. | 200. |
| Et du Duc de Savoye pour. | 60. | 277. | 1828. | 300. |
| Le Comté de Spanheim divisé en ultérieur & citérieur doit fournir en tout. | 14. | 46. | 357. | 60. |
| *Ce Contingent est réparti entre l'Electeur Palatin, le Prince de Bade-Baden, & le Prince de Birckenfesd, tous trois Co-Possesseurs dudit Comté.* | | | | |
| Les Princes de Salm. | 1. | 2. | 20. | 15. |
| Le Comte de Nassau. | | | 248. | 79 |
| Les Wild, & Rhingraves. | 4. | 12. | 96 | 22. $\frac{1}{2}$ |
| Les représentans des Comtes de Falckenstein à cause de Daun. | 2. | 4. | 40. | 7. |
| Les Successeurs de ceux de Chréhange. | 2. | 4. | 40. | 10. |
| Ceux de Hanau Liechtemberg, qui ont leurs principaux Domaines en Alsace. | 6. | 22. | 60. | 25. |
| Hanau Müntzemberg. | 10. | 30. | 240. | 59. |
| Les Comtes de Linange Daxbourg. | 3. | 9. | 72. | 18. |
| Les Linange westerbourg. | 2. | 4. | 40. | 16. |
| Le Comte de Ripoltzkirchen | 1. | 4. | 28. | 15. |
| Les Comtes de Waldeck. | 4. | 18. | 120. | 25. |

| | Maîtres à cheval. | Fanraſſins. | Evalués en argent. | A la Chambre Impériale. |
|---|---|---|---|---|
| Le Comté de Konigſtein & d'Epſtein. | 4. | 13. | 100. | 30. |
| Celui de Solms, Lich, & Laubach. | 4. | 24. | 144. | 27. $\frac{1}{2}$ |
| Solms Braunſelg ou Müntzenberg. | 4. | 18. | 120. | 22. |
| Le Comté de Witguenſtein. | 1. | 4. | 28. | 7. |
| Celui du Haut Iſembourg & Büdinguen. | 6. | 24. | 168. | 24. |
| M de Fleckenſtein & Dachſtul päioient. | 1. | 1. | 16. | 4. |
| *M le Prince de Rohan poſſéde aujourd'hui les Terres de Fleckenſtein en vertu des lettres d'inveſtiture à lui accordées par S. M. T. C. & des Arrêts contradictoires rendus en ſa faveur contre les héritiers allodiaux du dernier Baron de Fleckenſtein & contre M. le Prince d'Œttingen.* | | | | |
| Les Land-Graves de Heſſe-Caſſel pour la Seigneurie de Pleſſ, qui leur eſt échue par l'extinction de ſes premiers Seigneurs. | 1. | | 12. | 3. |
| M. Waldpotten de Paſſenheim pour le Comté d'Olbrük. | 1. | 1. | 16. | |
| La Ville de Worms. | | | 92. | 131. $\frac{2}{4}$ |
| Celle de Spire. | | | 24. | 131. $\frac{1}{4}$ |
| Celle de Francfort ſur le Mayn. | | | 500. | 250. |
| Friedberg. | | 12. | 48. | 32. $\frac{1}{2}$ |
| Wetzlar. | | 8. | 32. | 17. $\frac{1}{2}$ |

*L'on a mal à propos conſervé dans le rôle Allemand, l'Archevêché de Beſançon, les Evêchés de Metz, Toul & Verdun, l'Abbaye de Murbach, celle de Munſter, la Ville de Straſbourg, &c.*

# IX.

## CERCLE DE WESTPHALIE.

| | Maitres à cheval. | Fantassins. | Evalués en argent. | A la Chambre Impériale. |
|---|---|---|---|---|
| L'Evêque de Paderborn donne pour son contingent. | 18. | 34. | 352. | 60. |
| Celui de Liége. | 50. | 170. | 1280. | 200. |
| Celui de Munster. | 30. | 118. | 832. | 160. |
| Celui d'Osnabruck. | 6. | 36. | 216. | 30. |
| L'Evêché de Wehrden, qui a été converti en Principauté séculiere & donné à la Couronne de Suéde. | 3. | 15. | 120. | 30. |
| Celui de Minden lequel a pareillement été converti en Principauté séculiere, & qui est possédé par l'Electeur de Brandebourg. | 10. | 16. | 184. | 20. |
| L'Abbé de Verden & Helmstætt en Westphalie. | 2. | 6. | 48. | 60. |
| Celui de Stavelo. | 2. | 22. | 112. | 60. |
| Celui de l'Eglise Saint Corneille près Aachen. | | 12. | 48, | 70. |
| Celui de Corvey, joint à la Ville Horter. | 2. | 9. | 60. | 60. |
| L'Abbesse de Herford. | | 2. | 8. | 30. |
| Celle de Essen, jointe à la Ville de ce nom, fournit. | 2. | 13. | 76. | 60. |
| Le contingent des Duchés de Juliers, Cleves & Bergues est de | 70. | 323. | 2132. | 500. |
| Le Prince d'Ostfrise. | 6. | 30. | 192. | $59.\tfrac{1}{2}$ |
| Nassau Dillenbourg. | 10. | 45. | 300. | $47.\tfrac{1}{2}$ |
| Les Comtes de Sayn. | 4. | 16. | 112. | 23. |
| Ceux de Wied Seigneurs de Runckel & Reichenstein. | 4. | 12. | 96. | 16. |
| Le Comté d'Oldenbourg & Delmenshorst, qui ont été cédés à la Maison de Holstein Plon, contribuent. | 10. | 44. | 296. | 42. |
| Celui de Rietberg. | 6. | | 72. | 39. |

| | Maitres à cheval. | Fantaſſins. | Evalués en argent. | A la Chambre Impériale. |
|---|---|---|---|---|
| Celui de Bentheim. | 6. | 20. | 152. | 45. |
| Celui de Tecklenbourg. | 3. | 10. | 76. | 15. |
| Le Comté de Steinfourt. | 2. | 4. | 40. | 15. |
| Le Prince de Waldeck pour le Comté de Pyrmont. | | | 14. | |
| Le Comté de Hoya. | 2. | 8. | 56. | 14. |
| Le Comté de Diephold, parvenu à la Maiſon de Brunſchwig-Zell, par l'extinction de ſes Seigneurs. | 1. | 4. | 28. | 7. |
| Celui de Schaumbourg. | 6. | 26. | 276. | 60. |
| Celui de Winnenberg & Beilſtein, poſſédé par la Maiſon de Metternick. | 1. | | 12. | 3. |
| Les Comtés de la Lippe, donnent enſemble. | 4. | 18. | 120. | 25. |
| La Ville de Cologne, | 25. | 200. | 1100. | 103. |
| Aachen, donne | | | 100. | 115. |
| Dortmund. | 7. | 30. | 204. | 80. |

# X.

## CERCLE DE LA BASSE SAXE.

| | Maitres à cheval. | Fantaſſins. | Evalués en argent. | A la Chambre Impériale. |
|---|---|---|---|---|
| L'Archevêché de Magdebourg, érigé en Duché ſéculier, en faveur de l'Electeur de Brandebourg, eſt impoſé à | 43. | 196. | 1300. | 190. |
| Celui de Bremen, pareillement érigé en Duché en faveur de la Couronne de Suéde, & par elle poſſédé, donne. | 24. | 100. | 688. | |
| L'impoſition de L'Evêque de Hildesheim, jointe à celle de la Ville de ce nom, ſe monte à | 18. | 80. | 536. | 30. |
| L'Evêché de Halberſtatt, eſt parvenu à l'Electeur de Bran- | | | | |

| | Maîtres à cheval. | Fantassins. | Evalués en argent. | A la Chambre Impériale. |
|---|---|---|---|---|
| debourg, sur le pied de Principauté sécularisée, & donne pour son contingent. | 14. | 66. | 432. | 60. |
| L'Evêque de Lubeck. | 3. | | 36. | 30. |
| Le Duc de Brunswick pour l'Abbaye de Rittershausen. | 2. | 10. | 64. | |
| Le Duc de Brunswig Lunebourg, y compris celui de la Ville de Lunebourg, est de | 20. | 120. | 720. | 150. |
| *Depuis que les Princes de Brunswig-Lunebourg ont obtenu séance dans le Collége Electoral, ils païent le contingent ordinaire des Electeurs.* | | | | |
| Plus pour Grubenhagen, & la Ville de Einbeck. | 5. | | 60. | 30. |
| Plus pour Calenberg, conjointement avec les Villes de Hanovre, Gottinguen, & Nordheim. | 22. $\frac{1}{2}$ | 140. | 686. | |
| Plus la Maison de Brunschwig donne pour le Comté de Windsdorff. | 1. | 1. | 16. | |
| Le contingent de Brunschwig, Wolfenbuttel, conjointement avec la Ville de Brunschwig | 22. $\frac{1}{2}$ | 140. | 686. | 100. |
| Les Ducs de Holstein, comme aussi le Roi de Dannemarck pour Gluckstad, ainsi que pour Holstein-Gottorp, donnent ensemble. | 40. | 80. | 800. | 140. |
| Le Duché de Saxe-Lavenbourg. | 8, | 30. | 216. | 90. |
| Le Duché de Mecklenbourg. | | | 748. | 180. |
| L'Evêché de Schwerin, érigé en Principauté séculiere, est possédé à présent par la Maison de Mecklenbourg-Schwerin, dont le contingent est réduit à | 6. | 6. | 96. | 30. |

| | Maîtres à Cheval. | Fantaſſins. | Evalués en argent. | A la Chambre Impériale. |
|---|---|---|---|---|
| L'Evêché de Ratzenbourg, pareillement érigé en Principauté féculiere , appartenant aujourd'hui à la Maiſon de Schewerin. | 1. | 3. | 24. | 25. |
| Le Comté de Rheinſtein & Blanckenbourg. | 2. | | 24. | 6. |
| La Ville de Lubeck. | 21. | 177. | 960. | 275. |
| Bremen. | 16. | 32. | 320. | |
| Hambourg. | 20. | 120. | 720. | 163. |
| Goſlar. | | 30. | 120. | |
| Mülhauſen en Thuringe. | | 40. | 160. | 75. |
| Nordauſen. | | 20. | 80. | 70. |

Chaque Etat ſçait donc à l'aide de cette Matricule, à quoi s'en tenir pour ce qu'il doit contribuer, & met en même tems, ſous un ſeul point de vuë, tous les membres & Etats d'Empire, ſans être obligé de recourir ailleurs.

Il y auroit bien quelques obſervations à faire ſur cette Matricule qui eſt ſuivie depuis 1654. année de ſa confection, à la réſerve de quelques changemens qui y ont été faits, mais les opérations qu'il conviendroit de faire pour garder les proportions & la rendre égale dans toutes ſes parties, ſeroient d'une très difficile éxécution, en ce que pour y parvenir, il faudroit être éxactement inſtruit des facultés de chaque Etat, dont il ſeroit phyſiquement impoſſible d'obtenir une juſte déclaration.

Il s'agit préſentement de parler des Diétes, mais avant que d'entamer cette matière, les plaintes & griefs des Princes des anciennes Maiſons d'Allemagne ont trop fait de bruit dans tout l'Empire, pour n'en

pas

pas faire ici une légere mention. Le mémoire même qu'ils en ont donné à l'Empereur, précédé d'une Requête qu'ils lui ont fait présenter, est trop public pour n'en pas rappeller les principaux articles.

Leurs plaintes roulent d'abord en général, sur ce que le Collége Electoral n'a fait aucun cas de quelques articles qu'ils lui avoient fait remettre à la derniere Diéte d'Election, pour être insérés dans la Capitulation.

Ils se plaignent en outre de ce que les Electeurs n'ont point pris pour modéle, le projet de Capitulation perpétuelle, quoique reçu par les deux Colléges supérieurs dans la derniere Capitulation qu'ils ont rédigée, & de ce que le même Collége Electoral s'est étendu sur son prétendu *Jus ad Capitulandi* audelà des bornes, en ne faisant aucune part de cette Capitulation aux Ministres des Princes & sans avoir égard aux *Monita* ou représentations que ces derniers lui ont présenté, sans même y faire aucune réponse.

Un autre grief dont ces Princes demandent encore justice à l'Empereur par le même mémoire, est qu'au mépris de ce qui avoit été arrêté par les deux Colléges supérieurs, & qu'il seroit expressément articulé dans l'éxorde de la Capitulation perpétuelle proposée, *que rien ne pourroit y être changé sans le consentement de tous les Etats*, les Electeurs n'y ont eu aucun égard, & que contre la foi d'une convention arrêtée dans les Comices, ils ont laissé subsister tous les griefs dont les Princes avoient porté leurs plaintes en 1716. contre la Capitulation de l'Empereur Charles VI. &

F f

notamment, de ce que les Electeurs n'avoient point retranché dans la derniere Capitulation , Article III. la clause *qui accorde aux Ambassadeurs des Electeurs , le rang sur les Princes en personne.* Clause, diamétralement contraire au Paragraphe *Gaudeant* du Traité de Westphalie, qui maintient les Princes dans tous leurs Droits & Prérogatives, étant d'ailleurs constant, que les Electeurs n'ont le pas sur eux, que dans les Comices & lors des Elections & Couronnement des Empereurs ; aulieu qu'à la Cour Impériale & dans toutes les autres assemblées , les Ambassadeurs des Electeurs ne leur ont jamais disputé la préséance.

La définition du pouvoir des Vicaires de l'Empire portée par le même Article III. de la même Capitulation, est encore un de leurs griefs , en ce qu'ils prétendent que cette matière regarde uniquement les Comices , & qu'elle n'est nullement de la Compétence seule des Diétes d'Election.

L'Article XIII. Paragraphe 7. de cette Capitulation , leur fournit encore un nouveau sujet de plainte, en attribuant au Collége Electoral qui n'a aucune jurisdiction sur les membres des autres Colléges , la faculté de censurer seul les mémoires dont les Princes & Etats d'Empire ont droit de prendre connoissance aussi bien que ce Collége, de même que le Droit de régler la forme & les fonctions attachées à la Dictature : Droit, que les Princes protestent de ne jamais abandonner au Collége Electoral.

Le Paragraphe 9. du même Art. XIII. qui donne la faculté aux Vicaires d'Empire de convoquer les Diétes dans la Minorité ou abfence d'un Empereur, ou de proroger celle qui feroit encore éxiftante, eft un nouveau motif de plainte porté dans le Mémoire des griefs des Princes, qui prétendent que les Capitulations ne doivent avoir d'autre objet que les Droits & la forme du gouvernement d'un nouvel Empereur; & qu'enfin un pareil réglement n'eft fufceptible que d'un réfultat de tous les Etats affemblés; & qu'en conféquence, ils perfiftent à demander à Sa Majefté Impériale de renvoyer la connoiffance de cette matière aux Comices.

Les Articles XVI. XVII. & XVIII. de la même Capitulation, donnent encore aux Princes matière à quatre différens griefs fur lefquels ils demandent que l'Empereur leur faffe droit. Le Paragraphe 4. du premier de ces Articles où les Electeurs ftipulent pour eux feuls que l'on s'abftiendra dans les fouverains Tribunaux de l'Empire, de fe fervir contre eux d'expreffions dures, fans les y comprendre, leur fait demander avec juftice, s'il y a une Loi en Empire qui autorife une diftinction qui leur eft en quelque façon injurieufe.

Le Paragraphe 2. du fecond de ces Articles, par lequel le Collége Electoral en interprétant les derniers recez de l'Empire, ôte, difent-ils, aux révifions, tout effet fufpenfif, en décidant à qui de la Chambre ou des Révifeurs appartiendra de juger de la caution *de reftituendo* & de la fuffifance de cette caution, & prétendent qu'il s'arroge, en voulant interpréter les Loix, un Droit qui n'appartient qu'aux Etats.

Le Paragraphe 5. du même article ne les fait pas

moins fe récrier contre ce Collége, en remplaçant de fon autorité privée les places vacantes dans la députation de l'Empire, qui ne peuvent être nommées que par les Etats d'Empire affemblés qu'ils repréfentent, en qualité de leurs Plénipotentiaires.

Le quatriéme grief fur lequel ils réclament la juftice de l'Empereur leur eft fourni par le Paragraphe 3. du treiziéme des Articles ci-deffus, qui femble régler, du moins en partie, l'affaire des Poftes, dont ils prétendent que la connoiffance n'en doit être attribuée qu'à la feule Diéte.

Le dernier grief enfin des Princes, regarde encore le Droit que les Electeurs prétendent s'arroger, en faifant promettre à l'Empereur nouvellement élu, par le Paragraphe 3. du XXIX. Article de la Capitulation, de leur être favorable & de les affurer du Droit *d'adcapituler*, dont jufqu'à préfent ils n'ont point voulu fe défifter. Droit, que les Princes prétendent leur être dévolu auffi bien qu'au Collége Electoral, & en vertu duquel ils proteftent qu'ils ne peuvent admettre la nouvelle Capitulation, foit dans fa totalité, foit dans les claufes ci-deffus dont ils fe plaignent, foit enfin dans tous les cas dont elle s'écarte de la Capitulation perpétuelle propofée & reçuë unanimement des deux Colléges fupérieurs, &c.

# CHAPITRE TRENTE-CINQUIE'ME.

## Des Diétes de l'Empire.

L'ORIGINE des Diétes est presque aussi ancienne que les premiers Empereurs, sous le régne desquels, il se tenoit de tems en tems des assemblées, pour remédier aux abus qui se commettoient dans l'administration du gouvernement général & particulier, & dans lesquelles les contestations qui s'élevoient entre les Seigneurs & même celles des Particuliers, étoient décidées. Il s'en est tenu sous Charles-Magne, avant même que ce Prince eût été élevé sur le Trône de l'Empire. Sous son régne, ces sortes d'assemblées étoient connuës sous le nom de *Parlemens*. Elles étoient même en usage chez les anciens Germains, de qui par la suite des tems, on a tiré celui d'en tenir. Il faut cependant convenir que celles qui sont convoquées aujourd'hui sont bien différentes des anciennes, tant par les réglemens qui s'y observent, que par le fond des matières qui s'y traitent & la manière d'y procéder.

Charles IV. est un des premiers Empereurs qui ait commencé par la Bulle d'Or, de concert avec le College Electoral, à y donner cette forme & les règles prescrites qui s'y suivent aujourd'hui, ausquelles Maximilien I., Frédéric III. & quelques autres successeurs de ces trois grands Empereurs ont fait quelques legeres additions.

Les membres dont elles étoient compofées autrefois y affiftoient par un Droit attaché aux charges qu'ils poffédoient dans les Provinces de l'Empire, au lieu que depuis quelques Siécles, les Etats qui les forment préfentement, n'y ont féance qu'en vertu de leur fupériorité Territoriale.

Le feul objet que je me propofe dans ce Traité, eft donc de parler de ces Diétes, en l'état qu'elles font préfentement: cette matière, d'ailleurs, en eft une des plus intéreffantes, & mérite elle feule d'être plus étenduë que le refte: voyons fi je ferai affez heureux d'en donner une idée affez claire pour que l'on puiffe en connoitre & l'importance & l'utilité, en ne laiffant nul doute, fur aucun des points qui peuvent y avoir quelque trait.

Les Diétes font de trois efpéces. Les unes font générales ; les autres font repréfentatives & particulieres.

Les Diétes générales font celles qui éxigent une affemblée de l'Empereur & de tous les Colléges des Etats enfemble ; c'eft-à-dire, une affemblée où l'Empereur doit fe trouver en perfonne, ou un Commiffaire en fon nom qui le repréfente, avec un autre Commiffaire ; les Electeurs & les Princes tant Eccléfiaftiques tant bullés que non bullés, que Laïques ininveftis ou non inveftis, & les autres Etats convoqués par l'Empereur, après avoir pris au préalable, le confentement des Electeurs, par lettres expreffes.

L'invitation fe fait enfuite par un Commiffaire de l'Empereur, qui doit mefurer tous les termes dont il se sert, sur lesquels les Etats sont si scrupuleux, qu'un de ses Commissaires ayant avancé dans son discours que les Etats *étoient assignés*, cette expression fut relevée dans le Collége des Princes avec beaucoup de chaleur, comme attentatoire à leurs dignités & indécente à leur égard; il y fut soutenu enfin, qu'elle pêchoit contre le style ordinaire & que ces termes ne convenoient qu'aux Tribunaux judiciaires seulement, & non aux Comices.

Les Diétes représentatives sont celles qui se tiennent par députations ordinaires ou extraordinaires.

Les députations ordinaires, qui furent substituées au Conseil appellé *Régiment*, après sa suppression, sont celles qui représentent tout l'Empire, dont le nombre a été réglé par les recez des années 1555. 1559. & 1570. Ce dernier y a ajouté quatre personnes de plus que dans les précédentes.

Chaque députation ordinaire, doit être composée de tous les Electeurs soit en personnes, soit par leurs Ministres, de six Princes, d'un Prélat, d'un Comte, & de deux Villes; mais ce nombre des Etats qui y ont été admis successivement est augmenté au point que dans la Diéte de 1654. on en a formé cinq Classes, composées de vingt quatre Députés chacune, dans l'ordre suivant.

### Premiere Classe.

L'Electeur de Mayence.     L'Electeur de Saxe.
L'Electeur de Treves.     L'Electeur de Brandebourg.

| | |
|---|---|
| L'Autriche. | Lautern-Palatin , aujourd'hui Breme. |
| Bamberg. | Saxe Gotha. |
| Constance. | Brandebourg Culmbach. |
| Ratisbonne. | Wolffenbuttel. |
| Munster. | Meckelbourg Schwerin. |
| Baviere. | Hesse-d'Armstatt. |
| Un Prélat. | Bade-Durlach. |
| Un Comte. | Un Comte. |
| La Ville de Cologne. | La Ville de Strasbourg, aujourd'hui Nuremberg. |
| La Ville d'Augsbourg. | La Ville de Ratisbonne. |

*Seconde Classe.*

| | |
|---|---|
| L'Electeur de Mayence. | L'Electeur de Saxe. |
| L'Electeur de Cologne. | L'Electeur Palatin. |
| Saltzbourg. | Simmern Palatin. |
| Bourgogne. | Saxe-Altenbourg. |
| Wurtemberg. | Brandebourg Onoltzbach. |
| Spire. | Brunswick-Zell. |
| Augsbourg. | La Poméranie citéreure. |
| Neubourg Palatin. | Hesse-Cassel. |
| Un Prélat. | Holstein. |
| Un Comte. | Un Comte. |

La

<table>
<tr><td>La Ville d'Aix-la-Cha-<br>pelle.</td><td>La Ville d'Augsbourg.</td></tr>
<tr><td>La Ville de Rothweil.</td><td>Nuremberg.</td></tr>
</table>

### *Troisiéme Classe.*

| | |
|---|---|
| L'Electeur de Mayence. | L'Electeur de Brande-<br>bourg. |
| L'Electeur de Baviere. | L'Electeur Palatin. |
| Aixhstatt. | Breme. |
| Strasbourg. | Deux ponts-Palatin. |
| Hildesheim. | Saxe-Weimar. |
| Freysinghen. | Brunswick-Callenberg. |
| Osnabruck. | Wurtemberg. |
| Liége. | Meckelbourg-Gustrou. |
| Un Prélat. | Hennenberg. |
| Un Comte. | Un Comte. |
| La Ville de Seleftatt. | Lubeck. |
| Uberlingen. | Ulm. |

### *Quatriéme Classe.*

| | |
|---|---|
| L'Electeur de Mayence. | L'Electeur de Saxe. |
| L'Electeur de Treves. | L'Electeur de Brande-<br>bourg. |
| Worms. | Lautrec-Palatin. |
| Paderborn. | Magdebourg. |
| Passau. | Eisenach. |
| Brixen. | Grubenhagen. |
| Bâle. | Poméranie Antérieure. |
| Leuchtenberg. | Anhalt. |
| Un Prélat. | Saxe-Lawenbourg. |

| | |
|---|---|
| Un Comte. | Un Comte. |
| Obernheim. | Worms. |
| Gemünd en Suabe. | Spire. |

*Cinquiéme Classe.*

| | |
|---|---|
| L'Electeur de Mayence. | L'Electeur de Saxe. |
| L'Electeur de Cologne. | L'Electeur Palatin. |
| Grand Maître de l'Or-dre Teutonique. | Saxe-Cobourg. |
| Trente. | Halberstatt. |
| Fulde. | Hochberg. |
| Elwangen. | Werden. |
| Corvey. | Holstein. |
| Bâde-Bâde. | Lubeck. |
| Un Prélat. | Montbelliard. |
| Un Comte. | Un Comte. |
| La Ville de Wonigen. | La Ville de Francfort. |
| Offenbourg. | Rotembourg. |

Ces Diétes ordinaires sont communément convoquées à Francfort au nom de l'Empereur, par l'Electeur de Mayence, dont le jour est assigné au premier Mai. Les Etats compris dans la premiere Classe sont appellés les premiers, & lors de l'ouverture, les Commissaires Impériaux font les propositions sur lesquelles on doit délibérer, & les six premiers mois venant à expirer, le même Electeur convoque les Etats de la seconde Classe & successivement de six mois en six mois, les autres Classes se succedent alternativement & résument les affaires entamées par les précédentes.

L'Electeur de Mayence eſt auſſi chargé du ſoin de donner avis à l'Empereur de chaque mutation des Claſſes, pour qu'il puiſſe y envoyer de nouveaux Commiſſaires ou continuer les pouvoirs aux anciens.

On doit conſidérer dans les Diétes par députation ordinaire,

1°. Les affaires qui s'y traitent, qui ont trois objets : le premier regarde tout ce qui concerne la manutention de la Paix profane ; le ſecond, la ſureté intérieure de chaque Cercle ; & le troiſiéme, la réparation des griefs des Etats.

2°. L'égalité de religion : elle éxige que les Députés des Catholiques, de même que ceux des Proteſtans, ſoient en nombre égal, conformément au Traité de Weſtphalie.

3°. La manière de convoquer. La convocation des députations dépend du ſeul Electeur de Mayence qui les ordonne toutes les fois qu'il les croit néceſſaires pour le bien de l'Empire.

4°. L'Empereur doit y être invité ; il doit y être invité par la raiſon qu'il jouit du même Droit d'y propoſer, que dans les Diétes générales, à l'excluſion de tout autre quand il s'y trouve.

5°. Les ſuffrages ; il faut les ſuffrages de deux Colleges au moins & de deux Commiſſaires de l'Empereur, pour former la déciſion.

6°. Ce qui en réſulte, qui eſt rédigé par l'Electeur de Mayence en forme de recez, ſous le nom de *recez de députation.*

Les députations extraordinaires, ſont celles qui

ont pour motif , quelque incident ou quelque affaire particuliére qui ne pourroit être expédiée qu'à grands frais, dans une assemblée générale de tous les Etats , ou avec trop de longueur, par les députations ordinaires.

Les Diétes particuliéres sont d'espéces différentes , qui donnent ordinairement la dénomination à l'assemblée où elles sont apportées. Par éxemple : les affaires d'un Cercle sont traitées dans une Diéte appellée *circulaire* d'un ou de plusieurs Cercles correspondans.

Les affaires des Electeurs se discutent dans une Diéte appellée *Electorale*.

On traite dans cette espéce d'assemblée ou Diéte , des Droits , Prérogatives & Dignités qui appartiennent au Collége Electoral, & des matières sur lesquelles l'Empereur est obligé de prévenir les Electeurs & même de les consulter.

Le Roi de Bohême étoit autrefois exclus des Diétes Electorales , où il n'étoit admis que quand il étoit question de rédiger la Capitulation, ou quand il s'agissoit de procéder à l'Election d'un Roi des Romains: il a même encore le privilége spécial d'être éxempt de se trouver aux assemblées ou Diétes générales de l'Empire , si ce n'est , à celles qui sont convoquées à Nuremberg, à Bamberg , ou à Melsebourg , où il étoit tenu de comparoitre en personne , ou par des Ministres qui le représentent. Les Princes de la Maison d'Autriche & les Etats du Cercle de Bourgogne ont aussi la faculté d'y comparoitre ou de s'en absenter ; l'option est à leur choix. Pour le peu cependant que l'on consulte l'histoire, on trouvera dans les tems, même les plus reculés, que la comparution dans ces assemblées, étoit très fort en usage & même presque indispensable. Mais les éxemples que je viens de citer, font voir qu'insensiblement les Princes se sont affranchis de cette sujétion, les uns, en obtenant des priviléges pour en être éxempts, les autres enfin, en y faisant comparoitre en leur nom, des Ministres qui les représentent & qui peuvent en vertu de pleins pouvoirs, stipuler pour plusieurs Etats tout à la fois. Il résulte de cette méthode, que les Comices ne finissent point, aulieu que si les Etats d'Allemagne reprenoient l'usage de s'y rendre en personnes, les affaires y seroient expédiées non-seulement avec plus de dignité, mais encore avec beaucoup plus de succès.

On ne peut cependant disconvenir, que la méthode suivie aujourd'hui dans les Diétes d'y comparoitre par des Envoyés, ne soit moins dispendieuse pour les Etats; mais le seul danger qu'elle peut prévenir, sont les entrevuës des Princes, qui sont ordinairement très délicates & souvent très critiques, surtout, dans des Négociations où chacun peut avoir des intérêts particuliers qui ne peuvent pas quadrer avec ceux des autres Etats en général, & qui, indubitablement, sont toujours suivies d'altércations désagréables, quand les esprits viennent à s'échaufer. Il en faut donc revenir à ce qui est usité aujourd'hui dans les Diétes, par rapport à la comparution par des Ministres ou Envoyés, comme la plus plausible, & celle où il y a moins d'inconvéniens à craindre. Il y a même des Etats qui ne s'y préfentent jamais ni par eux-mêmes, ni par des Agens, mais fi ils renoncent à leur Droit de féance & de fuffrage dans les Diétes, ils ne font pas moins tenus d'éxécuter les réfolutions générales qui y font arrêtées.

Je reviens préfentement après cette digreffion, aux affaires des Princes, qui m'a mené plus loin que je ne penfois, qui font également difcutées dans une Affemblée ou Diéte des Princes, de même que celles des Comtes le font dans une Affemblée de Comtes, dont *Ahafuerus Fritfchius* a fait un Traité particulier.

Les Villes ont la faculté de tenir de pareilles affemblées entre elles, pour y traiter de leurs affaires qui n'ont d'autre objet pour l'ordinaire, que leur Commerce refpectif, leurs Prérogatives & Priviléges, foit pour les faire revivre, ou chercher les moyens de les défendre, fi l'on vouloit y donner quelques atteintes. Elles y font autorifées nommément, & confirmées dans ce Droit, par l'Article VI. de la Capitulation de l'Empereur Léopold. (*Cotte* DD.)

Les affaires de la Nobleffe immédiate enfin, font difcutées auffi dans de pareilles affemblées de la Nobleffe. Mais on ne doit pas négliger le Traité que M. de *Bergheim* l'un de fes membres, nous a donné fur cette efpéce de Diéte, en particulier.

On peut encore dire en général, avant que de parler des affaires qui font fufceptibles d'être portées & difcutées dans les Diétes générales, que dans ces dernieres Affemblées on y traite de la défenfe & du foutien des Droits & Prérogatives qui appartiennent à chacun de ces Ordres.

Mais avant que d'entrer dans cette discussion, qu'il me soit permis de rapporter, que la question proposée par les Politiques, de sçavoir s'il est avantageux pour la liberté des Etats, que l'Empereur fasse tenir de fréquentes Comices, ou s'il seroit plus à propos de les rendre plus rares, me paroit présentement très inutile, puisque selon toutes les apparences, les Diétes dans la suite, deviendront perpétuelles ; celle qui est encore ouverte, & convoquée depuis 1663. n'étant pas prête à se rompre, la dixiéme partie des affaires soumises à sa décision, dont je parlerai dans son lieu, n'étant pas terminée.

Cette question seroit à mon sens décidée, si la disposition portée dans l'Article XIII. de la Capitulation de Charles VI. qui porte, que *si la Diéte actuelle de l'Empire venoit à se dissoudre , il promet d'en convoquer une tous les dix ans pour le moins* , en ce qu'elle ne seroit pas moins avantageuse à l'Empereur , personnellement , quoique parfaitement convenable à la situation présente de l'Allemagne; la raison qu'on en apporte, se tire de ce que, lorsqu'il s'agiroit de conclure quelque Traité de Paix avec quelques Puissances Etrangeres au nom de l'Empire, on choisiroit une Ville, autre que celle où se tiendroit la Diéte pour l'assemblée du Congrès, & que les Etats ne pouvant s'y rendre en Corps, ils seront toujours indispensablement dans la nécessité de remettre leurs intérêts entre les mains de l'Empereur, qui stipulera toujours les siens personnels par préférence à ceux de l'Empire.

# CHAPITRE TRENTE-SIXIE'ME.

*Des Affaires qui doivent être réglées dans les Diétes géné-*
*rales, & de la maniére dont elles y sont traitées.*

ON pourvoit ordinairement dans les Diétes générales à tout ce qui a été convenu entre l'Empereur & les Etats, dans les affaires qui intéressent tout
l'Empire, & qui doivent être terminées par le concours
de l'Empereur & des Etats.

Les choses qui doivent être considerées dans les
Diétes générales, sont les causes en premier lieu, la
proposition, puis la déliberation, & finalement la
décision.

Les causes sont ou générales ou particuliéres.

Les causes générales, sont toutes celles qui ne sont
pas immédiatement réservées à l'Empereur ou aux
Electeurs.

Les Particulieres, étoient fixées en 1728. à treize
causes, qui avoient été expressément commises à la Diéte
qui doit être actuellement occupée à les décider &
règler.

On peut consulter sur cet article le Traité de Westphalie conclu à Osnabruck Art. VIII. §. 2. & 4. &
l'Art. V. §. 52. ( *Cotte* EE. )

### *Les treize Causes.*

La premiere & la plus importante de ces Causes est
celle

celle de corriger les défauts des Diétes, & de remédier aux abus différens qui s'y commettent.

La seconde, la prétention des Etats de faire une Capitulation perpétuelle qui serve de règle à tous les Empereurs.

Cette prétention n'est pas nouvelle & tire son origine presque du même tems que de celle des Capitulations, ausquelles les Princes & autres Etats d'Empire, ont soutenu devoir être appellés à la confection. Les Protestans surtout, furent ceux qui poussèrent plus loin leurs prétentions à ce sujet & avec plus de chaleur, en soutenant, qu'élire un Empereur & lui prescrire des Loix, étoient deux choses très différentes; qu'ils ne vouloient point contester aux Electeurs leur Droit d'élection, mais que comme Membres & Etats d'Empire, les Capitulations étant obligatoires à leur égard, elles ne pouvoient être dressées sans leur participation; que les Electeurs s'étoient arrogés mal à propos, le Droit de les rédiger de leur propre mouvement sans aucune autorisation, ni sans avoir aucun pouvoir des Etats de capituler en leur nom.

Des instances & des plaintes si souvent recidivées, furent encore plus vivement renouvellées de la part des Etats d'Allemagne au Congrès de Munster; & par le Traité de Paix qui y fut conclu, il fut stipulé & arrêté qu'il seroit déliberé dans la Diéte prochaine, sur la manière dont on s'y prendroit pour la rédaction d'une Capitulation perpétuelle qui ne pourroit être arrêtée que du consentement & de l'avis des Etats. Cette clause n'eut cependant aucune exécution qu'en 1663.

Hh

que les Etats profitèrent de la conjoncture où se trouva
l'Empereur Léopold, qui fut obligé d'avoir recours à
eux pendant les troubles d'Hongrie, où ses armes eurent un si mauvais succès, qu'il fut forcé de leur
demander du secours, qui ne lui fut accordé qu'à condition qu'il disposeroit les Electeurs à concerter avec
eux une Capitulation perpétuelle. L'Electeur de
Mayence par l'entremise de ce Prince, en proposa
effectivement un projet en pleine Diéte, qui y fut lu
& qui y auroit été vrai-semblablement reçu, sans la
clause de *Jus ad capitulandi* que les Electeurs s'y étoient
réservée, qui occasionna de nouvelles altercations entre les Colléges & qui terminerent cette assemblée sans
y rien résoudre. Tant d'aigreur dans les esprits em-
pécha pendant plusieurs années que cette affaire ne
fut remise sur le tapis & donna le tems aux Electeurs
de Baviere & de Cologne, de concert avec les Etats
de Neubourg & de Magdebourg, de dresser un nouveau projet de Capitulation qui fut appellé *Projet de
Concordance*, par lequel les Electeurs se rapprochoient
effectivement du sistême des Etats, mais le *Jus ad capitulandi*, dont le Collége Electoral ne voulut point
se relâcher, malgré les tempéramens proposés par les
Etats, fut toujours l'obstacle qui en suspendit l'éxécution. En 1711. enfin il en fut présenté un nouveau
qui a été imprimé, & qui pourra être reçu quelque
jour, indépendamment de la même clause qui n'en
a point été retranchée, plusieurs Articles en ayant
déjà été extraits & inscrits dans les Capitulations qui ont
été faites depuis, & par les modifications que l'on.

pourra apporter dans la suite, à la clause qui forme le point de la contestation entre les Electeurs & les Colléges des Etats.

La troisiéme changer la manière de mettre un Etat au Ban de l'Empire, pour la rendre au moins plus suportable & moins dure.

La quatriéme, réintégrer les Membres des Cercles éxemptés ou représentés par des Puissances, pour être en état de rétablir plus d'égalité dans la répartition des subsides.

La cinquiéme, le renouvellement de la Matricule, pour pouvoir parvenir aux mêmes fins de la précédente cause.

La sixiéme, remettre dans leur premier état les Etats éxemptés ou représentés par les Puissances, ou autrement.

La septiéme, modérer les Collectes ou en décharger, si le cas y échoit.

La huitiéme, réformer la Police.

La neuviéme, réformer la Justice & supprimer les abus qui s'y commettent.

La dixiéme, rendre perpétuels, les Députés pour les députations ordinaires.

La onziéme, régler les fonctions des Directeurs & des Ducs des Cercles, pour les affaires qui concernent les Cercles.

La douziéme soulager les Obérés.

La treiziéme & derniere, la prétention des Etats de pouvoir établir une imposition, par la pluralité des voix seulement, & non par le consentement unanime, qui eſt expreſſément requis.

De toutes ces cauſes portées à la Diéte dont l'ouverture s'eſt faite en 1663. il n'y avoit encore en 1728. que la douziéme qui fut réglée, conformément au recez de l'Empire de l'année 1654. enſorte que ſelon toutes les apparences, elle ſera encore de longue durée, ſi tous les treize luſtres il ne s'en trouve qu'une de décidée; d'autant qu'il en eſt ſurvenu pluſieurs autres renvoyées à ſa déciſion, par les Capitulations poſtérieures & les autres Traités de Paix, depuis celui de Munſter.

Les principales, concernent l'Election d'un Roi des Romains.

La députation de l'Empire.

L'éxamen de ceux des Princes & Etats admis en 1654. aux Diétes de l'Empire, qui juſqu'ici, ne ſe ſont point encore ſuffiſament qualifiés, par l'acquiſition de Terres immédiates, néceſſaires pour y entrer de Droit.

L'affaire du Vicariat de l'Empire, éxercé conjointement par les Electeurs de Baviere & Palatin, dont différents Etats ont refuſé de reconnoitre l'autorité.

La taxation des Droits de Chancellerie dûs aux Officiers des ſuprêmes Tribunaux de l'Empire.

La ſuppreſſion des juſtices de Rotweil & de Waingarten.

Les nouveaux réglémens au ſujet de la Chambre Impériale & du Conſeil Aulique.

Et finalement les griefs propoſés par différens Etats, en matière temporelle & de Réligion.

Je paſſe maintenant à.

*La proposition.*

La premiere chose qui se pratique, pour y procéder, & qui est requise, est l'indication du jour pour l'entendre, qui est réservée à l'Empereur ou à son Commissaire.

La seconde, le Sous-Maréchal de l'Empire fait notifier le jour indiqué aux Etats.

La troisiéme, le jour arrivé, l'Empereur est conduit à l'Eglise & de-là au Palais où se tient la Diéte.

La quatriéme, l'Empereur, les Electeurs & les autres Etats prennent séance, chacun selon son rang.

La cinquiéme, l'Empereur fait un discours qui a trait à la proposition qu'il va faire, & un des Electeurs lui répond : c'est ordinairement celui de Mayence qui porte la parole,

La sixiéme, le Sécretaire de l'Empereur fait lecture de la proposition, & celui de l'Electeur de Mayence l'enregître. L'un & l'autre de ces deux Sécretaires sont assis à la Table du Directoire.

La septiéme, les Etats déliberent en peu de mots sur la réponse.

La huitiéme, l'Electeur de Mayence rapporte la réponse à l'Empereur.

La neuviéme, l'Empereur se retire après avoir reçu la réponse & est reconduit dans le même ordre & de la même manière que quand il est entré dans la Diéte.

Et la dixiéme, le Sous-Maréchal assigne un jour pour faire passer la proposition à la Dictature dans la manière suivante. Hh iij

Les Sécretaires des Etats comparoissent au jour prescrit, & mettent la proposition pour la donner en communication aux Etats.

En conséquence, LA DE'LIBERATION se fait dans l'ordre suivant.

1°. L'Electeur de Mayence, assigne un jour pour délibérer, par un billet circulaire, où la proposition est insérée.

2°. Le Sous-Maréchal fait notifier le jour aux Etats.

3°. Les Etats s'assemblent au jour marqué.

4°. Les Colléges prennent leurs places.

5°. On délibere.

6°. On résume les voix & on dresse le résultat dans chaque Collége.

7°. Le Collége qui rédige le premier son résultat, le fait passer à un autre pour le lui communiquer, & ainsi des autres.

Il faut observer que les Electeurs font rédiger le leur, par le Sécretaire de l'Electeur de Mayence, & les Princes, par le Maréchal des Logis de l'Empire.

8°. Ensuite se fait la Ré-&-Corrélation.

Les Electeurs, communiquent par la voye du même Sécretaire de l'Electeur de Mayence, & les Princes par le Directeur de leur Banc.

9°. Si les Electeurs & les Princes ne sont pas d'accord, ou qu'ils soient d'avis diamétralement opposés entre eux, alors, il se fait une seconde & troisiéme Ré-&-Corrélation & plus même s'il est nécessaire, précédée d'une conférence à la Table du Directoire, jusqu'a ce qu'ils soient revenus à l'unanimité d'avis.

10°. On communique ensuite aux Députés des Villes, le réfultat des deux Colléges, s'ils font convenus entre eux, ou celui de chaque Collége, s'ils fe trouvent d'avis contraires.

Ces Relations & Ré-&- Corrélations font ou folemnelles, ou moins folemnelles.

Elles font folemnelles, lorfque les deux Colléges des Electeurs & des Princes s'affemblent en corps dans une même chambre, après qu'ils ont formé un réfultat commun ; (ce fut celle dont on fe fervit en 1714. lorfqu'il fut queftion de faire ratifier le Traité de Bade dans la Diéte.) On y fait entrer alors, les Miniftres des Villes, pour le leur communiquer.

Elles font réputées au contraire, moins folemnelles, lorfque la communication des réfolutions ne fe fait qu'entre les Directeurs des trois Colléges. Cette façon de communiquer eft préfentement celle dont on fe fert le plus communément, quoique dans les affaires d'importance, c'eft la premiere qui eft préférée.

Il faut encore obferver que quand même les réfolutions des deux Colléges fupérieurs feroient tellement oppofées les unes aux autres, qu'on n'oferoit pas fe flatter de les concilier, on ne les communique pas moins aux Villes par provifion, quoique ce ne foit pas dans la vuë de les en rendre les Arbitres, ni pour faire pancher la balance en faveur de celui des deux Colléges fupérieurs, pour lequel elles inclineroient, puifque leur acceffion à l'une des deux, ne peut fervir qu'à y donner fimplement quelque relief de plus & du poids ; les deux Colléges fuprêmes, quoique d'accord, ne pouvant vaincre par leur plu-

ralité, la réfolution des Villes, lorfqu'elles s'obftine-
ront à y perfifter : à plus forte raifon le Collége des
Electeurs & des Villes ne peut vaincre celle des Princes , ni celle des Princes & des Villes conjointement,
celle des Electeurs.

Il faut obferver cependant, qu'avant d'en venir à
ces Rélations & Ré-&-Corrélations, lorfqu'on eft prêt
à procéder aux délibérations, les Etats fe partagent
en trois Colléges, dont le premier eft celui des Electeurs , le fecond celui des Princes., & les Villes font
le troifiéme ; l'Archevêque de Mayence compofe ce
qui s'appelle le Directoire dans le premier ; les Princes de la Maifon d'Autriche & l'Archevêque de Saltzbourg compofent alternativement celui du fecond ;
& la Ville libre où fe tient la Diéte , compofe le
troifiéme. Ce partage des Etats d'Empire en trois
Colléges, tire fa premiere origine d'une Diéte qui fut
tenüe à Francfort en 1489.

Il faut auffi faire une diftinction dans la manière
dont les Etats donnent leurs voix ; les Etats Eccléfiaftiques & Laïques Princes, la donnent féparément, au
lieu que les Comtes & les Prélats qui ne font point
décorés de ce titre, ne donnent la leur qu'en corps,
& le plus grand nombre de voix l'emporte fur le
plus foible, excepté fur les matiéres dont nous parlerons ci-après, où les Etats ne font point regardés
comme faifant Corps, mais réputés Partiës, procé-
dant les unes contre les autres. Il n'en eft pas de même dans les affaires qui regardent l'adminiftration &
les Conftitutions de l'Allemagne en général ; où ils

y font

y sont regardés comme faisant Corps; c'est alors que la pluralité l'emporte, sans que ceux qui ont été d'avis contraires, puissent s'en prévaloir pour protester contre ce qui aura été décidé à la pluralité.

A l'égard de la manière de vôter dans le premier Collége, qui est celui des Electeurs, ils en usent comme les Princes, & font rédiger par écrit chacun par leur Sécretaire, tout ce qui s'est passé dans leur Collége, & s'il se trouvoit quelque différence dans leurs Regîtres, celui du Directoire de Mayence à qui on auroit recours, fait foi. Il en est de même dans les deux autres Colléges des Princes & des Villes, où les Protocoles des Archiducs d'Autriche & de l'Archevêque de Magdebourg sont reconnus, de même que celui que la Ville où se tient la Diéte, de concert avec celles de Spire & Ulm, font dresser, est regardé comme revétu des marques d'une parfaite autenticité.

On ne peut cependant se refuser de convenir que cette inégalité dans la manière de compter les suffrages, n'est nullement proportionnée à la force du Territoire des Parties opinantes, & que l'on devroit y avoir égard pour procéder à une juste décision. J'y viens.

### La Décision.

Elle est générale ou particuliére.

La décision particuliere est celle de chaque Collége.

La pluralité des voix est conclusive dans chaque Collége, je viens de le dire; mais dans les matières suivantes sur lesquelles on a à décider, elles requié-

I i

rent abſolument l'unanimité, ou du moins la preſqu'unanimité ; c'eſt-à-dire, quand ils ne différentient
que de peu de choſe.

1°. Dans une affaire de Religion.

2°. Quand les Catholiques & les Proteſtans ſont de
différens avis, même ſur les affaires qui ne touchent pas
la Réligion.

3°. Dans les affaires perſonnelles à un Etat, c'eſt-à-dire,
où les intérêts d'un Corps, ſont oppoſés à ceux d'un
autre Corps.

4°. Et dans celles qui concernent les impoſitions
qui ont été ſpécialement remiſes à la déciſion des
Diétes par le Traité de Weſtphalie, conclu à Oſnabruck.

La déciſion générale qui eſt notre grand objet,
eſt celle des Diétes ; mais il eſt à propos de faire ſuivre ſur cet article les obſervations ſuivantes.

La concluſion générale doit être formée d'abord dans
le Directoire, puis luë en pleine aſſemblée, dictée &
miſe au net.

Elle doit être rapportée à l'Empereur par l'Electeur
de Mayence.

L'Empereur doit y répondre par écrit.

Si l'Empereur ne l'approuve pas, il faut tranſiger &
faire une compoſition à l'amiable.

On doit rédiger en forme de recez, la Tranſaction
qui aura été faite avec l'Empereur, ou la concluſion
ſi il l'a approuvée, & relire l'un ou l'autre des actes devant
les deux Commiſſaires de l'Empereur, que l'on appelle
recez, dont la clôture eſt inſcrite dans la formule ſui-

vante, *ceci a été ainsi arrêté par maniere de Contrat entre l'Empereur & les Etats.*

Cette Conclusion ou Transaction, doit être signée par tous les Etats, sans en excepter aucun, & doit être aussi publiée l'une ou l'autre, au nom de l'Empereur en pleine assemblée.

Il faut encore qu'il soit fait deux expéditions du recez, l'une, pour être conservée & gardée dans les Archives de l'Empereur, & l'autre dans celles de l'Electeur de Mayence.

## CHAPITRE TRENTE-SEPTIEME.

*Préparatifs préliminaires des Diétes, & la description du Tableau de la Séance des Etats qui en ont le Droit.*

QUAND l'Empereur a convoqué une Diéte, le Maréchal des Logis de l'Empire se rend dans la Ville indiquée pour la tenir. Cet Officier est chargé du soin de marquer & de faire préparer les logemens, tant pour l'Empereur & ses Commissaires, que pour les Etats & leurs Ministres. C'est encore à lui de régler les prix de toutes les denrées, & disposer les choses de façon, que les Comices puissent être tenus commodément.

A mesure que chacun des Etats arrive dans le lieu proposé pour la tenuë de la Diéte, il est obligé d'en donner avis au Directoire de Mayence, auquel les Ministres des Puissances Etrangeres, sont tenus aussi de représenter leurs Lettres de créance, & les pouvoirs dont ils font chargés; mais le cérémonial fur lequel on eſt de part & d'autre extrêmement circonſpect, occaſionne très ſouvent de très grandes difficultés, qui ne ſe terminent pas toujours au premier abord; ce ſont ordinairement les premieres longueurs qu'on eſt obligé d'eſſuyer dans les Diétes.

Lorſque l'Empereur s'eſt déterminé à s'y rendre en perſonne, les Etats vont au devant de lui, pour rendre ſon entrée plus pompeuſe.

Enfin, l'aſſemblée des Diétes générales eſt trop auguſte par elle-même, pour ne pas en donner ici une legere idée par un Tableau particulier & figuré dont je vais donner en peu de mots l'intelligence dans ce Chapitre.

Le Trône Impérial eſt placé au milieu de la Salle de la Diéte où l'Empereur ſe place quand il y aſſiſte perſonnellement, ou le Commiſſaire Impérial qui le ré-préſente.

Les Electeurs, occupent la droite & la gauche du Trô-ne dans l'ordre ſuivant.

L'Electeur de Mayence, le Roi de Bohême, l'Elec-teur de Baviere, l'Electeur de Brandebourg & celui d'Hanovre ſont aſſis & occupent la droite du Trône.

La gauche eſt remplie par le Commiſſaire Impé-rial qui précéde les Electeurs de Tréves, de Cologne, de Saxe & Palatin.

Immédiatement au-deſſous de la ligne du Trône & à la droite, eſt placé le Banc des Princes, compoſé des Archiducs d'Autriche qui tiennent le premier rang, qui précédent la perſonne de celui qui repréſente

# TABLEAU

## DE LA SÉANCE D'UNE DIÉTE GÉNÉRALE.



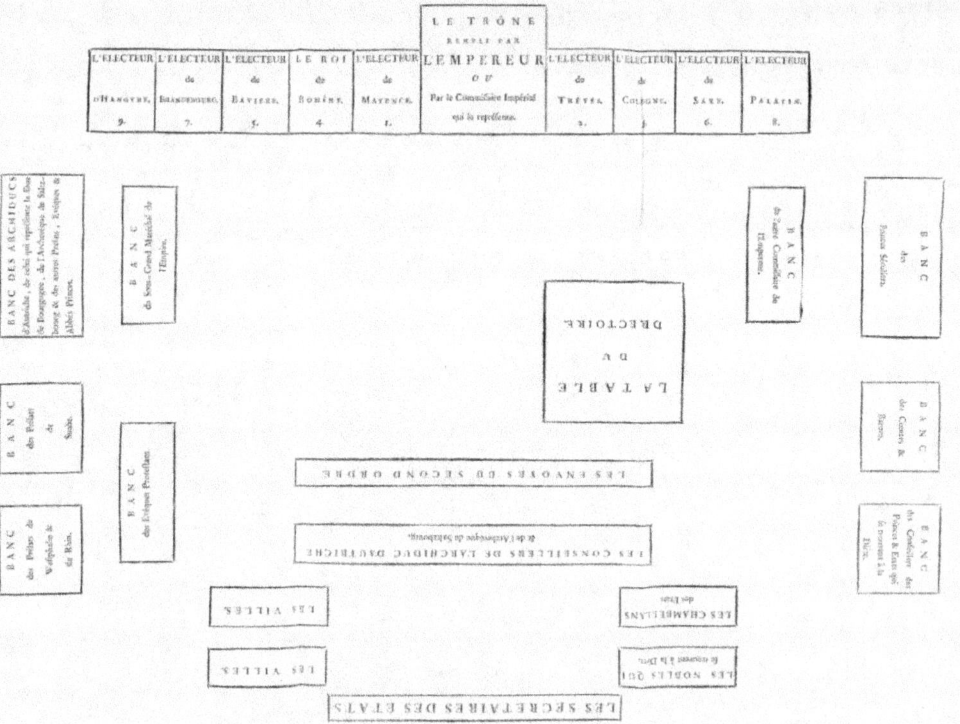

le Duc de Bourgogne qui doit être après eux ; l'Archevêque de Saltzbourg les suit immédiatement, avec les autres Archevêques, Evêques & Abbés qui sont Princes.

Les Prélats de Suabe ont leur séance ensuite sur la même ligne, & ceux de Westphalie & du Rhin ont la leur immédiatement après, & toujours sur la même ligne.

A la gauche & directement à l'opposite de ceux-ci, aussi immédiatement au-dessous du Trône Impérial, se trouve le Banc des Princes Séculiers, qui précédent celui des Comtes & Barons sur la même ligne, au-dessous desquels est placé le Banc des Conseillers des Princes & des Etats qui se trouvent à la Diéte.

Dans l'intérieur de la Salle de la Diéte, se trouve sur la droite, en tirant vers le bas de la Salle, le Banc du Sous-Maréchal de l'Empire.

Au dessous du précédent & du même côté, est placé celui où les Evêques Protestans ont leur séance.

A la gauche & à l'opposite du Banc du Sous-Grand-Maréchal de l'Empire, est placé le second Commissaire de l'Empereur, quand il juge à propos d'y en envoyer un, & directement au dessous, est placée la Table du Directoire, au-tour de laquelle, le Secretaire de l'Electeur de Mayence & ceux préposés pour tenir la plume, sont assis.

Au milieu de la Salle de la Diéte & à l'opposite du Banc de l'Electeur de Tréves, mais beaucoup plus bas, est placé le Banc des Envoyés du second ordre, au-dessous duquel, est celui des Conseillers de l'Archiduc d'Autriche & de l'Archevêque de Saltzbourg.

Plus bas, sont placés à la droite, les deux Bancs des Villes, & à la gauche à l'opposite, un pareil nombre de Bancs sont posés, sur le premier desquels sont assis les Chambellans des Etats & sur le second, les Nobles qui se trouvent à la Diéte.

Plus bas encore se trouve le Banc des Sécretaires des Etats, qui sont les derniers Membres nécessaires de cette auguste assemblée.

## CHAPITRE TRENTE-HUITIÉME.

### Des Tribunaux de l'Empire & des affaires dont ils connoissent.

APRE's avoir parlé des Assemblées générales ou Diétes de l'Empire, il convient de donner une juste idée des autres Tribunaux qui, en quelque façon, n'ont d'autre autorité & ne tirent leurs pouvoirs & leurs Prérogatives, que des Diétes mêmes. Mais avant de traiter de chaque Tribunal en particulier, je vais donner une idée générale des Tribunaux & des Juges qui les composent.

Les affaires privées, ou ce qu'on appelle procès, sont portés devant les Juges ordinaires ou extraordinaires.

Les Juges ordinaires sont les Tribunaux de l'Empire, lesquels sont Souverains ou Subalternes.

Les Tribunaux Souverains, sont généraux ou particuliers.

Les Tribunaux Souverains généraux, font ceux dont la jurifdiction s'étend fur tout l'Empire. Ils font au nombre de deux & font connus l'un, fous la dénomination du *Confeil Aulique* & l'autre fous celle de la Chambre Impériale.

### Confeil Aulique.

Les Auteurs ne font gueres d'accord fur l'origine de ce Tribunal. L'opinion cependant la plus reçuë en Allemagne, eft qu'il y a été connu prefqu'auffi-tôt que la dignité Impériale : il fuivoit originairement la perfonne de l'Empereur, fans avoir de lieu fixe où il réfidât. Les caufes particulieres & les petites affaires des Princes & des Etats y étoient portées, comme elles le font aujourd'hui à la Chambre Impériale, qui n'étoit point érigée alors. En un mot, c'étoit peu de chofe; & il pouvoit être regardé comme un Tribunal ordinaire jufqu'à (*a*) *Charles-Quint* fous qui il devint, fi l'on peut avancer cette propofition, l'Arbitre fouverain de la fortune & même de la vie des Princes & Etats d'Allemagne. Il eft vrai que cette autorité abfoluë que la Maifon d'Autriche lui avoit attribuée, a entièrement ceffé & a été limitée par la Capitulation de l'Empereur Charles VI. dont les Articles 16. 17. 24. & 25. qui concernent l'autorité actuelle de ce Tribunal, ont été rapportés & confirmés par celle de Charles VII. fon fucceffeur immédiat, en vertu def-

---

(*a*) C'eft Maximilien I. qui a commencé à donner la forme moderne au Confeil Aulique ; les troubles de Religion ayant brouillé ce Confeil, Ferdinand I. lui a donné la forme préfente.

quelles, les affaires majeures qui intéressent l'Empire, sont renvoyées aux Comices dont elles dépendoient originairement.

La forme actuelle de ce Tribunal, qui doit sa confection à Ferdinand I. en 1559. a fait dire à quelques Auteurs, qu'au lieu d'être qualifié de Conseil Aulique de l'Empire, qui n'a nulle part à sa Constitution, la qualification de *Cour de l'Empereur* lui seroit mieux convenuë, d'autant, que la nomination des Officiers qui le composent, est réservée uniquement à l'Empereur, qui peut en placer en aussi grand nombre qu'il le juge à propos, & qui lui prêtent tous serment de fidélité. La seule chose où il soit astreint, est qu'il faut que le nombre de Protestans soit égal à celui des Catholiques dont il est composé, ou au moins, le tiers de Protestans, pour que dans les affaires de Religion, il puisse y avoir parité de Juges, surtout un Rapporteur & Co-Rapporteur des deux Religions ; c'est une condition que l'Empereur n'est pas en droit de transgresser : il ne peut non plus y avoir moins de huit Conseillers pour rendre un jugement définitif.

Ce Conseil est composé d'un Président & de dixhuit Conseillers : le Président ne peut être moins que Comte ou Baron d'Empire. Les Conseillers sont choisis, partië dans le Corps de la Noblesse, & partië parmi les Gradués & Personnes Lettrées. Ils sont distribués en deux bancs, l'un pour les Seigneurs, & l'autre est destiné pour les Jurisconsultes & Gradués, & les simples Nobles.

Pour se mettre cependant plus parfaitement au fait

des

des particularités de ce Conseil suprême, il faut faire attention, qu'indépendamment de ce Tribunal, il s'en trouve encore un autre à la Cour de l'Empereur que l'on nomme le Conseil privé & secret, mais connû sous celui de Conseil de Conférence, où se portent ordinairement les affaires les plus importantes de l'Empire; & s'il se trouve, dans l'examen des procès qui sont pendans au Conseil Aulique, quelques égards politiques à observer, ou les liaisons qu'il pourroit y avoir avec les intérêts d'Etat, on en donne avis à l'Empereur avec celui du Conseil Aulique, après quoi ils sont examinés de nouveau au Conseil privé où l'on épluche non-seulement ce qui regarde le Droit, mais encore ce qui peut avoir trait aux raisons d'Etat : on y pese scrupuleusement s'il est avantageux de rendre tel ou tel jugement, & la manière de s'y prendre pour le mettre à éxécution, & finalement s'il survient quelque scrupule, la prononciation en est suspenduë. Il est vrai que les Electeurs pour obvier aux abus qui pourroient naître de cette communication, ont fait promettre aux Empereurs Joseph, Charles VI. & Charles VII. par leurs Capitulations, qu'ils n'abandonneroient point au Conseil privé les affaires de l'Empire, qui sont réservées à la connoissance du Conseil Aulique. (*Cotte.* FF.)

Quant à l'éxécution des Arrêts émanés du Conseil Aulique, on commence par sommer le Condamné de s'y soumettre, sous peine de païer une somme qui est limitée, de tant de Marcs d'Or, applicable, moitié au Fisc & l'autre moitié au profit de celui en fa-

veur de qui l'Arrêt a été rendu : s'il fait refus, on re-
nouvelle la condamnation de l'amende prononcée ,
& s'il persiste dans son refus, on se sert de la voye
du Ban ou de la Proscription.

On peut cependant revenir contre ces Arrêts à la
Chambre Impériale par révision, ou par supplication
au même Conseil Aulique, ce qui est un équivalent
de ce que nous appellons dans la jurisprudence Fran-
çoise, se pourvoir par Requête Civile ; mais ni l'un ni
l'autre de ces deux manières de s'y pourvoir, ne peuvent en suspendre l'exécution, lorsque celui en faveur
de qui l'Arrêt est rendu offre de donner caution, au
cas qu'il vînt à succomber, ce qu'on appelle *Succum-
benz Gelter.* Une autre condition requise pour revenir
contre ces Arrêts, est qu'il faut que le principal de la
somme qui est en litige, excede celle de 2000 écus &
que celui qui veut se pourvoir, ait présenté sa Requête
à l'Electeur de Mayence dans les quatre mois du jour
de la signification de l'Arrêt, & que par serment qu'il
lui préte, il affirme qu'il est lèzé par le jugement rendu contre lui. L'Electeur donne ensuite avis des griefs
de la partie plaignante à l'Empereur & aux Etats préposés pour faire la visite de la Chambre Impériale ; après
quoi on nomme des Commissaires qui, sur le vû des Actes & des piéces, confirment ou réformemt le jugement
dont il s'agit ; mais le mal qui résulte de ces sortes de
révisions, provient de la négligence des Commissaires qui en laissent trainer la décision si long-tems,
que depuis 1562. un nombre prodigieux en est resté
sans qu'ils en ayent pris aucune connoissance.

Il résulte de tout ce qu'on vient de dire que le crédit de ce Tribunal, est infiniment audessus de celui de la Chambre Impériale, & que les causes y sont portées en foule de tous les côtés de l'Allemagne; mais que si la justice n'y est pas renduë avec toute la célérité requise, il ne tient pas aux Empereurs, qui pour la plûpart, sont portés d'inclination à la faire rendre. Il résulte donc de ces longueurs & des difficultés qui se rencontrent dans l'éxécution de ces jugemens, comme je viens de le faire observer, que souvent, ce sont les armes en Allemagne qui décident du Droit. Il n'en faut pas d'autre éxemple que celui de l'éxécution des Arrêts du Conseil Aulique dans l'affaire de Mecklenbourg, Ostfrise & Tecklenbourg, qui jusqu'à present n'ont eu aucun effet, & que l'on regarde dans tout l'Empire comme un trait des plus mémorables de son autorité, l'éxécution de celui rendu dans l'affaire du Land-Grave de Hesse-Cassel contre le Prince de Hesse-Rhinfels, ayant été mise à sa fin par les Troupes du Cercle du Haut Rhin, qui ont forcé le premier à évacuer les Fort & Chateau de Rhinfels & de le restituer à son Agnat le Prince de Hesse-Rhinfels. Ce fait est arrivé en 1718.

Le Conseil Aulique se tient actuellement à Vienne en Autriche, & est sédentaire dans la résidence ordinaire des Empereurs, qui le convoquent dans leur Palais quand il leur plait, ils le font même suivre dans leurs voyages, si ils le jugent nécessaire.

Ce Tribunal connoit en premiere & derniere instance, concurrément avec la Chambre Impériale, des affaires contentieuses entre les Etats : il connoît également de celles des Sujets , par appel des Tribunaux subalternes d'Empire, & par révision, des Tribunaux souverains des Princes.

Ce qu'on appelle révision en Allemagne & dans les Païs-Bas comme je viens de le dire, est la même chose que sont en France la Requête Civile & les Requêtes en caffation, avec cette exception, qu'en France la révision n'a lieu qu'en matière criminelle.

Le même Tribunal connoît encore, mais exclufivement à la Chambre Impériale & tous autres Juges , des affaires d'Italie & de tous les Païs qui ne sont pas du Corps de l'Empire.

De celles quand il est question d'adjuger un fief majeur ou régalien.

Il prend auffi connoiffance des investitures féculieres médiates.

Ce Conseil enfin , est supérieur en dignité à la Chambre Impériale & à tous les autres Tribunaux de l'Empire ; mais celle-ci, jouit d'une Prérogative particuliere dont il n'est point en poffeffion, qui est de ne jamais vaquer, même dans les interrégnes, pendant lesquels le Conseil Aulique reste fermé jufqu'à l'élection d'un nouveau Chef d'Empire.

L'époque du Conseil Aulique à qui la connoiffance des procès des Etats a été attribuée, n'est que fous le Regne de Maximilien I., que l'ufage où les Empereurs étoient de les faire inftruire devant eux en a été interrompu.

C'est auffi à l'Empereur Ferdinand III. a qui on est

redevable du réglement pour la procédure qui doit y être observée.

Les Officiers de ce Conseil, ont chacun depuis quatre jufqu'à douze mille florins d'Allemagne d'appointemens, felon l'ancienneté de leurs fervices.

### Chambre Impériale.

J'ai déja obfervé que l'origine & l'établiffement de ce Tribunal, eft duë à l'Empereur Maximilien I. qui l'érigea en 1495. du confentement de tous les Etats de l'Empire, pour foulager le Confeil Aulique qui étoit trop furchargé.

Cette Chambre devroit être compofée aujourd'hui, d'un Juge Catholique, appellé *Cammer Richter;* de quatre Préfidens, dont deux Catholiques & les deux autres Proteftans, & de cinquante Confeillers, dont vingt-fix Catholiques, & vingt-quatre Proteftans; mais faute de fonds, la Diéte s'eft prefque trouvée forcée de réduire le nombre des Préfidens à deux & celui des Confeillers qui ne paffe pas prefentement le nombre de dix-huit, à vingt-cinq, jufqu'à ce qu'on puiffe prendre des arrangemens convenables, pour remettre cette Chambre dans fon premier luftre.

L'Empereur s'eft refervé la nomination du Juge en chef de ce Tribunal, qui eft toujours un Catholique, qui ne peut être moins que Prince, Comte, ou Baron d'Empire, des deux autres Officiers qui préfident, dont l'un doit être Catholique, & l'autre Proteftant, & de deux Affeffeuts Catholiques.

Les autres Affeffeurs ou Confeillers, font préfentés

par les Electeurs & par les Cercles ; chaque Electeur a le Droit d'en nommer deux, & chaque Cercle, quatre, trois ou deux, selon que la parité de Religion l'éxige.

Ces Conseillers, dont les uns sont Nobles, les autres Roturiers, mais gradués, ont quatre mille florins d'Empire d'appointemens annuels chacun, & les chefs à proportion.

Les autres Officiers, sont le Fiscal, un Thrésorier, un Receveur & Payeur des gages.

Les Avocats & Procureurs, doivent être aussi des deux Religions, & ne peuvent excéder le nombre de trente: ils n'ont d'autres émolumens que ce que produisent leurs honoraires qui sont taxés.

La résidence de ce Tribunal, est aujourd'hui fixée à Wetzlar, depuis qu'elle n'est plus à Spire, où elle étoit autrefois; il ne se déplace jamais que pour être transferé d'un lieu à un autre, selon l'éxigence des cas, & ne suit jamais l'Empereur.

Sa jurisdiction s'étend sur toutes les personnes, & sur tous les biens de l'Empire: elle connoît concurrément avec le Conseil Aulique, de toutes les affaires qui sont de la compétence de ce Conseil, à l'exception de celles de sa jurisdiction privative dont je viens de parler.

Les personnes sujettes des Etats immédiats, viennent par appel en cette Chambre, elles y vont cependant en droiture, dans le cas de deni de justice.

Les causes de sa compétence en premiere instance, sont toutes celles qui regardent les personnes immédiates, les actions réelles & personnelles, les causes féodales, quant aux *Feuda minora*, les Fiscales, les infractions faites à la Paix de Religion, & à la Paix Publique.

Elle ne peut connoître des Appels des Causes Criminelles, que dans les cas de nullité de la procédure, ou d'une injustice si caractérisée, que les Juges seroient dans le cas d'être pris à partië.

L'amende pour les appellans qui succombent, ne peut être prononcée à moins de deux marcs d'or, & peut monter jusqu'à vingt.

Jamais un Rapporteur ne doit être connu des partiës, & indépendamment du Co-Rapporteur, à qui les Pieces du Procès doivent toujours être communiquées, quand l'affaire est de la derniere importance, le Grand Juge nomme encore deux autres Conseillers pour examiner le Procès avec eux, pour que le sort des partiës, ne dépende pas absolument du Rapporteur.

On ne peut se pourvoir contre les jugemens de cette Chambre, quand elle a une fois prononcé, que par trois sortes de voyes; qui sont la Restitution, le Syndicat & la Révision, de même qu'à ceux du Conseil Aulique, à tous lesquels il faut observer les mêmes formalités que j'ai déja expliquées.

Il y a cependant des Etats qui ont érigé chez eux des Tribunaux, appellés *Chambres des appellations*, pour empêcher leurs Sujets de se pourvoir à cette Chambre & même au Conseil Aulique, en derniere instance; bien entendu que ce sont ceux qui en ont le Droit;

principalement les Electeurs. Il n'y a cependant que ceux de Saxe, de Brandebourg & d'Hanovre, du nombre des Electeurs, qui en ont créé de cette espece, dans leurs Etats; le Duc de Würtemberg, & quelques autres Etats les ont imités, mais en petit nombre, tels que le Roi de Suéde, pour les Etats dont il est en possession en Allemagne, qui en a établi une à Wismar. Quant à la justice Criminelle, non seulement ceux qui sont Etats d'Empire, la font exercer chez eux, souverainement & sans appel, mais encore les Villes Municipales, & plusieurs simples Gentilshommes.

Les Tribunaux Souverains particuliers, sont ceux dont la jurisdiction ne s'étend que dans de certains Cantons de l'Empire: il n'y en a même plus que deux de cette derniere espéce, l'une appellée la Régence de Rothweil, & la seconde celle de Weingautein.

### Chambre de Rothweil.

Cette Chambre est fort ancienne, & doit son établissement à Conrad III. Duc de Suabe, en reconnoissance de ce que les Habitans du lieu où il s'étoit refugié, l'avoient courageusement défendu pendant le Siége que Lothaire avoit formé de cette Ville, où il transfera sa justice Aulique nommée *Hoffgericht*. Elle est composée d'un Président, & de treize Conseillers, partie Nobles & partie Roturiers, dont la jurisdiction s'étend sur quatre Cercles seulement, qui sont, le Cercle d'Autriche, ceux de Suabe & du Rhin, &

celui

celui de Franconie. Elle concourt en premiere inftance avec les Juges ordinaires, & en feconde avec les autres Tribunaux Souverains de l'Empire, en ce qui eft de fa compétence.

Tous les Membres & Sujets de l'Empire, médiats & immédiats qui réfident dans fon diftrict, font foumis à fa direction, à l'exception des Electeurs, des Ducs de Juliers, des Comtes Palatins des deux Ponts, & plufieurs autres Princes, Comtes & Barons, Princes d'Empire, & quantité de Nobles de fon reffort qui en font éxempts, mais obligés d'y comparoitre quand ils y font affignés, pour y produire leurs Priviléges d'éxemption, & les y faire homologuer.

L'Empereur a feul, le Droit de nommer le Juge ou Préfident de cette Chambre, qui eft héréditaire ; cette Place a été remplie autrefois, par le Comte de Wartenberg ; le Comte de Sultz en a été revétu depuis, & c'eft aujourd'hui dans la Maifon du Prince de Schwartzenberg qu'elle eft tombée.

Il faut cependant remarquer que la plus grande partie des Priviléges dont je viens de parler ( comme exempts de cette jurifdiction, ) ne peuvent jouir de leur Privilége d'éxemption, dans les cas appellés en termes de procédure, *Ehehaffts-Fall*, qui lui font fpécialement réfervés, & qui font au nombre de dix-huit, portés par l'acte de réformation de ce Tribunal. Les feuls Electeurs, les Princes de la Maifon d'Autriche, & les Ducs de Wurtemberg en font exceptés.

Cette Chambre étoit autrefois en poffeffion du Privilege de dernier reffort, mais aujourd'hui elle eft foumise à l'appel qui peut être indifféremment porté, soit au Conseil Aulique, soit à la Chambre Impériale.

La Régence de Weingarten, est une autre Justice de Suabe, que le Duc de ce nom exerçoit lui-même autrefois; elle n'a point de résidence fixe; mais elle alterne de Rawensbourg à Wangen, de Wangen à Isny, d'Isny au Village d'Altorff, où se trouve le Monastère de Weingarten dont elle a emprunté le nom.

Ce Tribunal est à peu de chose près ce qu'est la Chambre de Rothweil, si l'on en excepte les appels qui n'y sont reçus qu'en déni de Justice; il joüit des mêmes Prérogatives qu'elle, en sorte que ces deux Tribunaux qui exerçent leur jurisdiction, avec la même égalité dans le Cercle de Suabe, à très peu de chose de différence, ont prévenu toutes les Contestations de conflit de jurisdiction qui auroient pu s'élever entr'eux, par un accommodement qu'ils ont fait ensemble en 1538. par lequel ils ont réglé chacun leurs départemens.

Quant aux Tribunaux subalternes, ils sont en fort petit nombre, dont quelques-uns même ne subsistent plus.

Le premier de ces Tribunaux, étoit la Chambre Provinciale d'Haguenau, qui n'éxiste plus.

Le second, la Chambre Provinciale de Nuremberg.

Et le troisiéme, la Chambre de Wurtzbourg en Franconie.

On observera que les appels des jugemens de ces

Chambres, qui devroient naturellement être portés directement à la Chambre souveraine d'Autriche, établie à Insprug, sont portés au contraire à la Chambre Impériale.

La Chambre de Westphalie est le quatriéme Tribunal subalterne.

Cette Chambre, qui à juste titre pourroit passer pour le plus ancien Tribunal de l'Empire, après la Chambre Aulique, est bien déchuë de sa premiere splendeur. Elle doit son origine à l'Empereur Charles-Magne qui l'avoit instituée. Elle étoit appellée de son tems, la *Chambre secrete*, parcequ'elle n'avoit point d'autre objet que la Religion ; elle étoit proprement ce que le Tribunal de l'Inquisition est en Espagne : les Juges dont elle étoit composée n'avoient point de Tribunal déterminé ; on ignoroit même le lieu où se faisoient leurs Assemblées, en sorte que toutes les procédures émanées de ce Tribunal, étoient inconnuës ; elle fut supprimée en 1512.

On trouve cependant dans les Archives de la Ville de Strasbourg, une assignation qui fut donnée à cette Ville, pour comparoître devant les Juges de cette Chambre.

On trouve encore une autre espéce de Juges qui administrent aujourd'hui la justice, en Saxe, en Baviere & en Franconie. On les connoît sous le nom de *Pfaltz-graves* ou Comtes Palatins ; leur origine étoit très antérieure à Charles-Magne ; ils étoient comme Maitres des Requêtes, ou Présidens ; ils n'exerçoient point leur ministere sur les gens de Guerre. D'autres

Comtes Palatins se sont introduits depuis en Allemagne, qui faisoient leur résidence dans les Provinces où les Empereurs avoient des Palais, & où ils administroient la justice. Ce sont de ceux-là dont je viens de parler qui éxistent encore dans les mêmes fonctions.

# CHAPITRE TRENTE-NEUVIÈME.

### Des *Juges extraordinaires*.

IL est encore une autre espéce de justice établië en Empire, qui est administrée par des Juges extraordinaires, qui sont appellés *Austrégues*.

Ce sont des Personnages d'une prudence consommée & connuë, choisis à cause de leur légalité, par les Etats & par la Noblesse immédiate, suivant les pactes de famille, les Priviléges ou Loix fondamentales, pour décider en premiere instance, les différens qui peuvent s'élever entre-eux.

L'origine de cette jurisdiction extraordinaire, doit son établissement aux Etats mêmes, qui s'étoient plaints autrefois qu'en fait de justice, ils étoient traités comme des personnes de pire condition, que celles qui étoient sujettes, en ce que, les sujets avoient la voye de l'appel au Juge supérieur, quand ils avoient été condamnés, & que les Etats qui ne pouvoient être traduits que par devant un Juge souverain, étoient privés d'un dégré de jurisdiction; de manière que sur leurs remontrances, on leur donna les Auſtregues, pour connoitre en premiere inſtance de leurs conteſtations entre-eux.

Ces Auſtrégues, ſont de deux eſpéces, les uns ſont conventionnels, les autres légaux; les conventionnels, ſont ceux, dont par les pactes de familles, on eſt convenu; ou ſi l'on veut, qui ſont choiſis par les Partiës plaidantes : ces derniers, ſont à proprement parler, des Arbitres.

Les légaux au contraire, ſont ceux qui ont été réglés par les Ordonnances de la Chambre Impériale, ou par un privilége ſpécial.

Ceux-là s'appellent Auſtrégues d'Ordonnance, & ceux-ci Auſtrégues de Privilége.

Il faut cependant diſtinguer deux choſes dans les Auſtrégues, la compétence & la manière de juger.

La compétence conſiſte en quatre cas différens.

Le premier, quand un Prince eſt aſſigné par un Prince. *Ordonnance de la Chambre*. P. 2. Tit. 2.

Le ſecond, quand un Prince eſt aſſigné par un Suſ-jet quel qu'il ſoit, même par un Juif, *Ordonnance de la Chambre*.P. 2. L. 4. Parag. 1. *recez du premier Janvier*, 1600. Parag. 26.

Le troiſiéme quand les Sujets immédiats, qui ne ſont pas Princes, excepté les Villes, ſont aſſignés par un Prince. *Ordonnance de la Chambre*. Paragraphe 2. Tit. 3.

Et le quatriéme, quand les immédiats non Princes, ſont aſſignés l'un par l'autre, & non par des médiats. *Ordonnance de la Chambre*. P. 2. Tit. 3.

A l'égard de la maniere de juger, la juſtice ſe rend de trois façons différentes.                    Ll iij

La premiere, pardevant un Prince choiſi.

La ſeconde, pardevant un Commiſſaire demandé.

Et la troiſiéme, pardevant le Conſeil même du Prince aſſigné, ou autres Juges choiſis de part & d'autre.

Il n'en faut pas davantage pour donner une idée claire de cette eſpéce de juriſdiction, que l'on peut appeller arbitraire.

## CHAPITRE QUARANTIE'ME.

*De l'exécution, tant des recez des Diétes générales que des Jugemens des Tribunaux Souverains, & des Cercles à qui cette exécutiou eſt commiſe.*

APRE'S avoir détaillé avec autant d'ordre & de préciſion qu'on a pu, les différens Tribunaux de l'Empire, la maniere d'y adminiſtrer la Juſtice, & d'y procéder dans tous les cas de leur compétence, quoique j'aye déja dit deux mots de la manière d'en faire éxécuter les décrets; il me reſte pour terminer cette matière importante, à démontrer dans un ordre plus méthodique, la manière de faire éxécuter le recez des Diétes, & par une ſuite néceſſaire, tous les jugemens émanés des autres Tribunaux de l'Empire.

Comme les recez des Diétes, ſont la baze & le fondement de tout, & que ce ſont même les Loix ſur leſquelles on ſe régle, c'eſt par la façon de les mettre à éxécution qu'il faut commencer.

L'éxécution de ces recez ainsi que des jugemens, n'est commise qu'aux Cercles de l'Empire.

Il faut cependant considerer quatre choses, par rapport à cette éxécution.

La premiere, le nombre des Cercles.

La seconde, la raison qui a déterminé à leur confier cette éxécution.

La troisiéme, leur gouvernement.

Et la quatriéme, leur fonction.

Le nombre des Cercles a déja été expliqué, il y en a dix.

La raison, se tire de ce qu'un Cercle, renfermant en lui-même plus de force & de pouvoir qu'un Etat particulier, l'éxécution du recez qui lui est renvoyée, est plus assurée, & se fait d'une manière plus convenable à la dignité & à l'utilité de l'Empire.

Le gouvernement, en ce que tous les Cercles sont dirigés par un ou plusieurs Directeurs, & par un Duc ou un Commandant Militaire, ce qui forme deux especes de Charges.

Celle de Directeur, qui est ordinairement attachée à une Maison, ou à un Territoire, consiste à convoquer les Etats, & les Membres pour les Diétes des Cercles, à y faire les propositions, & à diriger les assemblées.

Les fonctions de celle de Duc, consistent à mettre la Diéte & le Cercle même, à couvert de toute violence à main armée, & à mettre à exécution les résultats & décrets des Diétes, & les jugemens des Tribunaux de l'Empire.

Cette charge se donne par Election, à la pluralité des voix dans chaque Cercle, quand elle vient à vaquer, par mort ou autrement.

Cette éxécution demande cependant, qu'avant d'y procéder, on convoque des assemblées des Cercles, qui sont simples ou composées.

Elles sont appellées simples, quand il n'y a nécessité que d'assembler un seul Cercle;

Et composées, quand plusieurs sont convoqués.

Les Cercles voisins qui s'assemblent ainsi, s'appellent Cercles correspondans.

Ils se divisent en trois Classes.

Les Cercles du Haut & Bas Rhin avec celui de West-phalie, forment la premiere Classe.

Les Cercles de la Haute & Basse Saxe, ausquels se joint assez souvent celui de Westphalie, composent la seconde Classe.

Et ceux de Franconie, de Suabe, de Baviere & d'Autriche, font la troisiéme.

Finalement, c'est aux Directeurs & Ducs du Cercle où l'éxécution du recez ou jugement, doit être faite, qu'elle est spécialement commise, ou subsidiairement à ceux du Cercle le plus voisin.

---

# CHAPITRE QUARANTE-UNIE'ME.

### *Des Avocaties.*

LEs Evêchés, & les Monasteres, dépourvûs an-ciennement de tout pouvoir & sans aucune jurisdiction jurifdiction féculiere dans toute l'Allemagne, font l'origine des Avocaties. Il étoit donc de la prudence de pourvoir dans ces premiers tems, tant à la fureté de leurs perfonnes, qu'à la bonne adminiftration de leurs biens. On y pourvût, & du tems même de Charle-Magne, que les biens Eccléfiaftiques ne dépendoient point du Clergé, des perfonnes choifiës par les Roys, étoient déja établiës pour les gérer & en être les Juges, fous le nom d'Avocats. Il y en avoit encore d'une autre efpéce qui en avoient le titre héréditaire, à caufe des fondations qu'eux mêmes ou leurs Ancêtres, avoient faites à des Eglifes, aufquelles ils avoient abandonné des fonds & des Terres, à la confervation defquelles il étoit dans l'ordre naturel & même de Juftice, qu'ils veillaffent par préference à des Etrangers.

Ces Avocats, les uns par honneur, les autres par devoir, étoient tenus dans des tems de troubles, ou quand quelque Evêché ou Abbaye étoient menacés d'une invafion, de marcher à leur fecours avec des Troupes, qu'ils joignoient ordinairement aux Vaffaux des Evêchés, ou des Monaftéres dont ils prenoient la défenfe.

Ces petites Guerres les rendirent peu à peu plus puiffans, & à mefure que leur pouvoir augmentoit, ils étendoient leur autorité & leur jurifdiction, jufques à s'approprier une partie des revenus de ces Eglifes, fur lefquels néanmoins, ils n'avoient qu'une feule infpection. Les Evêques & les Abbés fouffrirent d'abord ces procedés avec quelque forte de modération, mais portés à des excès de vexation outrés, ils leur devinrent odieux & chercherent tous les moyens imaginables de s'en souftraire. Leurs fortunes qui s'accumuloient de jour en jour, par de nouvelles donations qui leur étoient faites, les mit bientôt en état de régir leurs biens par eux mêmes, & de se passer de leurs Avocats qui étoient devenus pour eux de petits tirans, de défenseurs nés qu'ils étoient par leur création, de leurs Domaines & même de leurs vies.

Voila en peu de mots, ce qui nous est resté de l'origine des Avocaties, dont il seroit trop long, & même ennuyeux, de faire l'énumeration des lieux sur lesquels le Droit d'Avocatie étoit attaché, de même que ceux sur qui il a été perdu ou conservé. Mais un fait qui ne peut être revoqué en doute, c'est que de toutes les Maisons d'Allemagne, il n'y en a aucune qui ait plus fait d'acquisitions de ces sortes d'Avocaties ue celle d'Autriche ; aussi, c'est-elle fait reconnoitre pour l'Avocat perpétuel de toutes les Abbayes & Monastéres, tant d'hommes que de femmes, qui sont situées dans ses Etats.

Il s'agit présentement de faire voir en quoi consiste le Droit d'Avocatie.

La faculté de maintenir une bonne discipline dans les Abbayes & les Eglises, de veiller à ce que les revenus ne se dissipent point mal à propos, & qu'ils soient dispensés avec une sage & modeste œconomie, est la fonction la plus utile, pour le soutien des Maisons Régulieres que l'on puisse exercer, quand on s'en acquite dignement, de même que celle d'empêcher l'aliénation des biens dont elles sont propriétaires.

Il consiste encore à se faire rendre compte de toute l'administration du temporel, & dans les cas de dissipation, d'établir des Œconomes, à qui on fait prêter serment de bien gérer, & qui doivent rendre compte tous les ans.

Les Avocats, ont encore le Droit de faire déposer les Abbés, dans les cas d'une mauvaise conduite & de scandale, ou accusés de dissipation prouvée.

Ils ont celui d'assister & d'être appellés aux Elections, sous peine de nullité à ce défaut ; de se faire donner les sceaux & les clefs de l'Abbé ou Supérieur d'un Monastére quand il est décédé; d'être présents au Scrutin pour l'Election d'un nouveau Supérieur, pour qu'elle se fasse dans toute les formes requises, & que la liberté ne soit point gênée.

Ils ont de plus, le Droit de donner l'investiture du Temporel au nouvel élu, & sont chargés de l'éxhorter avec bonté, à s'acquitter dignement de son ministére.

Ce sont eux qui décident dans les Chapitres d'élection, lorsque les Capitulans ou Conventuels se trouvent partagés dans les voix, ou désunis.

Quelques-uns prétendent, qu'ils ont le Droit de percevoir une portion des revenus des Abbayes qui dépendent de leurs Avocaties, & qu'ils ont même celui d'y envoyer un certain nombre de Domestiques & de chevaux pour y être défrayés; mais ces sortes de droits, si tant est qu'ils subsistent, paroissent plutôt arbitraires, que fondés sur des titres, qu'ils seroient fort ambarrassés de produire, s'il étoit question de les représenter.

Il ne me reſte plus, après avoir éclairci toutes les partiës du Droit Public d'Allemagne, qu'à donner un précis de l'état actuel de cet Empire, de ſes forces, & de ſon gouvernement, pour terminer ce Traité; j'en vais faire l'eſſai dans le Chapitre ſuivant.

# CHAPITRE QUARANTE-DEUXIE'ME.

*De l'Etat actuel de l'Empire, ſes forces & ſon gouvernement.*

LORSQUE l'on conſidére l'Etat actuel de l'Empire en général, tel qu'il eſt aujourd'hui, il pourroit être regardé comme purement Ariſtocratique, ſi on n'a préciſément en vuë que les aſſemblées Comitiales ou les Diétes générales, qui ſont à la vérité la baſe de ſon gouvernement. Mais pour peu qu'on éxamine les choſes de plus près, on changera bientôt de ſentiment, ou du moins, on conviendra qu'il réſide dans le caractere Impérial un pouvoir mixte & limité à la vérité, mais qui ne rend point Ariſtocratique le gouvernement d'Allemagne, dans toutes ſes partiës. L'Ariſtocratie demande d'abord, que le Domaine ſuprême ſoit confié à l'adminiſtration d'un Sénat perpétuel; elle veut qu'il n'y ait que ce Sénat qui, à l'excluſion de tout autre, ait la faculté de délibérer & de ſtatuer ſur toutes les partiës qui le compoſent, & ſur les affaires qui affectent tout le Corps de la République. On ne trouve point en Al-

lemagne aucun Corps, ni Tribunal qui puiſſe reſſem-
bler à un Sénat de cette eſpéce, ni qui ait un pouvoir auſſi étendu ; & quiconque voudroit attribuer
aux Diétes la même autorité, & même les comparer
à ce Sénat, tomberoit dans une erreur très abſurde.
Premierement, elles ne ſont point ordinairement per-
manentes ; il n'eſt point d'uſage d'en convoquer, que
dans des cas particuliers, ou pour des raiſons d'Etat
qui intéreſſent tout le Corps Germanique, ſur leſquelles il convient avec juſtice, qu'il délibere de concert avec le Chef, ſoit pour prévenir les abus ou
pour y remédier, ſuivant les cas ; ſoit pour faire de
nouveaux réglemens, par rapport à de certaines conjonctures qui ſurviennent, qui n'avoient point encore été prévuës. Cette ſeule raiſon prouve viſiblement
que les Diétes ne peuvent repréſenter ce Sénat, & que
ceux qui voudroient les comparer à celui de Veniſe, ne
porteroient pas un jugement bien ſenſé, en leur
attribuant le pouvoir abſolu qu'elles n'ont point, &
que ce Sénat exerce ſur les biens de chacun de ſes Membres, & même ſur leurs perſonnes.

Ce ſeroit envain que les Auteurs de ce ſentiment,
puiſqu'il y en a, allégueroient pour l'autoriſer, les
ſécular[i]ſations & les ceſſions qui ont été faites en
conſéquence des Traités de Munſter & d'Oſnabruck ;
qu'ils liſent ces mêmes Traités ſans partialité, ils
trouveront la dure néceſſité, qui a forcé d'en venir
à ces extrémités, pour prévenir de plus grands maux
qui étoient inévitables.

On conviendra cependant avec eux, que les Etats

affemblées, ont Droit de difpofer des Terres ou Seigneuries de quelques-uns d'entre eux, & de les abandonner à un tiers; la ceffion de la Poméranie citérieure à la Couronne de Suéde en eft un éxemple
que l'on auroit mauvaife grace de contefter; mais
auffi, en a-t-on indemnifé l'Electeur de Brandebourg
à qui elle appartenoit, en lui facrifiant d'autres Etats
que les conjonctures des tems ont obligé, d'Eccléfiaftiques qu'ils étoient, de les rendre féculiers, fans
néanmoins faire tort à perfonne, pas même aux Ti-
tulaires actuels qui en étoient revêtus, puifqu'il n'en
avoit que l'expectative pour en jouir après leur extinction.

Quelque prévenu donc que l'on puiffe être, en faveur de ce fentiment, je croirois que la forme du
gouvernement d'Allemagne auroit plus de rapport
avec celui d'Angleterre, & que la comparaifon que
l'on pourroit faire des Affemblées générales de l'un,
avec les Parlemens d'Angleterre, feroit plus jufte,
avec cette différence cependant, que les Empereurs
& les Rois de la Grande-Bretagne ont la faculté, les
uns de convoquer les Diétes, les autres leurs Parlemens, mais que les Parlemens ne peuvent pas s'affembler de leur propre autorité, comme l'ont les Etats
d'Allemagne, fans le confentement des Empereurs.

On voit, par les maximes qu'a débitées le plus
partial des Auteurs (a) qui ont foutenu l'Arifto-
cratie d'Allemagne, que la paffion avoit beaucoup
plus de part dans fes raifonnemens, que de juftice.

_______

(a) Hippolitus à lapide.

Il pose pour principe général, que la souveraineté réside dans les Princes & Etats d'Empire, & que les Empereurs n'en ont tout au plus que les apparences; mais que pour maintenir dans les Etats cette souveraineté, il est des maximes dont il ne faut pas s'écarter. Il les réduit à six Chefs.

Le premier, dit-il, (b) est de conserver l'union, & de prévenir tout ce qui a l'ombre de cabale.

Le second, (c) de ne pas laisser long-tems la Couronne Impériale dans une même famille, abus auquel les Electeurs négligent de remédier, & qu'il est d'une grande conséquence de donner des successeurs aux Empereurs de leur vivant. Il résulte de ces usages, continue-t-il, que non-seulement les Elections prématurées ne sont jamais libres, & que l'Empire devient comme héréditaire dans une Maison.

Le troisiéme, (d) qu'il ne faut pas se contenter d'avoir donné à un Prince, en lui mettant la Couronne Impériale sur la tête, le pouvoir de conduire & de modérer les actions des Citoyens; mais qu'il est d'une nécessité indispensable au contraire, que les Princes pour ne pas abandonner les rênes de la Ré-

(b) Hyp. à Lapide. Dissert. de Ratione Status, pars 2. Cap. 1. P. 325. & seq. *In hac verò Reipubl. formâ, ante omnia ratio habenda est concordiæ, ut illa sarta tecta inter Ordines conservetur; nevè harmonia ista, quâ singuli suaviter inter se conspirare debent, aut intensione aut depensione unius alterius-ve nimiâ corrumpatur.*

(c) Ibid. P. 331. *Secundò in Principatu, sive aristocratico imperio, in quo tamen unus aliquis, tanquam primus Ordine ac præcipuus Princeps, Directorium obtinet, maxime attendendum est, ne in unâ quâdam familiâ, per aliquot vices, summus is Magistratus continuetur.*

(d) *Tertia Status ratio consistit in eo, quod communi omnia consilio peragi debeant; ubi in specie, de Comitiis.* ibid. P. 343.

publique, doivent convoquer souvent les Etats, ou du moins, établir un Tribunal fixe & perpétuel, tel que celui qu'avoit établi en 1500. l'Empereur Maximilien I. sous le nom de *Régiment.*

(*e*) Ce Tribunal étoit composé de vingt personnes choisiës, & tirées de tous les Ordres des Etats d'Empire, qui avoient pour Chef l'Empereur lui-même, ou quelque Comte ou Baron d'Empire, avec le titre de son Vicaire: ce Conseil représentoit les Etats, & connoissoit de toutes les affaires concernant la tranquillité de l'Empire, la conservation de ses Membres & de leurs Droits. Il est vrai que cet Empereur ne fut pas long-tems à s'appercevoir du discrédit de son autorité par l'érection de ce Tribunal, ni à s'en repentir, que Charles-Quint s'attacha peu à peu à l'abbaisser, & enfin, à chercher les moyens de le supprimer tout à fait, sous des prétextes dont cet Auteur rend compte, & dont il vint à bout en 1530. Ce fut immédiatement après la suppression de ce Tribunal, que les députations ordinaires des Etats furent établiës, (*f*) & que le Conseil Aulique s'arrogea,

(*e*) De Regimento, quod, post Comitia, alterum Libertatis Germanicæ fulcrum fuit. Ibid. Pag. 364.

(*f*) *Regimento hoc modo sublato, duravit tamen adhuc mos convocandi universos Imperii Ordines, & in publicis Comitiis de rebus Imperii deliberandi, usque ad nostra ferè tempora.*

*Cum autem Ordines universi non nisi magnis difficultatibus, ac sumptibus, in unum coïre possent (quæ ipsa etiam Regimenti, primitùs introducti, causa fuit) nova iterum conventûs species in Imperio exorta est.*

*Et hic conventus initio consistit è sex Electoribus, sex aliis Principibus, & duabus Civitatibus.* * quibus posteà quatuor Principes adjuncti sunt. ** *vocatur autem* ein députations. Tag'gemeinet Reichs deputations tag. *Ibid. p.* 383. & 384.

* Recessus de anno. 1555. & 1559.
** Recessus de anno. 1570.

ajoute-t-il,

ajoute-t-il, l'autorité suprême dont il fut revêtu depuis, & le Conseil privé de l'Empereur encore davantage. (g)

Le quatriéme (h) moyen qu'il prescrit, est de ne laisser à l'Empereur, que les marques honoraires de la Majesté Imperiale, & que la République s'en reserve tous les Droits, & le pouvoir.

Il fait consister le cinquiéme (i) à ne pas laisser les Empereurs les arbitres de la vie, des biens & de la réputation des Etats.

Et le sixiéme (k) enfin, à ce que toutes les Troupes & les Places fortes de l'Empire, ne soient pas à la seule disposition de l'Empereur.

Il ne faut pas moins convenir que ce même Auteur, dans toutes les preuves qu'il avance pour autoriser ses maximes, ne fasse entrevoir une partialité condamnable & une aigreur trop marquée contre la Maison d'Autriche, nommément contre Jean Georges I. Electeur de Saxe, dont les intérêts particuliers l'avoient étroitement lié à cette Maison: ses autres Partisans

---

(g) *Ibid. p. 392.*

(h) *Quarta Status ratio, in eo consistit, quod simulacra Majestatis Principi relinquenda, jura verò Reipublicæ reservanda sint : & in specie, de simulacris Imperatori relictis, aut relinquendis, ibid. P. 394.*

(i) *Quintò, in omni Aristocratiâ in quâ unus summus Princeps est, ratio & incolumitas Status id maximè postulat, ut optimatum, qui participes regiminis unà cum Principe sunt,*

*non dignitas modò, & respectus, sarta tecta conserventur, sed vita quoque, ac fama fortunæ, in salvo & plenâ securitate sint, nec solius Principis subjaceant arbitrio : nevè in singulos illorum liceat, quod universos non licet.* Ibid. 493.

(k) *Sexta Status ratio, quæ est, ne militia & loca munita solius Imperatoris potestati committantur. Ibid. P. 504.*

N n

pouſſoient même les choſes dans ces tems-là, juſqu'à avancer publiquement, que Guſtave Adolphe Roi de Suéde, avoit formé le projet de s'ériger en Empereur des Proteſtans; calomnies qui n'eurent point de ſuites, & dans leſquelles les perſonnes impartiales ne donneront point.

Si l'on avoit voulu ſuivre le même Auteur, & adopter les moyens qu'il propoſoit pour remédier aux troubles dont il prétendoit que l'Allemagne étoit pour lors agitée, ils ne tendoient pas moins qu'à abaiſſer totalement la Maiſon d'Autriche, qu'il avoit uniquement en vuë : le ſeul qui étoit propoſable, & qu'il ſeroit à ſouhaiter qu'il fût ſuivi, eſt la concorde parfaite qu'il recommandoit aux Etats, une amniſtie générale, & l'abolition de tous les griefs qui entretenoient la diſcorde entr'eux : il inſiſtoit ſurtout, ſur ce que l'on ne ſe partageât point en factions, ſur la diverſité des Religions ſuiviës dans pluſieurs Etats de l'Empire, & que cette contrarieté ne ſervît point de prétexte à troubler la tranquillité publique.

Si d'un autre côté, on vouloit adopter les ſentimens de *Sluterius*, dans ſa réfutation de la diſſertation *d'Hyppolitus à lapide*, on tomberoit dans un autre inconvénient tout oppoſé, cet Auteur, s'efforçant de démontrer que le gouvernement de l'Empire eſt Monarchique, avec au moins autant de partialité, que le précédent a prétendu en prouver l'Ariſtocratie avec aigreur. Il faut avoüer que celui-ci eſt mieux fondé & plus ſéduiſant ſans comparaiſon, que ſon critique, dont les foibles autorités l'obligent ſouvent à s'en tenir simplement sur la négative, ou tout au plus à de frivoles raisonnemens, qui ont d'autant moins l'art de persuader, que pour vouloir trop prouver, il ne trouva dans toute l'Allemagne, que les seuls Partisans zelés de la Maison d'Autriche, qui fussent ses apologistes; d'où il faut nécessairement conclure, que sans s'arrêter aux opinions trop marquées de ces deux Auteurs, il faut se fixer à un juste milieu dans ces deux formes de gouvernement, en ne donnant pas aux Empereurs un pouvoir illimité, tel que Sluterius & ses Partisans voudroient l'insinuer aux Etats d'Empire, ni celui dont son antagoniste voudroit qu'ils fussent en possession.

On ne sçauroit disconvenir, Puffendorff l'avoüe lui-même, *(l)* que Ferdinand II. n'eût fait quelques entreprises contre la liberté des Etats, d'où il infére que la France & la Suéde, pouvoient à juste titre, prendre la qualité de défenseurs de la liberté Germanique, en continuant la guerre contre la Maison d'Autriche. Ces deux Puissances en effet, ne discontinuèrent de la lui faire, qu'à la Paix de Westphalie, à laquelle elles ont concuru, & qui maintient solidement ces mêmes Etats dans tous leurs Droits & Prérogatives, confirmés par les Traités de Munster & d'Osnabruck.

Il résulte donc de tout ceci, que ces deux Traités sont, pour ainsi dire, la règle & la base du gouvernement de l'Empire d'Allemagne, tel qu'on le voit aujourd'hui. Il ne me reste plus présentement pour remplir mon

_______________

*(l)* Etat de l'Empire d'Allemagne. P. 376.

projet, qu'à donner une idée succinte de ses forces.

Il n'est pas douteux que l'immensité de ce continent, ne fournisse un nombre prodigieux d'habitans & conséquemment de soldats, pour se mettre en défense contre les irruptions de leurs Voisins. La Puissance la plus à craindre est celle du Turc, dont les Etats sont limitrophes de ceux de l'Empire. Il seroit donc d'une nécessité indispensable, d'avoir toujours tout prêt, un Corps d'Armée de cinquante à soixante mille hommes pour faire face dans des cas pressans, aux irruptions d'un Ennemi si puissant, qui est presque toujours armé, & qui se présente souvent dans des tems où l'on s'y attend le moins. Cette précaution à laquelle on n'a jamais pensé, remédieroit tout à la fois à cet inconvénient, & à l'abus que font aujourd'hui les Princes d'Allemagne de leurs Troupes, en les fournissant à des Puissances Etrangeres, moyennant des subsides annuels qu'ils en retirent, malgré l'attention des Empereurs à y tenir la main.

On ne disconviendra pas que ce seroit ôter un moyen aux Etats d'Empire d'avoir des Troupes sur pied, dont l'entretien leur deviendroit à charge & dispendieux, s'ils étoient privés de ce secours; mais aussi, en abolissant cette méthode parmi eux, ils pourroient subvenir à leur entretien, & en avoir le même nombre, en suivant la maxime des Cercles pour la subsistence & la solde de celles qu'ils ont toujours sur pied, qu'ils ont emprunté des Suédois. Elle consiste suivant la quantité, à faire une répartition juste, telle qu'elle se pratique en Suéde, où six Païsans étoient chargés entre eux, de la nourriture d'un Cavalier & de son cheval; & trois autres Païsans de celle d'un Soldat. Le Cavalier de semaine en semaine, passoit d'un de ses Hôtes alternativement chez l'autre, qui étoient obligés de lui donner un écu chacun par quartier pour sa solde, son linge & autres petites nécessités, l'uniforme lui étant fourni par l'Etat. Quand il étoit obligé d'entrer en Campagne, il étoit en droit de changer sa monture, quand elle déclinoit, contre le meilleur cheval de ses Hôtes, dont il avoit le choix. Le Païsan avoit en revanche, la faculté de se servir du cheval du Cavalier pendant la moisson, dans les tems de Paix ou de revuës. Il étoit aussi permis au Cavalier pendant ce tems d'inaction, d'aller à la Chasse dans les Bois de haute futaye, ou de s'aller délasser à la Pêche. Le soldat étoit entretenu à peu près de la même manière, si ce n'est, que ses Hôtes n'étoient tenus qu'à lui fournir entre eux, douze écus par an, un habit & deux paires de souliers. Les appointemens des Officiers tomboient également à la charge des Païsans, qui y contribuoient en plus grand ou plus petit nombre, à proportion que leurs émolumens étoient plus ou moins forts. Il est vrai qu'en considération de ces charges, les Païsans étoient exempts de toute autre imposition militaire, & qu'ils étoient en droit de faire travailler le soldat, comme un simple domestique; par ce moyen, avant que la Suéde eût perdu les Provinces qui sont détachées de sa Couronne, elle étoit en état d'avoir toujours à son service vingt à vingt-cinq mille hommes de Cavalerie, & le double d'Infanterie,

N n iij

prêts à marcher au premier coup de Tambour. *(m)*

L'Allemagne au surplus, est un Païs fertile arrosé des plus grands fleuves de l'Europe, qui sont le Rhin, le Danube, l'Elbe & plusieurs autres, qui pourroient contribuer à y faire fleurir le Commerce, si les peuples qui les avoisinent y étoient un peu plus adonnés. Les manufactures n'y sont pas aussi communes qu'elles devroient y être ; aussi n'en connoit-on guères l'utilité, à proprement parler, que dans les Contrées du Nord d'Allemagne, comme à Hambourg, Lubeck & autres Villes voisines de la mer. On y trouve en assez grande quantité, des mines d'argent, de cuivre, d'étain, de plomb & autres métaux ; on ne doute pas même qu'il n'y en ait qui fournissent de l'or, à en juger par les grains qui roulent dans les eaux du Rhin ; mais il ne s'en trouve que dans les endroits où ce fleuve arrose l'Alsace & les Etats de Bade, d'où l'on conjecture avec quelque fondement, que quelque montagne voisine de ces Provinces, renferme dans son sein, des veines de ce métal précieux. Quoi qu'il en soit, on ne peut pas douter que le Rhin n'en ait fourni autrefois assez abondamment, pour en fabriquer de la monnoye, réputée la meilleure d'Allemagne, & nommée par excellence, les florins d'or du Rhin. Les Seigneurs faute de connoitre ou de cultiver cette propriété des eaux de ce fleuve, négligent cette partië de leurs Droits Régaliens, en n'y faisant point pêcher ; mais comme ils ont ce Droit à l'exclusion de tout autre, ceux qui pourroient en faire un meilleur

*(m)* Ibid. pag. 306.

uſage, ſe trouvent privés par-là, de contribuer à l'a-
bondance & à la richeſſe du Païs.

Un autre inconvénient qui agite ſouvent cet Empire, eſt la diverſité des Religions, qui s'y trouve.
Les diviſions qu'elles ont cauſées, & dont elles ſont
encore quelquefois la ſource, pourroient ſe terminer une bonne fois, ſi on laiſſoit aux Princes, par
un concert unanime des Etats d'Empire, le ſoin de
les étouffer, en leur laiſſant la liberté de ne choiſir
pour Miniſtres de l'Egliſe, que des Perſonnes éclairées,
& capables de ramener par la perſuaſion & la douceur,
ceux qui ſe ſont ſouſtraits de l'Egliſe Romaine ; il conviendroit encore de défendre aux Prédicateurs ſous des
peines rigoureuſes, de ſe ſervir d'expreſſions indécen-
tes, ni d'apoſtropher ceux qui ſuivent une Religion
oppoſée à celle qu'ils profeſſent ; & finalement d'avoir
les mêmes égards, & de traiter ſans aucune prédilection,
les Sujets de l'une & de l'autre Religion, comme le
conſeille Puffendorff.

J'avance enfin, d'après le ſçavant *Conringe* que
jamais la France n'a fait partie de l'Allemagne, ni
que celle-ci ait pu en aucun tems y prétendre le
moindre Droit. Il traite cette matière avec tant de
netteté, en réfutant le ſentiment de *Chifflet* dans ſes
*vindiciæ Hiſpanicæ*, où cet Auteur avoit avancé le
contraire, que les Allemands même les plus partiaux
ont été forcés de s'y rendre. Il fait voir (*n*) le frivole
des entrepriſes de Boniface VIII. contre Philippe le
Bel, lorſque ce Pape déclara vacant le Trône de Fran-

_______________
(*n*) Conringe. *Tractatus de finibus Imperii.* Lib. 1. Cap. 8.

ce, & qu'il hazarda d'engager l'Empereur Albert d'en
dépouiller ce Prince : il démontre que l'Empereur &
les Etats rejetterent non-seulement cette proposition,
mais que le titre d'Archi-Chancelier des Gaules, dont
l'Electeur de Tréves est qualifié par la Bulle d'Or, sur
laquelle Chifflet se fonde pour autoriser son opinion, n'a
été attribué à cet Electeur, qu'à l'égard de la Gaule Belgique, qui contenoit dans son étenduë, les Provinces du Bas Rhin, & qui sont très différentes de
celles qui composent la France Occidentale.

PIECES

# PIÉCES JUSTIFICATIVES

## ÉNONCÉES AU PRÉSENT TRAITÉ

## HISTORIQUE ET POLITIQUE

### *DU DROIT PUBLIC*

### DE

## L'EMPIRE D'ALLEMAGNE.

*CONCORDAT DE* Leon VIII. *AVEC* Othon I. *en 963. cité fous la Cotte* A. Lunig Spicilegium Ecclefiasticum, *T. 21. P. 139.*

I. CONVENIT Apoftolico moderamini, petentibus benevolâ compaffione fuccurrere & pofcentium animis alacri devotione præbere affenfum. Ex hoc enim lucri potentiffimum præmium apud conditorem omnium reperitur. Deindè quoque & cunctum Clerum & omnem Populum afferimus effe concordem, & ad meliorem ftatum fore productum. Atque ideò, quia juftè & rationaliter veftra humilitas à noftro Apoftolicatu humiliter poftulat, quatenùs gratulanter peragentes fanctam Synodum veftro confilio congregatam in Patriarchio Lateranenfi, in Ecclefiâ fancti Salvatoris conftitutam à pluribus viris catholicis, Epifcopis & Abbatibus, infuper Judicibus, & Legis Doctoribus, promulgantes, qualiter quietè, & pacificè ftare, & vivere valeamus, præfentibus omnibus, & fingulis Regionibus hujus almæ Urbis Romæ, & ex omnibus Ordinibus Cleri &

O o

Populi, afferentibus, & confirmantibus per omnia, ut hærefi & altercationi ac omni errori expulfo, (quoniam his
temporibus error ex hoc accrefcere cernitur) difcernatur
tam de Romano Imperio, quam de Apoftolicâ Sede, ac
dignitate Patriciatûs, & de Invefticuris Epifcopatuum. Idcircò, ad exemplum beati Adriani, Sedis Apoftolicæ hujufmodi Epifcopi, cujus vitam, & actionem fatis difcretum audivimus, & rationabilem admodum in fuis fpiritualibus fanctionibus recognovimus.

Idem enim fanctus vir fanctam Synodum congregavit, &
in præfentiâ omnium, eorumque autoritate, Domino Carolo invictiffimo, Regi Francorum & Longobardorum, ac Patricio Romano, fuifque Succefforibus Regnum Italiæ, Patriciatûs dignitatem ac ordinationem Sedis Apoftolicæ conceffit: infuper & Epifcopatuum inveftituras, velut ipfi cum
difcretione & reverentiâ libitum fuerit. (Præter quos tam
Pontifici Summæ Sedis, quam Archiepifcopis ipfe Carolus
reliquit.)

II. Igitur, Nos Leo, fervus fervorum Dei, Epifcopus,
ad idem exemplum beati Adriani, cum cuncto fimiliter
Clero, & univerfo Populo Romano, omnibufque Ordinibus hujus almæ Urbis, ficut in fuis Scripturis apparet,
conftituimus, confirmamus & corroboramus, & per noftram Apoftolicam autoritatem concedimus, atque largimur
Domino Ottoni Primo, Augufto, Teutonicorum Regi providentiffimo ....... fpirituali in Chrifto filio noftro, ejufque
Succefforibus hujus Regni Italiæ in perpetuum, tàm fibi facultatem eligendi Succefforem, quàm Summæ Sedis Apoftolicæ Pontificem ordinandi: ac per Archiepifcopos, feu
Epifcopos, ut ipfi tantum ab eo invefturam accipiant, &
confecrationem ubicunquè pertinuerit; exceptis his, quos
Imperator Pontifici, & Archiepifcopis conceffit: ità demum
afferimus quòd nemo deinceps, cujufcunque Gradûs, vel
Conditionis aut Dignitatis, feu Religionis, eligendi Regem
vel Patricium, fivè Pontificem Summæ Sedis Apftolicæ, aut
quemcunque Epifcopum Ordinandi habeat facultatem,
fed foli Regi Romani Imperii hanc reverendam tribuimus

facultatem , quam absque omni pecuniâ disponet , & ut ipse sit Patricius & Rex.

Quòd si à cuncto Clero & universo Populo quis eligatur. Episcopus , nisi à dicto Rege laudetur, & investiatur , non consecretur. Si quis contrà hanc regulam &autoritatem Apostolicam , & traditionem aliquid molitus , aut temerator , aliquo repertus fuerit , sivè contrà hoc nostrum Concilium agens , sciat se in iram sancti Petri, Principis Apostolorum , & filii nostri , Domini Ottonis, ejusque Successorum , & omnium Prædecessorum nostrorum censuram , & Anathematis vinculum incursurum , ac per hoc Excommunicationi universalis Ecclesiæ , omnisque Populi Christiani eum subjacere decernimus. Insuper , nisi à malo resipuerit , irrevocabili exilio puniatur , vel ultimis suppliciis feriatur. Qui verò pio intuitu custos , & observator in omnibus extiterit Benedictionis gratiam , vitamque æternam cum omnibus Sanctis sine fine mereatur habere in Sæcula Sæculorum. In his Actis interfuere Senatores , Proconsules , Exharcatus , vicem tenentes , Regionarii scholæ Græcorum , Arabum , Judæorum , & Paganorum , & de Majoribus omnium Platearum : insuper Cardinales , Archiepiscopi, omnes Præsbiteri & Episcopi de finitimis Civitatibus , Processionarii , Notarii , Cancellarii & ex omni plebe Romani Imperii. Datum in Patriarchio Lateranensi , indicti VI. anno...... & dicti Domini Ottonis I. feliciter.

*CONVENTION s entre l'Empereur* HENRI V. *& le Pape* CALIXTE II. *touchant les investitures des Evèques & des Abbés, par lesquelles l'Empereur renonce au Droit d'investir avec la Crosse & l'anneau , faites & publiées à la Diéte de* WORMS *le* 23. *Septembre* 1122. GOLDAST. T. I. P. 258. *cité sous la cotte B.*

In nomine sanctæ & individuæ Trinitatis, ego Henricus Dei gratiâ Romanorum Imperator Augustus, pro amore Dei & sanctæ Romanæ Ecclesiæ , & Domini Papæ Callixti , & pro remedio animæ meæ , dimitto Deo & sanctis ejus Apostolis Petro & Paulo, sanctæque Romanæ Ecclesiæ, omnem investituram per Annulum & Baculum , & concedo in om-

nibus Ecclefiis, quæ in Regno vel Imperio meo funt, cano-
nicam fieri Electionem & liberam confecrationem.

II. Poffeffiones & Regalia beati Petri, quæ à principio
hujus difcordiæ, ufque ad hodiernam diem, five tempore
patris mei, five etiam meo, ablata funt, quæ habeo, eidem
fanctæ Romanæ Ecclefiæ reftituo; quæ autem non habeo,
ut reftituantur, fideliter curabo.

III. Poffeffiones etiam omnium aliarum Ecclefiarum, &
Principum, & omnium aliorum tàm Clericorum quàm Lai-
corum, quæ in guerra ifta amiffæ funt, confilio Principum
& juftitiâ, quas habeo reddam, quas non habeo, ut reddantur, fideliter juvabo.

IV. Et do veram pacem Domino Papæ Callixto, fanctæ-
que Romanæ Ecclefiæ, & omnibus, qui in partibus ejus
funt, vel fuerunt: & in quibus fancta Romana Ecclefia auxilium poftulaverit à me, fideliter juvabo & de quibus fecerit mihi querimoniam; debitum fibi faciam juftitiam.

Hæc omnia acta funt confenfu & confilio Principum,
quorum nomina fubfcripta funt.

Adalbertus, Archiepifcopus Magontinus.
Fredericus, Archiepifcopus Colonienfis.
H.......... Ratifponenfis Epifcopus.
Otto, Bambenbergenfis Epifcopus.
H......... Auguftenfis Epifcopus.
Godebaldus Trajectenfis Epifcopus.
Uldaricus, Conftantienfis Epifcopus.
H........Fuldenfis Abbas.
Henricus, Dux Bavariæ.
Fridericus, Dux Sueviæ.
Bruno, Dux Saxoniæ.
Dictboldus, Marchio Cambienfis à Vochburg.
Bonifacius, Marchio Tufciæ.
Theobaldus, Marchio.
Gothfridus, Palatinus Comes Rheni.
Otto, Palatinus Comes à Wictelfbach.
Engelbertus, Marchio Iftriæ.
Beringarius, Comes Habfpurgi.

Theodoricus , Comes Montis-Bellicardi , & alii complures.

### *Professio Papæ.*

Ego Callixtus , &c. tibi dilecto filio Henrico , Dei gratiâ Romanorum Imperatori Augusto. Concedo Electiones Episcoporum & Abbatum Teutonici Regni, qui ad regnum pertinent , in præsentiâ tuâ fieri absque simoniâ & aliquâ violentiâ , ut si qua inter discordia emerserit , Metropolitani & Provincialium concilio vel judicio, saniori parti assensum & auxilium præbeas. Electus autem Regalia per sceptrum à te recipiat, & quæ ex his jure tibi debet, faciat ; ex aliis verò partibus Imperii , consecratus infrà sex menses Regalia à te per sceptrum recipiat ; & quæ ex his jura tibi debet, faciat : exceptis omnibus, quæ ad Romanam Ecclesiam pertinere noscuntur. De quibus verò mihi querimoniam feceris, & auxilium postulaveris , secundùm officii mei debitum, auxilium meum præstabo. Do tibi pacem veram, & omnibus qui in parte tuâ sunt vel fuerunt hujus tempore discordiæ. Data anno MCXXI. nono Calendas Octobris.

TRANSACTION *concluë & ratifiée à* PASSAU *le* 2. *d'Août* 1555. *sous l'autorité de* CHARLES-QUINT, *Empereur, entre* FERDINAND *son frere Roi des Romains & quelques autres Etats d'Allemagne, dite la paix publique.* ( GOLDAST. T. I. P. 566. *citée sous la cotte* G. & D.

Nos Ferdinandus , Dei gratiâ Romanorum Rex &c. fatemur ; cum aliquoties jam anteà nobis innotuisset in Germaniæ sacri Imperii Natione hinc indè multifariam commoveri ad bellum arma , palamque tumultuari, ac id quidem præcipua generosi Philippi Hessorum Lant-Gravii , &c. custodiæ detentionisque causâ ; ingenitâ nobis cupiditate , desiderio, fide, amore, atque promptitudine ergà sacrum Imperium, omnesque & singulos ejus Status ac membra, cum primis verò ad communis Reipublicæ salutem, pacem , tranquillitatem , & concordiam conservandam provehendamque, & Christiani sanguinis effusiones, insontium excidia, Patriæ devastationes evitandas ac prohibendas, promptè ac meritò volentesque adducti, Romanam Imperatoriam Majestatem, dilectum fratrem ac Dominum nostrum amanter juxtà atque suppliciter requisivimus ac interpellavimus, ut nobis ad dicti Lant-Gravii liberationem, aliarumque appendentium controversiarum, ad bella tumultusque occasionem præbentium, derivationem amicam tractationem indulgere, concedereque dignaretur : quòd ita nos quidem & amicè ab ipsa Cæsarea Majestate & fraternè impetravimus & consecuti sumus.

II. Quod factum est, ut una cum Illustrissimo Principe Domino Maximiliano Rege Bohemiæ, &c. Dilecto nostro filio, & illustrissimo Mauritio Duce Saxoniæ, &c. Cognato, & Alberto Duce Bavariæ genero, Electoribus, Principibus, ad proximum Pascha, in civitate nostrâ Linsensi conveniremus de rebus hisce benignè atque confidenter colloquentes, variis déliberationibus & tractatibus inter nos habitis, ac diligenter omnibus perpensis necessarium, operæ que pretium fore existimavimus, aliam convocationem hac Pataviam ( Ghen Passau ) ad 26. Maii proximam indicere ac præstituere.

III. Similiter & hos Electores ac Principes seu nobiscum intercessores & compositores harum amicè transigendarum rerum causa literis nostris evocavimus & accersivimus, talibus Divina Clementia gravaminibus, litibus atque discordiis, quibus fieri potest, viis, modisque obviaturi, ac denique finem imposituri.

IV. Proindè nos & infrà memorati Principes, Elector Saxoniæ &c. Huc ad dictam diem cum cæterorum Electorum & Principum legatis pervenimus, videlicet Archiepiscopus Moguntinensis, nomine Daniel Brendel ab Honburck, majoris Œdis Canonicus Moguntiæ, Cristophorus Mathias, jurium licentiatus Cancellarius, & Petrus Echterus. Archiepiscopi autem Coloniensis nomine, Henricus Salispurgensis, & Franciscus Burghardus, ambo Doctores. Archiepiscopi Treviensis nomine, Joannes de Petrâ, Primas inter Archidiaconos Trevericos : Philippus Baro in Winnenberg &

Beylſtein, ditionis Trevericæ aulæque Magiſter, & Felix Hornung Doctor, Cancellarius. Palatini verò Friderichi nomine, Ludovicus Comes à Stolberg, Konigſtein, & Ruthſchefort. Joannes à Dinheim, præfectus in Creucenach, Melchior Drechſel Doctor, & Joannes Koting; Joachimi Marchionis nomine, Adam Trotte Mariſchalcus, Criſtophorus Stratius, Timotheus Jung, & Lampertus Diſtelmeger, Doctores. Item Reverendi & generoſi, Erneſtus Archiepiſcopus Saliſpurgenſis, &c. Mauritius Echſterenſis, & Wolffgangus Patavienſis Epiſcopi, Albertus quoque Palatinus Rheni, Dux ſuperioris & inferioris Bavariæ, in perſonâ; Item Epiſcopi Herbipolenſis nomine, Henricus Comes à Caſtel, Canonicus & Hanſzobel. Joannis Marchionis Brandenburgenſis nomine; Adrianus Albinus Doctor, Cancellarius, Andreas Zoch Doctor, & Bartolus à Mandelſlo; Henrici Junioris Ducis Braunſvigenſis nomine, Vitus Grummer; Wilhelmi Ducis Juliacenſis nomine, Wilhelmus Kettler. Wilhelmus à Hewenhof, appellatus Ley. Magiſter curiæ Theodoricus à Schepſted, & Carolus Horſtus, Doctores. Philippi Pomeraniæ nomine, Jacobus Zitzepwirz, Doctor & Cancellarius. Et Chriſtophori Ducis Wirtembergenſis nomine, Joannes Theodoricus à Plenningen, ſuperior Advocatus in Stutgarten, Ludovicus à Frawemberg Advocatus ſuperior in Lauffen Joannes Henricus Keclin, & Caſpar-Behem, ambo Doctores his coram nobis comparentes. Quibus cum vocatis Tranſactoribus rem cæpimus tractandam, ac initio dicti Electoris Saxonici, ſuorum qui conjunctorum poſtulata & Gravamina duobus ſpecialibus ſcriptis complexa accepimus, eaque ſumma diligentia, fideque perpendentes, quoad amicè componi, & ingruentis belli diſcrimina, pace, tranquillitate, & concordia firmata, in Sacro Teutonicæ Nationis Imperio averti poſſent. Atque ſic tandem poſt multam longamque tum ſcripto tum verbo rerum tractationem agitatam, ſequentia media, punctaque ad Cæſareæ Majeſtatis benè placitum, ac Electoris Saxonici, ſuorumque confœderatorum aſſenſum ac ratificationem relata ſunt, deque iiſdem unanimiter tandem in hunc qui ſequitur modum conventum eſt atque concluſum.

## CAPUT I.

*Cessio armatæ Militiæ & Philippi Hessorum Lantgravii λύτρωσις seu liberatio.*

PRIMUM Elector Saxonicus, suique Belli consortes Principes ac Status hanc compositionem amplectentes à cæptis sumptisque armis prorsùs desistent: suosque paratos & conscriptores Milites ad undecim duodecimve diem Augusti mensis proximum undiquoque dimittant, dissipent, atque discurrere, vel nobis Regi Ferdinando ad petitionem stipemque nostram adjungi vel admoveri sinant; denique omnibus modis operam, in quantum fieri potest, ne quid injuriæ damnive dolo malo Cæsareæ Majestati, nobis, & cæteris Sacri Imperii Electoribus, Principibus, Statibus & Civitatibus, illorum discursu, fusioneque inferatur, quin ita potius dispersi Cæsareæ Majestati Sacroque Imperio obsequentes se gerant permanentque remissis illorum Statuum, Civitatum, aliorumque juramentis, quos hactenus oppugnarunt, & obsiderunt, aut sibi aliquâ adhæsione & confederatione subdiderunt, idque vigore transcripti jam hoc in loco Patentium Litterarum exemplaris remissionem illam constantium, quemadmodum & earumdem & hujus Edicti virtute à suis juramentis protinus liberantur & absolvuntur.

### *Capitulatio Domni Lantgravii.*

II. Intereà quoque temporis Philippus Hessorum Lant-Gravius sancitam Halæ in Saxoniâ Capitulationem ( exceptis jam anteà resolutis articulis, puncto de Cassellâ loquente ) ratam de novo habere, ac irrefragabiliter observare debet, adeoque detentionem suam & custodiam haud quaquam vindicare, quin imò Cæsareæ Majestati, Sacroque Imperio, sese Principem per dies vitæ suæ obsequentem exhibere, & ad

omnia

omnia ista Cæsareæ Majestati formula decenti hoc loci præscripta sufficienter astringere, efficereque tandem, ut idem à filiis ditioneque sua nova Litterarum obligatione præstituta servetur ac teneatur.

III. Simili modo uterque Electorum Saxonius & Brandeburgensis, Dux item Wolffgangus Palatinus, &c. Obligationes quisque suas jam pridem factas modo renovent, easque scriptas cautiones ad sextum Augusti diem, illustrissimæ Principi dominæ Mariæ Hungariæ & Bohemiæ Reginæ, Viduæ dilectæ sorori nostræ, ejusve præsidenti apud Mechliniam tradantur.

IV. E contrà memoratus Lantgravius custodia sua penitùs liberetur, & ad dictum Augusti diem undecimum vel duodecimum Rheinfelsium tutò certòque extrà periculum sistetur liber ( a ) jam & ipsa copias suas Majestas Cæsarea diversis in locis in hos Status conscriptas, hanc compositionem acceptantes haud quaquam producat aut etiam fundendi seu dimittendi morâ molevè ullâ gravetur.

V. Cæptam quoque Cassellæ munitionem Imperatoria Majestas Lantgravio Clementer perficere concedet.

VI. Similiter Nassoviensium durante custodia promulgatarum sententiarum executio differatur ac suspendatur, donec liberato Lantgravio amica inter partes tractatio institui agique possit. Casu autem quominus ea amicabilis progrederetur tractatio, Lantgravio tamen quoad æquum est, testimonia, Litterarum documenta, aliaque necessaria, quæ advocatorum hucusque defectu, duranteve custodia preferri nequibant de cætero exhibeantur ac producantur. Et itâ tunc quidem Electores hi, quos causa hæc non contingit, ipsimet, seu Consiliarii eorum, atque adhuc alii sex minimè partiales Imperii Principes, ex quibus ambæ partes quindè nos Cæsareæ Majestati intrà mensem, posteaquam Lantgravius fuerit liberatus, nominatim indicent, atque proponant. Ex quibus ambarum partium nuncupatis, Majestas Cæsarea tres Principes deligat, ( inter autem sex illos ad minus tres sint seculares ) in persona propria, aut etiam ad idem de-

( a ) Rhinfelsium arx Sancti Goarini.

P p

putati Consiliarii, tanquam Cæsareani Commissarii, gravamina illa & exceptiones, contrà prædictas latas sententias
& executionem debito modo, ac ut decet, (*b*) recognos-
cant atque revideant, & quid acta tempore custodiæ Lant-
gravii exhibita rursus assumenda, sententiæ quoque latæ ac
processus super hujusmodi propositis & adhuc dum proponendis gravaminibus, exceptionibusque differendi ac sus-
pendendi sint nec-ne, cognoscant, & quid juris sit, promul-
geant. Atque hæc quidem amica tractatio & decisio ad summum intrà biennium post conclusionem & datum compositionis seu transactionis hujus certò expediatur & exe-
quatur.

VII. Cæteris verò punctis & articulis omnibus inter memoratos Electorem Principem Saxoniæ, & Wilhelmum
Lantgravium Hessiæ præpositis tamdiu, quousque reliqua
communiter proposita gravamina expediantur, dilatis atque
suspensis.

VIII. Administrator item Ordinis Teutonici, atque Dux
Henricus Brunsvigensis, aliique Lantgravium præteriti
Schmalkaldensis belli causa impetentes, aut porro impetituri,
cessent quoque & quiescant, donec prædicta gravamina resolvantur.

IX. Etiam nova superius memorata gravamina, quæ
durante Lantgravii custodia, in judicio Imperiali, aliasve
adversus eum præsumpta fuere, simul cum eorum exceptioni-
bus, ab Electoribus & Principibus harum controversiarum
intercessoribus proximò Comitio, uti decet (*c*) recognoscan-
tur revideanturque, ac idem Lantgravius prout necesse est,
audiatur : in iisdem quoque quod æquum & justum est decer-
natur, neque interea (*d*) tamen in Cameræ Imperialis judicio
procedatur.

(*b*) Revisio actorum.
(*c*) Revisio.
(*d*) Suspensio processus.

## CAPUT II.

*Religionem, pacem, & justitiam concernentia.*

VERUM atqui alios sequentes Articulos quod concernit, ab Electore Saxoniæ, suisque conjunctis in hac pacificatione propositis, & quidem primò de Religione, de pace & justitiâ, Majestas Cæsarea spontionem gratiosam nuper ad Oppidum Linsium factam, ex tunc dato responso fideliter præstabit, & ut intrà dimidii anni spatium (*a*) Comitia habeantur, in quibus dein quâ viâ, quibusque modis, nimirum seu generali seu nationali Concilio, aut Colloquio, (*b*) vel communi etiam Imperii conventu Religionis discordiæ commodè atque compendio sapiantur, hæque ad unionem Christianam redigantur, atque ejusmodi conciliatio Religionis ab omnibus sacri Imperii Statibus, mediante Majestatis suæ ordinariâ ope præsidioque pertractetur.

II. Initio autem Comitiorum ad præparationem concordiæ delectus placidarum prudentemque personarum constituatur, utriusque Religionis æquali numero cum Mandato deliberandi, quibus modis ejusmodi conciliatio atque concordia institui commodè posset, absque Electorum Principum præjudicio tamen hujus delectûs ergò.

III Et quidem intereà temporis nec Cesarea Majestas, neque Nos, ac Electores, Principes & S. Imperii Status quempiam Augustanæ confessionis Statibus, propter Religionem, vi factove, aut aliàs contrà ejus conscientiam ac voluntatem cogere, aut eâ de causâ vi bellove repetere, vel invadere, vel oppugnare aliquem, eive damnum aliquod inferre sive per mandata, sive alio quovis modo ipsum gravare vel contemnere, feremus, sed suæ Religioni fideique quietè & pacificè stare (*c*), cadereque sinentes.

(*a*) Comitia
(*b*) Colloquia.
(*c*) Religionis ergò tranquillitas esto.

IV. Ob hoc quoque bellum Status omnes Augustanæ confessionis cæteros sacri Imperii Status antiquæ Religionis Ecclesiasticos & Seculares similiter Religionis suæ, ceremoniarum, constitutionum, rerum immobilium & mobilium, ditionum, subditorum, redituum, censuum, superioritatum, & jurisdictionum causâ non gravent, sed pacificè tranquillèque illis uti fruique sinant, nec vi factove, seu aliàs malignè contrà eos quicquam præsumant: verùm enim verò juxtà nostras & sacri Imperii ordinationes, constitutiones, edicta, decreta, recessus factæ pacis, singuli ergà singulos ordinario jure justitiâque contenti sunt, sub proximè renovatæ pacificationis pœna. (*d*)

V. Quicquid verò in Comitiis illis à communibus Statibus unà cum Cæsareæ Majestatis ordinario præsidio concludetur ac statuetur, in posterum quidem & rectè & firmiter servetur, neque in contrarium, aliâve viâ diversum agatur.

VI. Omne autem quod dictis induciis adversatur, adversar've censetur, in nihilo deroget illis, aut quicquam imminuet, idque à Cæsareâ Majestate, Nobis item, & Electoribus Principibus ac Statibus respectivè, sufficienter, in quantum fuerit necesse, vigore hujus compositionis seu transactionis cautum, confirmatumque sit: Prætor quoque Cameræ judicii & confessores de iisdem induciis certificentur, mediisque eorum juramentis, eisdem pareant & obsequantur: implorantibus etiam partibus non attento eo, cujusnam sint Religionis, necessarias & legitimas ferant suppetias: formulam quoque cum primis jurisjurandi *Deum & sanctos* aut *Deum & sancta Evangelia* (*e*) confessoribus, aliisque personis & partibus deinceps liberam permittendo.

VII. In suffragiis quoque dandis rogandisque equalitas servetur, æquum jus partibus, nec iniquum reddendo & conservando: similiter & præsentandis Assessoribus, aliisque pacis & justitiæ articulis hac tractatione placuit, si quod opere pretium ac deliberatione dignum, in Dicasterii Ca-

---

( *d* ) Pacificatio publica renovata.  
( *e* ) Formula jurisjurandi Deum &  || Sancta Evangelica.

meræ constitutione apparuerit, quandoquidem eadem constitutio communi Statuum assensu, Comitioque Imperii sancita est, non etiam nisi per Cæsaream Majestatem, Statusque communes rebus ita ferentibus ordinaria via, utpotè visitationibus, aliisque mediis mutari tollique posse. In qua re Nos Electorum legati, comparantes Principes, & absentium Nuntii recipimus Nos, & consentimus omnem diligentiam, operamque præstituros, nequa partium, in Religionis negocio suffragiorum, imparitate sibi præ cæteris metuat, partialitate remota: Augustanæ quoque confessionis consortes à Cæsareo Cameræ judicio non excludantur, aliaque gravamina, si quæ comperiantur, ex æquitate removeantur: & hæc quidem omnia proximis Comitiis explicentur.

VIII. Cæterùm & hoc Nos unà Electorum legatis, comparentibus Principibus & absentium Nuntiis apud Cæsaream Majestatem, amanter, reverenterque cum reverentia petivimus, uti ejus Majestas puncta illa plus necessaria, inter quæ & articuli præsentationis, & ne Augustanæ Confessionis conjuncti à judicio Cameræ, ut suprà dictum est, excludantur, continuentur: ex plenitudine Majestatis suæ Cæsareæ ad provehendam retinendamque pacem & concordiam in Imperio, quantocius fieri posset, resolvere dignaretur.

---

## CAPUT III.

*Germanicæ Nationis libertatem contingentia.*

QUOD ad gravamina, quæ Germanicæ Nationis libertati contraria irrepsisse, ne dicam irruisse, videntur, inter Electoris Saxonici articulos alio quoque scripto comprehensa attinet: volebamus quidem unà cum Electoribus, Legatis, Principibus præsentibus, & absentium Nunciis, prompti paratique ac minimè gravati, illos ipsos, appendicesque suos singulatim protinùs & specificè pro amicabili compositione tractanda suscepisse, nisi intellexissemus à Cæfareæ Majeftatis ad hanc tractationem lectis deftinatifque Confiliariis, ipfius Majeftatem talium gravaminum hactenus bona ex parte infcium effe atque ignarum, quamobrem de iis mandata dare Confiliariis nequiviffe: ( *a* ) ad hæc ea ipfa Gravamina tanta, tamque varia effe & prolixa, è contrà verò tempus hoc per exiguum indictæ diei, ut ipfi Electori quoque Saxonico, fuifque conjunctis, donec hæ res omnes, quemadmodum neceffitas poftulat, explicentur, copias fuas alendo, immodicos fumptus atque impendia non folum pariet, verum etiam fuperioritatibus hinc indè, miferifque fubditis graviffimo maximoque damno fit futura.

II. Proindè hujufcemodi gravaminum refolutionem ad proxima Comitia, aliumve Imperii Conventum hac vice rejicientes, fpe bonâ ex Linficâ confenfione pro Cæfareæ Majeftatis Confiliarios præbita fuffulti, confilium initurum effe, quo Sacri Imperii & Statuum publicis & privatis caufis confuletur, cum jam in eo tota Majeftas fua elaboret, ut & apud fuam Majeftatem Germanicus Senatus conftituatur, & Germanicæ res caufæque per Germanos tractentur ac difponantur, ità, ut omnibus placeat, omnibufque fiat fatis. Quandoquidem Germanicæ Nationi feu dilectæ fuæ Patriæ tam benè velit, ut haud quidem diminutam eam aut debilitatam, verum multò magis quantum fieri poteft auctam, amplificatam atque confervatam cupiat, quæ quidem hoc tempore pollicitatio undiquaque cum gratiarum actione accepta eft.

III. Ne autem Flector Saxonicus, fuique adjuncti metuant hanc tractationem fponfam neglectum iri, aut poft haberi, five debito non decifam, debemus Nos filiufque nofter dilectus, Maximilianus Rex, Electores quoque Principes, & Status Sacri Imperii in manus fumere propofita gravamina, atque Cæfareæ Majeftati ea offerre, eoque eniti atque conari promovendo, ut quoad æquitatis fundamento infiftant, vifu quoque ut decet, Aurea Bulla, ( *b* ) ac aliis Sacri Imperii ordinationibus, conftitutionibus, veteri-

---

( a ) Imperii gravamina Cæfarem latent.
( b ) Aurea Bulla.

buſque laudatis Germanicæ Nationis conſuetudinibus omnia
probè reſolvantur ac perficiantur. Reliqua verò ad Cæſaream Majeſtatem non propriè ſpectantia gravamina, ſed à
quibuſdam Sacri Imperii Statibus & membris privatim al-
lata ſunt, aut quæ ipſi inter ſeſe Status diſceptant, de formâ forte ac modo communis conſultationis tractationiſve,
aut aliam ob rem quempiam controverſam, æqua & illa ut
ſupraponitur, Cæſareæ Majeſtatis tanquam capitis eorum
conſilio præſidioque proximi Comitii initio proponi vult
atque abſolvi, gratioſa nimirum hac piàque Majeſtatis ſuæ
pollicitatione, ut quæ ad ipſius Majeſtatem in ſpecie propriè-
que faciunt, in iis, ſic ſe tam gratioſo bonoque animo ac voluntate geſtarum eſſe, ut communes perſpiciant Status, ſumma
ejus Majeſtatem cupiditate controverſias omnes ut decet, vel-
le atque expetere compoſitas, & Rempublicam privato emo-
lumento longè prælatam fore, cæteraque omnia ita ſuſcipi,
inſtituique, ut omnibus Statibus ex æquo & bono quàm
pleniſſimè fiat ſatis.

V I. Porrò ad Articulum Regis Franciæ Oratorum venien-
do, media quædam ac puncta Pacis Publicæ conſtituendæ,
aliorumque negociorum quorumdam prætendentium, ita ſe
habet, ut cum, quæ Publicæ ſunt Pacis in Germanica Natione, ſolum modo Imperatoriam Majeſtatem Nos, & Electores, Principes ac Status Sacri Imperii, neminemque
prætereà concernant, & jam iſti contentus harummet rerum,
ut potè Publicæ Pacis ſanciendæ, aliorumque gravaminum
amovendorum cauſa ſit inſtitutus, idcircò nullâ jam aliâ
tractatione fore opus exiſtimatur.

V. Atqui verò privata Regis Franciæ negocia quod ſpec-
tat, Elector Saxonicus vigore Linſenſis decreti ( c ) ſeu receſſus cum dicto Rege aut ſuis Oratoribus, ſi id necdum factum eſt, dein tractare poterit : ſi quid idem Rex forte pri-
vatarum cauſarum adversùs Cæſaream Majeſtem prætendit,
poterit & iiſdem actiones ſeu poſtulationes nobis exhibere,
Cæſareæ Majeſtati porrò per nos tranſmittendas ſe ſuamque
voluntatem deſuper declaraturi.

( c ) Linſenſe decretum ſeu receſſus.

## CAPUT IV.

*Securitatem eorum, qui huic bello conjuncti, & à Cæserea Majestate Banniti sunt concernentia.*

QUANTUM attinet eos, qui belli præteriti causâ, Banno & indignatione Cæsareæ Majestatis nexi sunt ac proscripti, huic militiæ juncti, nihil equidem intermisimus ipsi, simul cum Electoribus, legatis præsentibus Principibus, & absentium Nunciis, quominùs fidelissimè amantissimèque & humiliter rem hanc promoveremus, tandemque Imperaremus, ut Albertus Comes à Mansfelt pariter cum filiis suis, Comes item Rheni, Christophorus Comes ab Aldenburg, Joannes Dominus ab Heideck, Fridericus à Reyfenberg, Georgius à Reckenrod, Sebastianus à Hu-Schertle, &c. Aliique ejus belli causa indignatione incidentes à terris & Comitatibus suis bonisque adacti, nempè dux Otto Henricus Palatinus, Wolffgangus Princeps ab Anhalt, item Braunvigenses Principes ac nobiles, cæterique omnes & singuli superioris & inferioris Status, nominati & innominati ob bellum præteritum insimulati, ac eidem dum adhærent, metu sollicitudineque liberati, rursus in Cæsareæ Majestatis gratiam fidemque admitterentur & reciperentur, nunc hujus quidem compósitionis vigore reconciliari assumuntur : hoc pacto tamen conditioneque, ut de cætero Cæsareæ Majestati, Sacroque Imperio justam debitamque præstent ac servent obedientiam, nequè adversus Majestatem ; Nos, aut Imperium militent, priusquàm hic articulus communibus gravaminibus inferendus resolvatur, cui deinceps transactioni resolutionique stabitur.

II. Jam & reconciliati, inque gratiam recepti, ut suprà dictum est, ac isto jam tempore extrà Germanicæ Nationis Imperium in Gallia, aliisve locis agentes & contrà Cæsaream Majestatem militantes, intrà sex septimanas proximas

post

poſt datum hujus compoſitionis ſe declarent, moxque ab eo tempore adverſus Imperatoriam Majeſtatem, Imperiique Status non militent, neque ſe hujuſmodi militiæ mancipent, utendove præbeant, tum & ad ſummum bimeſtri proximo in Germaniam revertantur, aut hac ipſa reconciliatione & gratiâ omninò deſtituantur oportet.

## C A P U T  V.

*Abrogatio actionum omnium illorum, quibus hoc bello dam-*
*num datum eſt.*

CUMQUE durante bello pleræque novationes ſint obortæ, quidam etiam Electores, Principes, Status & Civitates bonis rebuſque ſuis privati damnumque paſſi ſint, omnia Principes hujus militiæ occupata vel Dominia, vel Territoria, vel Oppida villaſve, hominesve, hæc quidem cuncta Statibus iis, quibus anteà fuerant, reſtituant, juramentaque ipſis ut ſuprà dictum eſt, adheſioneſque remittant, atque de illis abſolvant ac liberent, ſalvis quoque liberarum Civitatum privilegiis & libertatibus, quas deinceps retinebunt.

I I. Viciſſim Cæſarea Majeſtas Publicæ Pacis, aliorumque damnorum evitandorum reſpectu, omnes & ſingulas actiones, impetitioneſque, quas Status hi & Civitates, ſive etiam privatæ perſonæ in belli hujus Principes, eorumque hinc indè conjunctos & adhærentes datorum occaſione prætendere poſſent, abrogat de plenaria Cæſareæ Majeſtatis ſuæ poteſtate, operam Nobiſcum & cum cæteris Imperii Statibus datura, omnique ſtudio & gratiâ eò enitura, ut æquis mediis viiſque ratio ineatur, quò damna illa per quam graviter accepta Statibus læſis, Civitatibus item & ſubditis abſque hujus militiæ conjunctorum Statuum ope impendioque, ne qua porrò ſuccedentibus motibus occaſio detur, & firma pax tranquillitaſque retineatur.

Q q

## CAPUT VI.

*Ad Palatinum Otthenricum pertinentia.*

QUODQUE Ducis Otthenrici Palatini nomine, perque suos legatos supplicatum rogatumque est, nempè ut Romanæ Imperatoriæ Majestati commendaretur, fida Nos pariter cum Electoribus, Legatis, comparentibus Principibus & absentium Nuntiis promotione apud prædictam Cæsaream Majestatem præstitimus, atque effecimus, ut sua ditio in Principatu Neuburgi suis cum pertinentiis maneat.

## CAPUT VII.

*Generalis omnium militum hujus belli conjunctorum securitas.*

I. ELECTORES quoque Principes, Status & Oppida hujus belli consortes, sive sint Marschalci, Equitum Magistri, superiores Officiati, sivè alii milites, quocunque nomine vocentur, simul cum omnibus eorum in hac militia conjunctis, adhærentibus, adjuvatisve superioris & inferioris Status, nominatis & non nominatis metu curaque vacent, in gratiam rursus suscepti ; hocque bellicum negocium & quæ sub eodem interim gesta sunt, mutuò, alternatimque sublata, sopitaque esse debent simul ac semel, conjunctim & divisim, ita ut neutra partium alteram præter jus, justitiamque, clam palàmve sinistra mentione carpat, agatve, cum primis ergà Cæsaream Majestatem, ergà Nos Sacrumque Imperium sese, ut decet, obedienter exibendo.

II. Reinhardus quoque à Solms Comes justa cautione facta, cæterique omnes utrinque capti ad præstitutum diem undecimum sivè duodecimum Augusti absque dispendio libertate donentur.

III. Quòd si Albertus Marchio Brandenburgensis bello cesserit, ac intra tempus præfixum militem dimiserit, hinc quoque transactionem suâ parte probaverit, induciasque servaverit, nec ipse cuiquam milesque suus damnum dederit, his etiam complectetur.

IV. Quodque postulatam Braunsvigensium procerum ( *a* ) eorumque possessionum restitutionem, quibus à Duce Henrico Braunsvigensi ornati sunt, æsque alienum spectat, ad cavenda vitandaque alia majora gravamina indè secutura, contràque componendæ Pacis causâ, & Sacri Imperii tranquillitate conservanda, Intercessores dabit seu Commissarios Cæsarea Majestas, utrumque Electorem Saxonicum & Brandenburgensem, Joannem quoque Marchionem Brandenburgensem, & Philippum Ducem Pomeraniæ, plenam eis potestatem cum pleno mandato tribuens, principales ipsos aptum idoneumque in locum quantociùs fieri potest vocandi, ad transigendam & restitutionis & æris alicui controversiam, idque summariè prout necessitas postulaverit, quam quoque accuratissimè fieri poterit, ac si comperiant Pacatores & Intercessores, Ducem Henricum juniorem obligatum proceribus, absque justâ exceptione, æquitatis eum commonefaciant. Cæterum autem ubi res alterius vel etiam utriusque partis difficultate culpâve componi non posset, Cæsareæ Majestatis nomine proceres confestim & immediatè suis rebus possessionibusque restituantur, trimestri ad summum spatio proximo post conclusam hanc factamque transactionem salvus utrique parti suis actionibus ac petitionibus mutuis post restitutionem loco aptè idoneòque ut decet, proponendis.

V. Cæsarea Majestas, Nosque ac requisiti Electores, Principes dictos Pacatores seu Commissarios in iis quæ suo mandato effecerint, & Publicæ Paci prodesse putentur, gratiosè atque amicè tuebimur, deffendemus ac manu tenebimus.

VI. Ad hæc grande sub Banni, proscriptionisque interminatione Edictum exiet in Ducem Henricum à Cæsareâ Majestate,

(*a*) Ducis Henrici Braunsvigensis & Nobilium controversia.

ne qua procerum corpori, rebus ac bonis, præsertim autem Sylvis eorum Dux, noceat, dum lis ab Intercessoribus tota audiatur ac componatur, & illi quoque restituantur.

## CAPUT VIII.

*Civitates Goslariam & Braunsvigam concernentia.*

SIMILITER prædictis quatuor Electoribus & Principibus, tanquàm delegatis suis seu Commissariis, præcipiet injungetque Cæsarea Majestas, & Ducis Henrici & ambarum civitatum Braunsvigæ & Goslariæ actiones ac petitiones mutuas quantum necesse fuerit exaudiri, atque ex bono & æquo utrinque litem componi, publico Cæsareæ Majestatis Edicto proposito, ut à ceptis armis desistant, vique omni inferenda mutuo abstineant, Cæsareanorum Delegatorum tractationi parendo, aut omninò actiones suas jure ordinario atque Imperii constitutionum vigore explicando.

## CAPUT IX.

*Ut ad servandam hanc Transactionem Cæsarea Majestas se obliget.*

HÆc omnia & singula suprà scripta, & in singulis articulis nominatim specificata, Cæsarea Majestas, quo ad ipsamet concernunt, vi virtuteque ratificationis suæ desuper factæ, ex Majestatis suæ dignitate nuncupata lingua pro se, suisque posteris firmiter, infractè, citràque contradictionem servare justè, rectèque exequi debet, nec in contrarium vel nunc, vel in futurum, sive ex plenitudine potestatis aut ulla specie prætextuve, quocumque id nomine vocetur, quicquam moliri, agere, publicareve, neque cuiquam

ulli alii alia specie prætextuve, quocunque id nomine vocetur, quicquam moliri, agere, publicareve, neque cuiquam
ulli alii suâ causâ permittere, non attentis quibuscunque aliis
decretis, factis, Edictisve, huic conventioni in aliquo ad-
versantibus; quin potiùs omnes Sacri Imperii Status, singu-
losque in hac compositione, hisque judiciis & articulis aliis
comprehensos manu tenere, deffendere atque tueri volumus.

I I. Siquis quive Status, unus pluresve, alium aliosve quovis modo quâvisve specie seu prætextu cogere, oppugnare,
lædere, aut gravare suavè diripere tentaret, ( quòd tamen
nulla ratione fore speratur ) eum eosque Cæsarea Majestas
simul cum altera parte, in quam ista coactio, minæ & peri-
cula protenduntur, Cæsarea ope Consilioque veluti ex offi-
cio suæ Majestatis addecet, æquumque, est, adjuvare, eâ-
que ipsa gravamina amovere sataget.

## CAPUT X.

*Consensio Principum belli in hac transactione seu compositione.*

NOs quoque Elector Saxonicus, Otto Henricus dux
Palatinus, Joannes-Albertus dux Mechelburgensis,
& Guillelmus Landgravius Hessiæ, &c. Fatemur publicè,
omnia & singula suprà scripta puncta & articulos nostra scien-
tia & voluntate cæpta, decisa, & conclusa esse, consentimus ac pollicemur quoque communiter & singulatim Nostro, Nostrorumque hæredum & posterorum nomine, om-
niumque illorum, qui Nobis in hoc militari negotio & expeditione adhæserunt, aut etiam nunc adhærent, hancque compositionem ratam habituri sunt eos ipsos quidem articulos
harum litterarum vigore, Nostro principali honore & dignitate mediante, bonâ fide, verboque veritatis, quoad singulos tangit, verè, firmitèr, validè, integrè, & inviolabili-
ter conservaturos ac secuturos esse, nec adversus ullum Statum
in hac Pacificatione comprehensum, aut de post ratifican-

Q q iij

tem ulla specie prætextuve, quovis modo, vi factove ,
clam palàmve, per Nos ipsos, aliosve Nostra causa gratia-
turos, oppugnaturos, coacturos, læsuros aut turbaturos
forè quin magis eos, qui transactionem hanc servant ei-
que parent, contrà verò Nos servantes, aut in adversum quid machinantes, Nostrosve in Status hic comprehensos, quive eam de cætero amplecturi sunt, simili facta as-
securatione, vi factove aut alias læsuri, aut bello provoca-
turi, lacessuri, coacturi, turbaturi, seu quicquam gravami-
nis allaturi essent, fido Nostro Præsidio Consilioque vigore
communis Pacificationis, Imperii constitutionum, hujusque
compositionis & induciarum communiter & singulatim tuebimur & deffendemus absque ullâ aliquâ remorâ aut impe-
dimento, quòd quovis modo excogitari, Nosque relevare
posset. Quandòquidem omnes Nos & singuli omnibus his,
qui conventioni huic & transactioni adversari, vel Nos relevare posse videantur, quocunque titulo seu nomine cen-
seantur, specialiterve interpretarentur, renunciavimus, om-
niaque alia in effectu huic compositioni adversum in meliori
firmiorique forma harum litterarum vigore ac robore an-
nulando & abdicando.

## CAPUT XI.

*Securitas Regiæ Majestatis atque Electorum Principum ut In-*
*tercessorum hujus compositionis.*

I. QUOMINUS multò etiam dubitetur alter utra ex
parte, aut aliquis sensus diversus incidat, volumus Nos Ferdinandus Rex, & Maximilianus Rex, Nosque
insuper spirituales & Seculares Electores & Principes, qui
omni ex parte causam hanc prædicto modo composuimus
atque transegimus, hanc declarationem assensumque profi-
teri, nimirum Rex uterque Nostro, Nostrorumque hæredum
ac posterorum nomine. Ecclesiastici verò Electores & Principes consilio atque assensu suorum Capitulorum; Secula-

rem autem Electores & Principes jam anteà suo, suorumque
hæredum & posterorum nomine irrevocabiliter, quod Nos
unà simulque hanc tractationem non solummodo quantum
Nos ipsos, Nostrosque hæredes & Successores, Regnaque Nostra, Archiepiscopatus item & Collegia, Terras, Diæceses,
Territoria, Populos, Subditos, Ministros & Conjunctos
concernit ità servare, & adversum agere nullo pacto veli-
mus, sed etiam si qua partium contrà hanc decisionem &
conventionem (quod haud fore speratur) jam nunc aut in
futurum agat, & alteram partem vi factove clam palamve
gravaret, offenderet, urgeretve, nec admonita desisteret,
tum quidem Nos illique, ac Nostri, suique successores ceu
adversariæ parti, quæ contrà hanc conventionem & transactionem invaditur, aliàsve læditur, & coram Nobis illis-
que, aut Nostris, illorumque successoribus, æquas contra-
dictorias rationesque in alteram partem talia recusantem ac
violenter agentem, pati posset, illi equidem non solum
consilio præsidioque nullo adesse, verum etiam eam partem
quæ compositionem, conditionemque recipiet, adversus
alteram vigore Publicæ Pacificationis anteà sancitæ, Imperiique constitutionum, hujus item transactionis & induciar-
rum opem suppetiasque laturi sumus.

I I. In omnibus autem prædictis viis modisque ea pars,
quæ putet has inducias per alios fractas aut contrà actum
esse, vi factove nihil contrà eandem præsumat, sed ad Nos
primum eam rem, aut Electores & Principes ut interme-
diatores rejiciat; qui protinus amicam instituent tractationem, eamque definiant & quicquid per Nos, illosve con-
cordatum decisumque fuerit, eâ sententiâ teneat, pareant-
que illi partes utrinque absque recusatione. Quod si non
fecerint, præsidia omnibus, ut suprà dictum est, modis
ferantur.

I I I. Iidem autem Intercessores ac Mediatores jurejuran-
do eodem, quo Cæsareæ Majestati sunt astricti, liberantur,
ne qua minus & transigere velint, & parti parenti adversùs contumacem ut æquum est, auxilium præbeant, idque
Cæsareæ Majestati nequaquam displicebit.

*Sigillatio.*

Quando quidem Elector Saxonicus, suique adjuncti, & confœderati hanc Capitulationem in omnibus & singulis punctis & articulis voluntariè acceptaverunt, & servare promiserunt, tum & Cæsarea Majestas eosdem in Imperii Germanicæ Nationis dilectæ Patriæ suæ utilitatem profectumque gratiosè approbavit & ratificavit, in quarum rerum testimonium tria sunt scripta Diplomata ejusdem sensus atque tenoris, nostra Regis Ferdinandi, & amborum Electorum Moguntii & Palatini Friderici, similiter & Episcopi Salisburgensis & Alberti Ducis Bavariæ, cæterorumque Electorum & Principum tanquam intercessorum seu mediatorum ac Electoris Saxonicæ, & Wilhelmi Lant-Gravii Hessiæ aliorumque conjunctorum nomine propriis manibus subscripta ac appendentibus sigillis munita : de quibus unum Cæsareæ Majestati, alterum communibus Statibus, tertium dicto Electori Saxoniæ & suis conjunctis tradatur. Actum Paraviæ, alterâ die mensis Augusti, anno post Christi nativitatem millesimo quingentesimo quinquagesimo secundo, Regnorum Nostrorum Romani vigesimo secundo & aliorum vigesimo sexto.

*Sequuntur Articuli de Religione, Pace & Justitiâ, per Regiam Majestatem, Electorum Legatos, præsentes Principes & absentium Nuncios designati.*

Quo ad Religionis, Pacis, & Justitiæ Articulum, ( *a* ) Regia Majestas cum Electorum Legatis, præsentibus Principibus, & absentium Nunciis inter Cæsaream & Regiam Majestates, Electores, Principes & Status Germaniæ Nationis, donec controversa Religio tandem concordetur, inducias fieri firmas existimant, siquidem, ut Cæsarea & Regia Majestates, Electores quoque Principes & Status Sacri Imperii, nullum ex Augustanâ Confessione Statum, aut

( *a* ) Induciæ pacis & libertatis Germaniæ.

qui

qui Sectis publicè per Imperii Decreta damnatis non ad-
hæreat, vi factove aut aliis contrà conscientiam & voluntatem rationibus modisque de suâ Religione & fide detur-
bet, dejiciat, propellat, aut bello petat, lædatve, gravet-
ve, aut etiam reprehendat, quinimò Religione quemque
suâ fideque tranquillè pacificèque vivere agereque sinat,
neque Religionis controversiam aliter quàm amicis placi-
disque mediis modisque ad Christianum concordem intellectum unionemque perduci ferat sustineatque. Conjuncti
quoque hujus belli, aliique Status omnes, cæteros Sacri
Imperii Status tum Ecclesiasticos tum Seculares suâ Religione, Ecclesiastico usu, ordine & ceremoniis, atque fa-
cultatibus, bonis, diæcesibus, subditis, reditibus, censibus,
dominiis & jurisdictionibus non privent, aut gravent, sed
uti frui illis pacificè sinant, neque vi factove aliasve malignè adversùs eos præsumant : sed per omnia Sacri Imperii juri, ordinationibus, decretis, edictis, recessibus, atque Publicæ Pacis constitutioni quisquis stet, pareatque
ordine suo, sub interminatione pœnæ in proximè renova-
tâ Publicæ Pacis sanctione comprehensæ.

II. Ac quæcumque sæpè dictis induciis adversari vide-
buntur aut existimentur, nihil tamen derogent, sed à Cæsareâ & Regiâ Majestatibus, Electoribus; item Principibus,
ac Statibus respectivè sufficienter, & ut necesse est, provi-
deri caverique debent mediante hujus transactionis Cæsareo quoque judicio Cameræ & Assessoribus induciæ prædictæ intimentur ac innotescant, ad earum observationem ju-
rejurando suo adactis, omninò illis se ut conformes obtem-
perantesque gerant, partibus item implorantibus nullâ Religionis differentiâ respectuve habito, prout decebit, opus-
que fuerit, opem juris justitiæque ferant. Assessorum quoque aliarumque personarum jurisjurandi per Deum Sanctos-
que, aut Deum Sanctumque Evangelium formula juraturis
liberè concessa.

III. Pro unione autem & pace controversæ Religionis
constituenda, Regia Majestas & Electorum Consiliarii, tum
& præsentes Principes absentiumque Nuntii existimant,

Cæfaream Majeſtatem proximo ſemeſtri poſt conclufionem & data harum induciarum & compoſitionis , Comitia habiturum eſſe , in quibus cum Electoribus , Principibus & Statibus Imperii rationem ineat, an Generali aut Nationali Concilio aut Collegio , aut alio Imperii conventu & congregatione diſſectæ Religionis cauſa inſtituenda , concordanda ac definienda ſit , & quod per Cæfaream Majeſtatem , communeſque tàm Auguſtanæ quàm contrariæ Confeſſionis Status pro uſu ac bono publico ſtatuetur, cum gratiâ paſſim omnibus concedatur.

IV. Et hoc in mentem venit ad præparationem ejuſmodi unionis ineundæ, in initio eorumdem Comitiorum nonnullorum tranquillitatis amantium ac prudentium perſonarum utriuſque Religionis pari numero haberi , quibus injungatur , quomodo concordia talis meliùs rectiùſque ſuſcipiatur , abſque tamen Electorum Principum propter hunc ipſum delectum ſuperioritatis ac præeminentiæ præjudicio.

V. Ubi autem nulla talibus viis concordia conſequeretur, nihilò tamen ſeciùs prædictæ induciæ ad ſupremum concordiæ terminum ſuas habeant vires , perpetuòque valeant atque conſiſtant.

VI. Ad ſuffragiorum autem & juſtitiæ æqualitatem , tum & præſentationem Aſſeſſorum , aliorumque articulorum Pacis & Juſtitiæ conſervandæ quod attinet , deliberatum eſt , ſi quid gravè meditatione cogitatuque dignum in ordinatione judicii Cameræ oboriatur , cùm ea conſtitutio communi Statuum aſſenſu facta ſit , eam quoque abſque communi Statuum voluntate conditionum reſpectu , nonniſi ordinaria viſitationis judicii via , aliuſve unà cum prætenſis gravaminibus mutari non poſſe. Cui reijurandæ Regia Majeſtas unà cum Electorum Legatis , comparentibus Principibus , & abſentium Nunciis eſt operam datura, ne in Religionis causâ altera partium vel ſuffragiorum , vel partialitatis ergò præ alterâ ſeſe gravatam quieri poſſit , aut etiam Auguſtanæ confeſſionis adhærentes & conjuncti à Cæſareo Cameræ judicio ſecludi ſe vereantur. Aliaque gravamina ſi quæ innotuerint , & equitate proximis Comitiis deciduntur.

VII. Dabit quoque hîc operam Regia Majestas unà cum Electorum Legatis, comparentibus Principibus & absentium Nunciis, Cæsaream Majestatem amanter juxtà & reverenter interpellando orandoque, ut puncta cum primis necessaria, inter quæ & articulus præsentationis atque Augustanæ Confessionis, conjuncti, à Cæsareo Cameræ judicio ( ut suprà dictum est ) ne excludantur ex plenitudine Cæsareæ ejus Majestatis, pro retinendâ, conservandâque in Imperio Pace & concordiâ, quantociùs fieri poterit, resolvantur atque expediantur.

*Ferdinandi Cæsaris Aug. Declaratio.*

*Quo pacto Prælatorum Ministeriales sivè Nobiles, Civitates & Communitates sub eorum dominio constituti, & Augustanam Confessionem profitentes in causà Religionis in posterum tractari, & haberi debeant : ordinibus Imperii præsentata in Comitiis Augustanis,* 14 *Septembris* 1555.

## FERDINANDI, &c.

I. Cùm in hisce Comitiis de Pace Religiosâ conciliandâ & constituendâ tractaretur, humiliter Nobis ordines atque Legati Augustanam Confessionem profitentes exposuerunt; quòd si Nobiles, Civitates & Communitates sub quorumdam Archiepiscoporum, Episcoporum & aliorum Ecclesiasticorum ac Prælatorum dominiis constituti, qui jamdiù multumque temporis per plurima annorum curricula Augustanæ Confessionis Religioni addicti fuerunt, & hodièque addicti sunt, ab eâdem illorum susceptâ & per tot annos continuatâ Religione, per memoratos eorum Dominos atque Magistratus discedere cogerentur, priùsquam controversiam Religionis dissidium modis amicabilibus ac pacificis ad Christianam sententiam & concordiam redigeretur, nihil indè certiùs sperari posset, quàm diffusiora eademque præsentissima bellorum dispendia inter Dominos sivè Magistratus & eorum subditos. Quibus periculis ut occurratur, humillimè Nobis supplicaverunt, ut apud Ecclesiasticos autoritate Nostrâ Regiâ tandem efficere ac impetrare vellemus, quo ipsis suis subditis ad conservandam Pacem Publicam & summè necessariam in sacro Imperio Germanicæ Nationis, sicut hactenus longo tempore, ità in posterum quoque, propter Augustanæ confessionis Religionem, nullam violentiam aut molestiam inferant, sed liberum ejus exercitium permittant usque ad suprà memoratam controversiæ Religionis plenam compositionem atque conciliationem : eo quo nomine consentiant, ut dictis suis subdictis in hac Religiosæ Pacis constitutione, prout necessitas requirit, caveatur. Verum contrà ea Nobis ordines atque Legati Nostræ Antiquæ Religioni addicti, varias causas & postulata, recensuerunt, adeò ut utriusque Religionis ordines in hoc puncto concordari non potuerint.

II. Quapropter Nos, de Cæsareæ Majestatis, fratris ac Domini nostri datâ potestatis plenitudine & arbitrationis, declaravimus, constituimus & decrevimus, declaramus, constituimus & decernimus vigore harum litterarum, ut Ministeriales sivè Nobiles, Civitates & Communitates, sub Ecclesiasticorum dominiis constituti, qui à longo tempore multisque annis Augustanæ Confessionis Religioni fuerunt addicti, ejusdemque Religionis fidem, ritus Ecclesiasticos, ordinationes & ceremonias palàm observarunt & usi sunt, & adhuc usque diem observant atque utuntur, eandem suam fidem, ritus Ecclesiasticos, ordinationes & ceremonias relinquere, minimè à quocunque cogi debeant, aut possint sed ut in ea confessione liberè versari, usque ad prædictam Religionis Christianam ac plenam conciliationem, sine ulla turbatione aut molestia permittantur.

III. Et quo hæc nostra declaratio firmior subsistat, nec impeti ab aliquo possit, ideòque communiter Ordines Ecclesiastici præsentes & absentium Consiliarii atque Legati, Nobis humillima observantia consenserunt, ut derogatio illa in recessu horum Comitiorum, in constitutione Publicæ Pacis Religiosæ, cujus tenor, *ne contrà dictam Pacem Religiosam ulla declaratio aut aliudquid, quòd eandem impedire aut mutare posset, concidatur, impetretur aut acceptetur; sed concessum, impetratum aut acceptatum viribus non subsistat,* pluribus verbis comprehensa, de prædicta Nostra declaratione ac decreto intelligi non debeat, nec eidem derogare; in cæteris tamen salva & inviolabilis permaneat.

IV. Ad cujus rei certitudinem ac confirmationem has litteras propriâ manu subscripsimus & appenso Nostro Regio Sigillo roboravimus. Datum in Nostra sacri Imperii Civitate Augusta, 24 die Septembris, anno Dominicæ Incarnationis 1555. Regnorum nostrorum Romani 25. & cæterorum omnium 29.

FERDINANDUS, Imp.

G. Jonas Doctor Vice-Cancellarius ad mandatum Domini Regis proprium.

L. KHIRCHOLAGER.

*Recessus Imperialis ab Imperatore* CAROLO CRASSO, *cum consensu tàm spiritualium quàm secularium Principum Ordinatus, super expeditione Romana per Romanorum Imperatores vel Reges, pro corona suscipienda, aut aliqua Regni utilitate vel honore instituenda: actum in Comitiis Wormatiæ die XIII. Idus Junii anno* DCCCC. XC. GOLDAST. Const. Imper. To. I. Pag. 207. *Cité sous la Cotte E.*

*In nomine Sanctæ & individuæ Trinitatis.*

CAROLUS, &c.
. . . . . . . . . . . . Sed quando hoc non ab aliquo Antecessorum nostrorum terminatum fuerit, duximus dignum, ut eorum altercationi finem commodum imponeremus, atque decretam & certam aliquam legem super omni Romana expeditione concederemus.

II. Statuimus ergo & decrevimus, cum consensu tàm spiritualium quàm secularium Principum, ibidem Nobiscum assidentium, quandò pro corona nostra vel aliqua Regni utilitate & honore, Romana expeditio à Nobis, vel à Successoribus nostris præparetur, ad omnium Nobiscum euntium præparationem annus cum sex hebdomatibus pro induciis detur, & per totum taliter Regnum fidelibus nostris indicetur; cuicumque autem secundùm hanc legem eadem expeditio imperetur, & ad curiam Gallorum, hoc est, in campum, qui vulgò *Rungalle* dicitur, Dominum suum non comitetur

R r iij

& ubi cum militari apparatu non repræfentetur, fæodo ( præter hos qui cum gratiâ Dominorum fuorum remanferunt )
in confpectu Noftro abfque fpe recuperationis privetur.

III. Qui autem per Dominum, fivè liberi, fivè famuli,
Dominis fuis adhæferint, quot decem manfos in beneficio
poffideant, tot brunias cum duobus fcutariis fingulas marcas
accipiant : & fic eundo & redeundo cum hoc ftipendio, fine omni Dominorum damno vel expensâ, nifi quantùm ipfis Dominis placuerit, fideliter ferviant.

IV. Si autem forte ( quòd abfit ) accidat, ut iidem Milites diverfos Dominos propter diverfa beneficia acquirant,
ne aliquod beneficium indebitum vel fine fervitio remaneat,
finguli fingula debita fingulis Dominis perfolvant. Videlicet
quantum ab ipfis, fi irent, accepturi erant, tantum fe daturos
cognofcant : vel in præfato loco ( ut dictum eft ) feodum
amittant ; fed ftipendia, nifi voluntate Dominorum, non
prætermittant.

V. Similiter de Ecclefiarum filiis vel domefticis, id eft,
Minifterialibus vel quorumcunque Principum clientela,
qui quotidiè ad ferviendum parati effe debent, Statuimus,
ut quicunque quinque manfos in beneficio poffident, Domino fuo, ad quem pertinent, bruniam cum uno fcutario
ducant. Et hoc in arbitrio Dominorum pendent, quos ducant, à quibus ftipendia accipiant, quibus Halfpergas concedant. Ipfis & ad itineris præparationem quinque libræ fuæ
monetæ in ftipendium tribuantur & duo æqui, unus currens,
alter ambulans, addantur ; ac duobus fociis fummariis vic-
tualibus bene oneratus comitatur, qui ab ipfis ad opus Dominorum diligenter cuftodiatur. Ipfi quoque in Dominorum tamdiù vivant procuratione, quamdiù inceptâ vadant
expeditione : & quicquid à rebellibus Regni pugnando ac-
quifierint, partes duas ad Dominos deferant, tertiam fibi pro
confolatione retineant. Quos autem non poffunt Domini, ad
ipfos reportant tertiam partem fui acquifiti.

VI. Singuli verò Principes fuos habeant Officionarios
fpeciales, Murfcalcum, Dapiferum, Pincernam & Camera-
rium. Qui quatuor quantò plus funt laboraturi, tantò plus

in stipendio, in vestitu, in equitatu, præ cæteris sunt honorandi scilicet, & unicuique istorum decem libræ cum tribus equis tribuantur : quartus Murscalco addatur : quorum unum ad præcurrendum, alterum ad pugnandum, tertium ad spatiandum, quartum ad loricam portandum. Isti verò tales remanere cupientes si apud Dominos impetrare valeant, quot menses possideant........monetæ, vel totum fructum feodi in illo anno pro stipendio persolvant.

VII. Ut autem nostrum Imperium ab omnibus habeat supplementum, hoc constituimus & firmiter præcipimus ut singuli buringi decem, cum duodecim funibus de Canapo, solidos Dominis suis impendant, & insuper summarium cum Capistro concedant, quem, si Domini voluerint, ipsi ad primam navalem aquam usque perducant. Mansionarius quinque solidos, Absarius trigenta denarios, Bunajarius quindecim, quorumlibet larium possessores sex suppleant.

VIII. Et ut hæc Nostri Decreti autoritas inviolabilem & incorruptam in Dei nomine apud omnes Successores Nostros obtineat emunitatem, cunctis Principibus, qui aderant astipulantibus, manu propriâ subter eam roborare decrevimus, & annuli nostri signo assignari jussimus.

*Signum Caroli gloriossimi Regis.*

Hernustus Notarius ad vicem Lutuvardi Cancellarii recognovi. Data VIII. Idus Junii anno ab Incarnatione Domini N. J. C. DCCCXC. Regni autem ejus XXII. antè consecrationem. Actum Wormatiæ feliciter, amen.

*Citée sous la Cotte F.*

*Ex Bullâ Aureâ*, FREDERICI II. *Romanorum Regis. De Libertate Ecclesiasticâ.* 1213. GOLDAST. T. I. P. 289. *quæ incipit* I. Regnum Nostrum, &c.

II. Illum igitur volentes abolere usum, quem quidam Prædecessorum Nostrorum exercuisse dignoscuntur, Decre-

tum in Electionibus Prælatorum : concedimus & fancimus,
ut Electiones Prælatorum liberè & canonicè fiant, quatenùs ille preficiatur Ecclefiæ viduatæ, quem totum Capitu-
lum, vel major vel fanior pars ipfius duxerit eligendum,
dummodò nihil defit ei de Canonicis Inftitutis.

III. Appellationes autem in negotiis & caufis Ecclefiaf-
ticis ad fedem apoftolicam liberè fiant ; earum perfecutio-
nem five proceffum nullus impedire præfumat.

IV. Illum quoque dimittimus & refutamus abufum ;
quem in occupandis bonis decedentium Prælatorum, aut
etiam Ecclefiarum vacantium noftri confueverunt Antecef-
fores committere pro motu propriæ voluntatis. Omnia Nos
fpiritualia vobis & aliis Ecclefiarum Prælatis relinquimus
liberè difponenda, ut quæ funt Cæfaris Cæfari, & quæ Dei
Deo rectâ diftributione reddantur.

V. Super eradicando autem hæreticæ pravitatis errores
auxilium dabimus & operam efficacem.

VI. Poffeffiones etiam, quas Ecclefia recuperavit, ad re-
cuperandam erimus pro viribus adjutores : & quæcunque ad
manus Noftras devenient, fine difficultate ac morâ eas ref-
tituere fatagamus. Ad hos pertinet tota terra, quæ eft à
Radicofano ufquè Ceperanum, Marchia Anconitana, Ducatus Spoletanus, Terra Comitiffæ Mathildis, Comitatus Ber-
tinoris, Exarchatus Ravennæ, Pentapolis, Maffa Treba-
ria, cum adjacentibus terris, & omnibus aliis ad Romanam
Ecclefiam pertinentibus, cum omni jurifdictione, diftractu
& amore fuo.

VII. Verumtamen cum ad recipiendam Coronam Imperii, vel pro neceffitatibus Ecclefiæ ab Apoftolicâ Sede
vocati venerimus, de Mandato Summi Pontificis recipie-
mus procurationes five fodrum ab ipfis. Omnia igitur fuprà
dicta, & quæcunque alia pertineat ad Romanam Ecclefiam, de voluntate & confcientiâ, confilio & confenfu Principum Imperii liberè illi dimittimus, renuntiamus & refti-
tuimus ; necnon ad omnem fcrupulum removendum, prout meliùs valet & efficaciùs intelligi, concedimus, conferi-
mus, donamus, ut fublata omnis contentionis & diffentio-
nis

nis materia, firma pax & plena concordia in perpetuum inter Ecclesiam & Imperium perseverent.

VII. Adjutores etiam erimus ad retinendum & ad deferendum Ecclesiæ Romanæ Regnum Siciliæ, cum omnibus ad ipsum spectantibus, tam citrà Pharum quàm ultrà, nec non Corcicum & Sardiniam, ac cætera jura, quæ ad eadem pertinere noscuntur, tanquam devotus filius & catholicus Princeps. &c.

*Ex Bullà Aureà* C A R O L I IV. *Romanorum Imperatoris sub anno* 1356. Cap. II. G O L D A T s. Constitutiones Imperiales T. I. P. 352.

*Paragrapho de Electione Romanorum Regis.*
*Cité sous la Cotte G.*

Postquam autem sæpè dicti Electores seu Nuncii Civitatem Frankfordensem ingressi fuerint, statim subsequenti die diluculo in Ecclesiâ Sancti Bartholomæi Apostoli, itidem in omnium ipsorum præsentiâ, Missam de sancto Spiritu faciant decantari ad finem, ut ipse sanctus Spiritus corda ipsorum illustret, & eorum sensibus lumen suæ virtutis infundat, quatenus ipsi suo fulti præsidio, hominem justum, bonum & utilem eligere valeant, in Regem Romanorum futurumque Cæsarem, ac pro salute Populi Christiani expedientem.

II. Peractâ quoque Missâ hujusmodi, omnes illi Electores seu Nuncii accedant ad Altare in quo Missa eadem extitit celebrata, ubi Principes Electores Ecclesiastici, coram Evangelio Beati Joannis, *In principio erat verbum*, quod illic antè ipsos poni debebit, manus suas pectori cum reverentiâ superponant. Seculares verò Principes Electores, dictum Evangelium corporaliter manibus suis tangant, qui omnes cum totâ suâ familiâ, tunc ibi debebunt inermes assistere. Et Archiepiscopus Moguntinensis formam juramenti eis dabit, & unà cum ipsis, & ipsi vel absentium Nuncii unà cum eo juramentum præstabunt, vulgariter in hunc modum.                           S f

III. *Ego Archiepiscopus Moguntinensis , Sacri Imperii per Germaniam Archi-Cancellarius ac Princeps Elector , juro ad hæc Sancta Dei Evangelia hic præsentialiter coram me posita , quod ego per fidem ( quà ego Deo & Sacro Romano Imperio sum astrictus) eligam secundùm omnem discretionem & intellectum meum cum Dei adjutorio eligere volo temporale caput Populo Christiano , id est , Regem Romanorum in Cæsarem promovendum , qui ad hoc existat idoneus , in quantum discretio & sensus mei me dirigunt , & secundùm fidem prædictam , vocemque meam & votum seu Electionem præfatam , dabo absque omni pacto , stipendio , pretio vel promisso , seu quocunque modo talia valeant appellari , sic me Deus adjuvet & omnes Sancti.*

IV. Præstito denique per Electores seu Nuncios in formâ & modo prædictis , hujusmodi juramento ad Electionem procedant , nec amodo de jam dictâ Civitate Frankfort , separentur , nisi priùs major pars ipsorum temporale caput Mundo eligerit , seu Populo Christiano , videlicet Romanorum in Cæsarem promovendum, quod si facere distulerint , infrà triginta dies à die præstiti juramenti præfati continuò numerandos ; ex tunc transactis eisdem triginta diebus , amodo panem manducent & aquam bibant , & nullatenùs Civitatem exeant antè dictam , nisi priùs per eos , vel majorem partem ipsorum , Rector seu temporale caput fidelium electum fuerit , ut præfertur.

V. Postquam autem in eodem loco , ipsi vel pars eorum major numero eligerit , talis Electio perindè haberi & reputari debebit , ac si foret ab omnibus , nemine discrepante , concorditer celebrata.

VI. Si verò per tempus aliquod morari abesse & tardare contingeret aliquem de Electoribus seu Nunciis antè dictis , dum tam veniret , antequam prædicta esset Electio celebrata , hunc ad Electionem istam , in eo statu admitti debere decernimus , in quo ipsa adventus sui tempore consistebat.

VII. Et quia de antiquâ approbatâ & laudabili consuetudine , tàm inconcussè quàm immutabiliter semper extitit hactenus observatum. Ideòque & Nos constituimus & de Im-

perialis decernimus plenitudine poteſtatis, quod is, qui modo præmiſſo in Regem Romanorum fuerit electus; peractâ ſtatim Electione hujuſmodi, priuſquam in aliquibus cau-
ſis aliis, ſivè negotio virtute Sacri Imperii adminiſtret,
univerſis & ſingulis Principibus, Electoribus Eccleſiaſticis
& Secularibus, qui propinquiora Sacri Imperii membra eſſe noſcuntur, omnia ipſorum privilegia, literas, jura, liber-
tates, conceſſiones, antiquas conſuetudines & etiam dignitates, & quidquid ipſi ab Imperio uſque in diem Electionis ſuæ obtinuerunt, poſſederunt abſque dilatione, & contradictione confirmare & approbare debeat per ſuas literas,
& ſigilla, ipſiſque omnia præmiſſa innovare, poſtquam
fuerit Imperialibus Infulis coronatus.

V I I I. Confirmationem autem hujuſmodi, Electus ipſe
cuilibet Principi Electori, in ſpecie, primo ſuo nomine
Regali faciet. Et deindè ſub Imperiali Titulo innovabit,
& in his ipſos Principes omnes in genere & quemlibet
eorum in ſpecie nullatenus impedire, ſed potiùs abſque
dolo, gratiosè tenebitur promovere.

I X. In caſu denique, quo tres Principes Electores præ-
ſentes, ſeu abſentium Nuncii, quartum ex ſe, ſeu eorum
conſortio, videlicet Principem Electorem præſentem vel
abſentem, in Regem Romanorum eligerent, vocem illius
Electi, ſi præſens affuerit, aut Nunciorum ipſius, ſi eum
abeſſe contingeret, plenum vigorem habere, & Eligentium
augere numerum, partemque majorem, decernimus conſti-
tuere, ad inſtar cæterorum Principum Electorum.


1 9. Mars.


NICOLAI *Papæ V. confirmatio, approbatio & capitula-*
*tio Concordatorum inter* FREDERICUM *Imperatorem, Prin-*
*cipeſque Germaniæ ac Legatum Apoſtolicum, de Proviſionibus*
*& Collationibus Eccleſiarum & Beneficiorum Eccleſiaſticorum.*
*Datum Romæ Kalendas Aprilis anno incarnationis Dominicæ*
1448. GOLDAST Conſtitu. Imperi. T. I. P. 408. *Cité*
*ſous la Cotte* H.

Sſ ij

## NICOLAUS, &c.

Nuper si quidem Charissimus in Christo filius Noster Fredericus Romanorum Rex illustris, & nonnulli alii dilecti filii Ecclesiastici & Seculares Principes inclitæ Nationis Germanicæ ex unâ, ac dilectus filius Noster Joannes Sancti Angeli Diaconus Cardinalis in partibus illis Apostolicæ Sedis de latere Legatus, per Nos ad dictas partes missus sufficienti desuper à Nobis & Sede Apostolicâ autoritate suffultus ex aliâ partibus, Romanæ Ecclesiæ, & dictæ Nationis nominibus pro ipsius Ecclesiæ unione, pace & tranquillitate inter Ecclesiam & Nationem prædictam perpetuò solidandis & conservandis diversa rationabilia, & utilia, ordinationes & Statuta, à partibus ipsis hinc & indè approbata, laudata, conclusa, ac recepta & concordata fecerunt, ac ediderunt, Nobisque humiliter supplicari fecerunt ut illis pro firmiori eorum subsistentia robur Apostolicæ firmitatis adjicere, necnon autoritatem potiorem & decretum interponere dignaremur. Nos itaque qui Statuta, ordinationes & concordata prædicta per nonnullos ex Veneralibus Fratribus Nostris S. R. E. Cardinalibus magnarum maturitatis, autoritatis & litteraturæ viros diligenter examinari & discuti fecimus, eaque rationabilia & salubria tam Ecclesiæ quàm Nationi præfatæ forè comperimus, de dictorum & aliorum Venerabilium Fratrum Nostrorum prædictæ Ecclesiæ Cardinalium Consilio & assensu, Apostolicâ autoritate & ex certâ scientiâ approbamus, ratificamus, laudamus & acceptamus, & præsentis scripti patrocinio communimus, juxtà modum & formam subsequentes. Placet Nobis super provisione Ecclesiarum & Beneficiorum Ecclesiasticorum quorumcunque uti juris scripti reservatione, & execrabilis & ad regimen constitutionem, modificatis ut sequitur. Ad regimen Ecclesiæ generalis quàmquam immeriti superna dispositione vocati gerimus in Nostris desideriis, ut debemus, quòd per Nostræ diligentiæ studium ad quarumlibet Ecclesiarum & Monasteriorum regimina ac alia Beneficia Ecclesiastica juxtà divinum beneplacitum &

Nostræ intentionis affectum viri assumantur idonei qui præ-
sint & prosint, committendis eis Ecclesiis, Monasteriis & Beneficiis prælibatis. Præmissorum itaque consideratione induc-
ti, & suadentibus Nobis aliis rationalibus causis nonnullorum
Prædecessorum Nostrorum, Romanorum Pontificum vesti-
giis inhærentes omnes Patriarchales, Archiepiscopales, Epis-
copales Ecclesias & etiam Monasteria, Prioratus, Dignitates, Personatus & Officia, necnon Canonicatus, Præben-
das & Ecclesias, cæteraque Beneficia Ecclesiastica cum cura,
vel sine cura secularia & regularia quæcunque, & qualiacunque fuerint, etiam si ad illa personæ consueverint seu debuerint, per Electionem seu quemvis alium modum assumi. Nunc
apud Sedem Apostolicam quocunque modo vacantia & in-
posterum vacatura, necnon per depositionem vel privatio-
nem, seu translationem per Nos seu autoritate Nostrâ factas
& in anteà faciendas ubilibet : necnon ad quæ aliqui in concordia vel discordia Electi seu postulati fuerint, quorum Electio cassata, seu postulatio repulsa, vel per eo facta renun-
tiatio, & admissa autoritate Nostra extiterit, seu quorum
Electorum, vel postulatorum & in anteà eligendorum vel
postulandorum Electionem cassari, seu postulationem re-
pelli, aut renuntiationem admitti per Nos, aut Autoritate
Nosttâ continget apud Sedem prædictam, vel alibi ubicunque,
& etiam per Obitum Cardinalium ejusdem Ecclesiæ Romanæ, aut Officialium dictæ Sedis, quandiù ipsa Officia ac-
tualiter tenebunt, videlicet Vice-Cancellarii, Camerarii,
septem Notariorum, Auditoris literarum contradictarum &
Apostolici Palatii causarum Auditorum, Correctorum cen-
tum & unius Scriptorum Literarum Apostolicarum, & viginti quatuor Penitentiariorum Præfatæ Sedis, & viginti
quinque Abbreviatorum, necnon verorum Commensalium
Nostrorum, & aliorum viginti quatuor Capellanorum Sedis
ejusdem in Epitaphio descriptorum & etiam quorumcunque
Legatorum, seu Collectorum, ac in Terris Romanæ Ecclesiæ Rectorum & Thesaurariorum Deputatorum, seu Misso-
rum hactenus, vel deputandorum, aut mittendorum in posterum nunc vacantia, & in anteà vacatura, ubicunque dic-

S ſ iij

tos Legatos vel Collectores seu Rectores & Thesaurarios, antequam ad Romanam Curiam redierint, seu venerint, rebus eximi contigerit ab humanis; necnon quarumlibet pro quibuscunque negotiis ad Romanam Curiam venientium seu etiam recedentium ab eâdem. Si in locis à dictâ Curiâ ultrà duas dictas Legales non distantibus jam forsan obierint, vel eos in anteà ab hac luce transire contigerit, & etiam simili modo quorumcunque Curialium peregrinationis, infirmitatis, seu recreationis, vel aliâ quâcunque causâ ad quævis loca secedentium, si eos antequam ad dictam Curiam redierint in locis ultrà duas dietas ab eâdem Curiâ, ut præmittitur, non remotis ( dummodò eorum proprium domicilium non exiftat ibidem : ) jam forsan decefferunt vel in pofterum eos continget de medio submoveri etiam nunc per Obitum hujufmodi vacantia, vel in pofterum vacatura : rursùs Monafteria, Prioratus, Dignitates, Perfonatus, Decanatus, Adminiftrationes, Officia, Canonicatus, Prebendas & Ecclefias, cæteraque Beneficia Ecclefiaftica, Secularia & Regularia, cum curâ vel fine curâ, quæcunque & qualiacunque fuerint, etiam si ad illa perfonæ confueverint, feu debuerint, per Electionem, feu quemvis alium modum affumi quæ promoti per Nos feu Autoritate Noftrâ, ad Patriarchalium, Archiepifcopalium, & Epifcopalium Ecclefiarum, nec non Monafteriorum Regimina obtinebant tempore promotionum de ipfis factarum nunc quocunque modo vacantia, vel in pofterum vacatura : nec non etiam per affecutionem pacificam quorumcunque Prioratum Perfonatuum, Officiorum, Canonicatuum, Præbendarum, Ecclefiarum, aut Beneficiorum aliorum per Nos feu Autoritate Noftrarum Litterarum immediatè collatorum feu conferendorum in pofterum, præterquam si virtute Gratiæ expectativæ affecutio fiet, nunc vacantia, & in anteà vacatura, plenâ fuper præmiffis omnibus & fingulis cum Fratribus Noftris collatione præhabitâ, & maturâ deliberatione fecura, ordinationi, difpofitioni & provifioni Noftræ, de ipforum Fratrum Confilio, autoritate Apoftolicâ refervamus. Decernentes ex nunc irritum, & inane, si fecùs fuper præ-

miſſis, & quolibet eorum per quoſcunque, quâvis autoritate, ſcienter vel ignoranter contigerit attentari. Item placet Nobis quòd in Metropolitanis & Cathedralibus etiam
immediatè non ſubjectis Eccleſiis, & in Monaſteriis immediatè ſubjectis Sedi Apoſtolicæ, fiant Electiones Canonicæ quæ
ad dictam Sedem deferentur, quas etiam ad tempus conſtitu-
tionis, (*ſub titulo Electore*) fælicis recordationis Nicolai
Papæ tertii quæ incipit, *cupientes*, *expectabimus*; & elap-
ſo dicto tempore ſi non præſentatæ vel ſi præſentatæ minùs Canonicæ fuerint, providebimus, & ſi Canonicæ fuerint eas confirmabimus, niſi ex rationabili & evidenti causâ, ac de dictorum Fratrum Conſilio de digniori & ulteriori perſonâ duxe-
rimus providendum, proviſo quod confirmati prædicti & per
Nos proviſi Metropolitanis ſuis & aliis præſtent debita jura-
menta, & alia ad quæ de jure tenentur. Et in Monaſteriis
dictæ Sedi immediatè non ſubjectis & aliis regularibus Beneficiis, ſuper quibus pro confirmatione, vel proviſione ad
dictam Sedem non conſuevit haberi recurſus, Electi ſeu illi
quibus providendum eſt, pro confirmatione & proviſione
hujuſmodi ad Curiam Romanam venire non tenebuntur,
ipſaque Regularia Beneficia ſub expectativis gratiis non ca-
dant. Ubi autem pro Monaſteriis ad dictam Curiam venire
ſeu mittere conſueverint, non aliter confirmabimus vel
providebimus, quàm ſuperiùs de Cathedralibus Eccleſiis eſt
expreſſum. Et de Monaſteriis Monalium non diſponemus,
niſi ſint exempta, & tunc per Commiſſionem ad partes. De
cæteris verò dignitatibus & Beneficiis quibuſcunque Secularibus & Regularibus vacaturis ultrà reſervationes predic-
tas: (Majoribus dignitatibus poſt Pontificales in Cathedralibus
& Principalibus in Collegiatis Eccleſiis exceptis) de quibus jure
ordinario providebitur per illos inferiores, ad quos alius pertinet. Placet etiam Nobis quod per quamcunque aliam reſerva-
tionem, Gratiam expectativam aut quamvis aliam diſpoſitio-
nem ſub quâcumque verborum formâ per Nos, vel autoritate Noſtrâ factam, vel faciendam non impediemus Nos
quominùs de illis cùm vacabunt de Februarii, Aprilis, Junii, Auguſti, Octobris, & Decembris menſibus liberè diſ-

ponatur, per illos, ad quos eorum collatio, provisio, præsentatio, Electio, seu quævis alia dispositio pertinebat, reservatione aliâve quâvis dispositione, autoritate Nostrâ factis vel faciendis, non obstantibus quibuscunque. Quoties verò aliquo vacante Beneficio in Januarii, Martii, Maii, Septembris & Novembris mensibus, specialiter dispositioni dictæ Sedis reservatis non apparuerit intrà tres menses à die notæ vacationis, in loco Beneficii, quod alicui de illo Apostolicâ autoritate provisum fuerit, ex tunc & non anteâ Ordinarius, vel alius ad quem illius dispositio pertinebit, de illo liberè disponere poterit. Et ad fidem ut hæc Ordinatio Collationum Beneficiorum non reservatorum per alternos Menses possit per dictam Nationem publicari, & omnes qui eâ gaudere voluerint tempus congruum habeant eam acceptandi tunc, quod ad dictam Sedem à Cal. Junii proximè futuris ipsa currere incipiet, & durabit deinceps, nisi in futuro Concilio de consensu dictæ Nationis aliter fuerit ordinatum. Placet similiter Nobis quod circà provisionem dictæ Sedis ordinandam modus Annatarum hoc modo currat. De Ecclesiis Cathedralibus omnibus & Monasteriis Virorum duntaxat vacantibus & vacaturis solvantur de fructibus primi anni à die vacationis summæ pecuniarum in Libris Cameræ Apostolicæ taxatæ, quæ communia servitia nuncupantur: & si quæ excessivè taxatæ sint, retaxentur, & quod provideatur in gravatis Regionibus secundùm qualitatem rerum, temporum & Regionum, ne nimiùm prægraventur: ad quod petentibus dabimus Commissarios in partibus qui diligenter inquirant & retaxent. Taxæ autem prædictæ pro mediâ parte infrà annum, à die habitæ possessionis pacificæ totius vel majoris partis solvantur, & pro aliâ mediâ parte infrà annum sequentem: & si infrà annum bis, vel pluries vacaverint, semel tantùm solvantur; nec debitum hujusmodi in Successorem in Ecclesiâ vel Monasterio transeant: de cæteris verò Dignitatibus, Personatibus, Officiis & Beneficiis Secularibus & Regularibus quibuscunque quæ autoritate dictæ Sedis conferantur, vel de quibus providebitur ( præter quam vigore gratiarum expectativarum

tativarum aut causâ permutationis ) folvantur Annatæ feu medii fructus juxtà taxam folitam à tempore poffeffionis infrà annum ; & debitum hujufmodi fimiliter in Beneficiorum tranfeat. Sed de Beneficiis quæ valorem viginti quatuor Florenorum Auri de Camerâ non excedunt, nihil folvatur : duretque hæc obfervantia deinceps, nifi eam fimiliter in futuro Concilio de ipfius Nationis confenfu contingat immutari in aliis autem quæ per fal. recor. Eugenium Papam IV. etiam prædeceflorem Noftrum, pro dictâ Natione ufque ad tempus futuri Generalis Concilii, Permifla, Concefla, Indulta, & Decreta, ac per nos confirmata fuerunt, in quantum illa concordiæ præfenti non obviant, ifta vice nihil volumus effe immutatum. Et per hoc quod in Concordatis hujufmodi fivè quibufvis aliis eorum occafione conficiendis litteris propter compendiofiorem defcriptionem Allemannia fpecialiter appellatur, Natio ipfa cenferi non debet à Germanicâ Natione diftincta feu quomodolibet feparata. Et prætereà, quià difficile foret præfentes Litteras ad fingula, in quibus de eis forfan fides facienda fuerit, loca deferri, eâdem Apoftolicâ autoritate decernimus, quod ipfarum tranffumpto, Metropolitanorum dictæ Nationis figillo munito, tanquam præfentibus fi exhiberentur Litteris, plena fides adhibeatur, & per indè ftetur, ac fi dictæ præfentes Litteræ forent exhibitæ vel oftenfæ. Et infuper quoque irritum, & inane fi fecus fuper his à quoquam quâvis autoritate fcienter vel ignoranter contigerit attentari. Nulli ergò omninò hominum liceat hanc paginam Noftræ Approbationis, Ratificationis, Refervationis, & Voluntatis infringere, vel ei aufu temerario contraire. Si quis autem hoc attentare præfumpferit indignationem Omnipotentis Dei & Beatorum Petri & Pauli Apoftolorum ejus, fe noverit incurfurum. Datum Romæ apud Sanctum Petrum anno Incarnationis Dominicæ, millefimo quadringentefimo quadragefimo octavo, decimo quarto Cal. Aprilis, Pontificatus Noftri anno fecundo.

*Privilegium Regis* CONRADI, *Judæis Concefum, ubi*

*vocantur* servi speciales Cameræ ejus, anno 1234. Leibnitz. T. I. Num. 12.

*Cité sous la Cotte* I.

## CONRADUS &c.

Et si munificentiæ Nostræ gratia, cunctis quos regit Nostrum Imperium communis debeat esse Fidelibus: illos tamen gratiori humanitate complectimur, Legis humilioris quos gravat conditio, & qui in solâ protectione Nostræ lenitatis respirant. Per præsens igitur privilegium, præsens etas noverit & successura Posteritas; quod Nos attendentes imbecillitatem Gentis Judaïsmi, & quod omnes singuli Judæi, degentes ubique per terras Nostræ jurisdictioni subjectas, Christianæ Legis & Imperii Prærogativa ( quâ dominamur & vivimus ) *Servi sunt Nostræ Cameræ speciales*: ad supplicationes C. & O. servorum Nostrorum personas, filios & filias, ac omnia bona eorum, quæ præsentiarum justè tenent & possident, & in anteà justo titulo poterunt adipisci, sub protectione Nostrâ & Imperii Nostri recipimus speciali: bonos usus & approbatas consuetudines, quibus temporibus Divorum Augustorum Prædecessorum Nostrorum ( recolendæ memoriæ ) usi sunt, hactenus ipsis in servitiis & debitæ fidei Nostræ constantia persistentibus, de munificentiâ Nostræ gratiæ, & ex certâ scientiâ confirmamus.

*Ex Aureâ Bullâ* CAROLI IV. *Romanorum Imperatoris*, *sub anno* 1336. *&c.*
*Capit.* VII. *Paragrapho.* 3°. *Cité sous la Cotte* I.

Statuimus & Imperiali Autoritate præsenti lege perpetuis temporibus valitura, decernimus, ut postquam iidem Principes Electores Seculares, & eorum quilibet, esse desierit, jus, vox, & potestas Electionis hujusmodi ad filium suum primogenitum, similiter Laïcum, liberè & sine contradictione cujuspiam devolvatur.

*Ex Conflitutionibus* FREDERICORUM I & II *Impe-ratorum Augustorum, de Juribus ac Privilegiis Ducatus Auf-triæ. Datæ anno Dominicæ Incarnationis* MCCXLV. *menfe Julio*, fic legitur . . . . . . . . Cité fous la Cotte K.

Articulo IV. Primo quidem, quod Dux Auftriæ quibuf-vis fervitiis tenetur, nec effe debet obnoxius Sacro Romano Imperio, nec cuiquam alteri, nifi ea de fui arbitrii liber-tate fecerit: eo excepto duntaxat ab Imperio requirat; exi-gat literatione trina vice: quo facto jufte poffidebit fua feu-da fine offenfione Imperii, ac fi ea corporaliter conduxiffet. Et Articulo XII. Et fi quod Deus avertat, Dux Auf-triæ fine hærede filio deceferit, idem Ducatus ad feniorem filiam quam reliquerit devolvatur, &c.

*Extrait de la Capitulation de l'Empereur* LEOPOLD I. *faite à Francfort le* 18. *Juillet* 1658. *Cité fous la Cotte* M.

Article XX. Ità quoque magnas focietates & mercato-res, aliofque, qui fuis pecuniis pro libitu & cum ufuris, & illicitis antè emptionibus necnon Monopoliis multa in-commoda S. Rom. Imperio ac ejus Incolis & Subditis Nof-tra Damna, Præjudicia & gravamina intulerunt, & adhuc in dies inferunt; cum Confilio Electorum, Principum, Sta-tuum, prout & antè hac qualiter iis obviam iri debeat confultatum, fed huc ufque executioni datum non fuit, planè abrogavimus, nullique ulla *Monopoliorum Privilegia* concedemus, *fed obtenta veluti conftitutionibus Imperii contraria caffabimus, & revocabimus.* Cum etiam querelæ acceferint quod in Circulo Burgundico inferiori & aliis Vicinis Im-perii Provinciis, ibidem quondam prohibita Mercimonia, exteræ Manufacturæ, atque Pannorum Lancorum, & alia-rum legitimarum Mercium etiam ad Imperium ejufque membra extendi velint, quod ipfum cum tenori & contex-tui Receffus Imperiales de anno 1548. ac libertati Com-

T t ij

merciorum contrarium fit , ideò eadem abrogabimus , aut
in contrarium eventum providebimus , ne iftæ fimiles mer-
ces ex dicto Circulo in Imperium admittantur.

*Extrait de la Capitulation de l'Empereur* CHARLES VI.
*faite à Francfort le* 21 *Octobre* 1711.
*Cité fous la Cotte* N.

## Article IX. Paragr. 2.

Nous n'accorderons auſſi deſormais à perſonne , de quelque Condition ou qualité qu'il ſoit, ni auſſi à aucune Ville,
le Privilége de battre Monnoye ſans le ſçu & conſentement exprés des Electeurs , comme auſſi ſans avoir pris l'a-
vis du Cercle dans lequel l'Etat, où on voudra octroyer
ce nouveau Privilége , eſt incorporé, pour nous y conformer comme de raiſon , même s'il étoit avéré que les Etats
auxquels ce Droit Régalien & ce Privilége ont été accordés , en ayent abuſé , ou permis l'abus à d'autres , contre
l'Edit de la Monnoye & autres Conſtitutions de l'Empire,
publiées à ce ſujet, s'étant de fait, fruſtrés par cet abus,
ſans qu'il ſoit beſoin que Sentence intervienne ; nonſeule-
ment nous les interdirons de ce Privilége, auſſi bien que
ceux qui n'auroient point obtenu légalement ce Droit Régalien , ou qui ne l'auront pas poſſédé légitimement , &
ferons procéder contre eux par les Cercles, ainſi qu'il ſe
doit , mais auſſi nous ne rétablirons point ſans le conſentement d'une Diéte d'Empire & des Etats, ceux qui en
ſeront privés de cette manière , nous obligeant , outre
cette privation, de ſuſpendre du Droit de Séance ou de
Voix , ( en la manière & forme toutefois qu'il eſt exprimé
au premier article de cette Capitulation ) ceux qui auront
abuſé , ainſi qu'il vient d'être dit, de leur Droit Régalien ,
au mépris des Conſtitutions de l'Empire , ou qui auront
permis l'abus à d'autres , & de ne faire lever cette ſuſpen-
ſion , que dans une Diéte générale de l'Empire , après que
le Contrevenant aura donné ſatisfaction. Et ſi pareille cho-

se arrivoit aux Etats Médiats , ou à d'autres qui ne sont
pas immédiatement Sujets à l'Empire , mais sont dépen-
dans des Electeurs , Princes & autres Etats de l'Empire ;
alors, leurs Princes & Seigneurs devront procéder contre
eux en la forme qu'il se doit , & casser & annuller ce
droit de battre Monnoye, sans le leur plus rendre ; promettant de ne plus accorder à l'avenir aux Etats Médiats
ces sortes de Priviléges, ou d'autres plus considérables, sans
le consentement des Electeurs , comme aussi sans avoir pris &
suivi , en tant que de raison , comme a été dit ci-dessus ,
l'avis du Cercle dans lequel cet Etat est incorporé , & de
ceux qui s'y trouveront intéressés , encore bien moins , si
lesdits Priviléges, faisoient tort aux Etats.

*Extrait de la Capitulation de l'Empereur* CHARLES VI.
*faite à Francfort le 12. Octobre 1711.*
*Cité sous la Cotte* O.

## Article X. Parag. I.

Nous ne donnerons nonseulement point, ou obligerons,
hypotéquerons, engagerons , ni aliénerons , ou change-
rons en d'autres manières , sans le sçu, consentement &
permission des Electeurs Princes & Etats généralement tous,
ce qui appartient à l'Empire & ses dépendances , &c.

*Extrait du Traité de Munster en Westphalie.*
*Cité sous la Cotte* P.

| *Art. V. Par. IX.* | Article V. Parag. IX. |
|---|---|
| *Feuda etiam ab Imperatore in Baronem Gerhardum de Waldenburg , dictum Schenkeren , Nicolaum Georgium Reigersberg Cancellarium Moguntinum , & Henricum Brombser* | Que les Fiefs conférés par l'Empereur au Baron Gerhard Waldenburg dit Schenkeren , à Nicolas Georges Reigersberg Chancelier de Mayence & à Henri Brombser |

*Baronem de Rüdesheim: item ab Electore Bavariæ, in Baronem Joannem Adolphum Wolff dictum Metternich collata, rata maneant, teneantur tamen ejufmodi Vaſſali Domino Carolo Ludovico, valeant Domino Directo ejuſque Succeſſoribus juramentum fidelitatis præftare, atque ab eodem feudorum fuorum renovationem petere.*

Baron de Rüdesheim. *Item* à l'Electeur de Baviere, au Baron Jean-Adolphe Wolff, dit Metternich, demeureront fermes & ftables, que toutefois ces Vaſſaux feront tenus de prêter Serment de fidélité au Seigneur Charles Louis & à ſes Succeſſeurs, comme à leurs Seigneurs Directs & de leur demander la confirmation de leurs Fiefs.

*Ex Bullà Aureà* CAROLI IV. *Romanorum Imperatoris,*
*fub* anno 1 3 3 6. *&c.*
*Cité ſous la Cotte* Q.

*Cap.* VII. *De Succeſſione Principum Electorum Parag.* 7.
*in quo ſic legitur.*

Si verò aliquem ex hujuſmodi Principatibus ipforum Sacro Imperio vacare contingeret, tunc Imperator, feu Rex Romanorum, qui pro tempore fuerit, de ipſo providere debebit & poterit, tanquam de re ad ſe & ad Imperium legitimè devoluta, &c.

*Extrait de la Capitulation Impériale de* FERDINAND III. *Roi des Romains, contenant les Articles, ſuivant leſquels il promet de gouverner l'Empire; faite à Ratiſbonne le* 24. *Décembre* 1636.
*Cité ſous la Cotte* R.

Article XIII.

Par. I. De même nous ne fatiguerons ni ne furchargerons point les Electeurs & autres Etats de l'Empire par des Diétes, Voyages, Impôts & Contributions inutiles.

II. Et dans les cas licites, preſſans & d'une néceſſité indiſpenſable, nous ne publierons aucune Diéte & n'impoſerons aucunes taxes ni contributions, ſans la participation & le conſentement deſdits Etats.

III. Moins encore aſſignerons nous hors de l'Empire les Diétes de la Nation Allemande à l'inſçu des ſix Electeurs, & qu'au préalable nous ne ſoyons tombé d'accord avec eux du temps & du lieu.

IV. Nous n'employerons pas non plus les contributions, aſſiſtances ou autres Charges accordées par les Etats de l'Empire, à autres fins ni uſages qu'à ceux pour leſquels ils auront été deſtinés.

*Extrait de la Capitulation de l'Empereur* CHARLES VI. *faite à Francfort le* 12 *Octobre* 1711. *Cité ſous la Cotte* S.

Article XI. Parag. 1.

Nous devons & voulons proteger l'Empire . . . . . . . Nous obligeant d'exécuter fermement . . . . . . . . . & de renouveller les autres Ordonnances & Loix du S. Empire, en tant qu'elles ne ſont point contraires au ſuſdit réſultat de l'Empire arrêté à Auſbourg en 1555. & au ſuſdit Traité de Paix ( *de Religion* ) de les rectifier du conſentement des Electeurs, Princes & Etats, ſelon que la ſituation de l'Empire le demandera chaque fois, & de ne les changer en aucune maniére, ſans en avoir préalablement obtenu le conſentement des Electeurs, Princes & Etats aſſemblés aux Diétes de l'Empire, bien moins encore faire de nouvelles Ordonnances & Loix dans l'Empire, ou interprêter ſeul les conſtitutions de l'Empire & le Traité de Paix, mais d'y procéder ès Diétes d'Empire, du Conſeil & avec l'accord de tous les Etats, &c.

*Extrait de la Capitulation Impériale de* CHARLES V. *Roy des Romains, contenant les Articles, ſuivant leſquels il pro-*

met de gouverner l'Empire, dreſſée à Francfort ſur le Meyn le 3 Juillet 1519.

*Cité ſous la Cotte* **T.**

Art'cle XXVII. Le Roy, de concert & avec l'aſſiſtance des Etats de l'Empire, donnera ſes ſoins avant toute autre choſe, pour trouver les moyens propres à prévenir la rareté des eſpéces & de les rendre plus communes dans l'étendue de l'Empire.

Art. XXVIII. Et puiſque pluſieurs fraudes & malverſations ſe ſont gliſſées & ſe commettent encore actuellement dans l'Empire ſur l'Article des Monnoyes, nous prendrons ſur ce point, l'avis des Electeurs, Princes & Etats de l'Empire, & tâcherons de réduire leſdites Monnoyes en un état & ordre fixe & certain, & aviſerons pour cet effet aux moyens convenables pour y parvenir le plus promptement qu'il ſera poſſible, &c.

*Extrait de la Capitulation de l'Empereur* **LEOPOLD I.** *faite à Francfort le* 18 *Juillet* 1658.

*Cité ſous la Cotte* **V.**

Art. XLIV. . . . . . . . . Pariter tempore noſtri Cæſarei regiminis, in collocatione Principum, Comitum, aliarumque dignitatum præcipuè eo collimabimus, ut in omnem eventum ex talibus ſolum conferantur à Nobis, qui antè alios benè meriti, inque Imperio poſſeſſionali, ac media habeant, affectatum Statum pro dignitate peragendi, neminem verò de novo exaltatis Principibus, Comitibus ac Dominis Principum Collegio ſivè in ipſorum, ſive Comitum ſcamnis ad ſeſſionem & votum contrà eorumdem voluntatem inſerere, niſi priùs Principum aut Comitum bonis ſe ſufficienter qualificaverint, & ad collectas tali Statu dignas in certo circulo admiſſi ac obſtricti, ac præter hæc omnia, unà cum Eletorali etiam illud Collegium ſivè ſcamnum, in quo aſſumi debent, priùs ſufficienter auditum fuerit, neque in præjudicium vel diminutionem alicujus anterioris Domus aut familiæ,

miliæ, ejusdem dignitatis, Status vel usitati tituli neminem quicunque fuerit, novis prædicatis, altioribus titulis aut insignium armorum litteris ornabimus, &c.

*Extrait de la Capitulation de l'Empereur* CHARLES VI. *faite à Francfort le* 12. *Octobre* 1711. *Cité sous la Cotte* X.

Article I V. Parag. I.

Nous devons & Voulons . . . . . . . . laisser jouir les Electeurs Princes & Etats de l'Empire de leur droit de suffrage, declarant ne vouloir rien faire ni permettre qu'il soit fait à l'égard de ces choses, que de leur consentement libre, donné en pleine Diéte. Nous devons & Voulons pareillement, pendant que durera notre Régne, nous comporter paisiblement avec les Puissances voisines, promettant de ne donner à aucunes d'elles, occasion à se brouiller avec l'Empire, de ne point enveloper ledit Empire en des guerres étrangéres, au contraire, de nous départir absolument de toute assistance, qui pourroit lui attirer du danger ou quelque dommage, de ne commencer de la part de l'Empire, aucune querelle, contestation ou guerre, soit au dedans de l'Empire ou au dehors, sous aucun prétexte, tel qu'il puisse être, ni contracter Alliance avec lesdites Puissances, à moins que cela ne se fasse du consentement des Electeurs, Princes & Etats en pleine Diéte, ou du moins du sçû, Conseil & approbation de tous les Electeurs, &c.

*Extrait du Traité de Westphalie conclu à Munster le* 24. *Octobre* 1648. *Cité sous la Cotte* Y.

*Art. VIII. Gaudeant ( Electores , Principes , & Status Imperii) sine contradictione, jure suffragii in omnibus deliberatio-*

Art. VIII. Qu'ils jouissent ( les Electeurs, &c.) sans contradiction, du droit de suffrage dans toutes les délibérations,

V u

*nibus super negotiis Imperii, præsertim ubi leges ferendæ vel interpretandæ, bellum decredendum, tributa indicenda, delectus aut hospitationes militum instituendæ, nova munimenta inter Statuum ditiones extruenda nomine Publico, veterave firmanda Præsidiis, necnon ubi pax & fœdera facienda, aliave hujusmodi negotia peragenda fuerint, nihil horum aut quicquam simile posthac unquam fiat vel admittatur, nisi de Comitiali liberoque omnium Imperii Statuum suffragio & consensu, cum primis verò jus faciendi inter se, & cum cæteris fœdera pro sua cujuscunque conservatione ac securitate singulis Statibus perpetuò liberum esto, ita tamen ne hujusmodi fœdera sint contrà Imperatorem & Imperium, Pacemque ejus Publicam, vel hanc inprimis transactionem, fiantque salvo per omnia juramento, quo quisque Imperatori & Imperio obstrictus est.*

touchant les affaires de l'Empire, surtout, où il s'agira de faire ou interprêter des Loix, déclarer une guerre, imposer un tribut, *lever & loger des soldats*, construire pour le Public, des Fortifications nouvelles dans les terres des Etats, ou renforcer les Villes de garnisons, comme aussi quand il faudra faire une Paix ou Alliance & traiter de telles autres affaires, qu'aucune de ces choses ou semblables, ne se passe ci-après sans le consentement de l'Assemblée libre de tous les Etats de l'Empire : qu'il soit pareillement libre à chaque Etat de l'Empire, de faire des Alliances avec les Etrangers pour sa conservation & sureté, pourvû néanmoins, que ces Alliances ne soient ni contre l'Empereur & l'Empire, ni contre la Paix Publique, & cette transaction, & qu'elles se fassent sans préjudice du serment dont chacun est lié à l'Emper. & à l'Empire.

*Extrait de la Capitulation de l'Empereur* LEOPOLD I. *faite à Francfort le 18 Juillet 1658. Cité sous la Cotte* Z.

Art. X. Neque nos pro nobis tanquam Electus Romanorum Rex, in negotiis Imperii ullam confœderationem aut unionem cum exteris Nationibus neque alias in Imperio fa-

ciemus, nisi priùs Electorum, Principium ac Statuum, consensum ad id impetraverimus ; quòd si verò Publicæ salus
& utilitas majorem festinationem requireret, ex tunc septem
Electorum Collegialem consensum opportunis tempore ac
locis, & quidem in Conventu Collegiali & non per separa-
tas declarationes, donec ad communem Imperii Conventum
perveniri possit, prout in aliis S. Imperii securitatem con-
cernentibus negotiis, ita & in hoc obtinebimus. Si prætereà
in posterum nostrarum Hæreditariarum Provinciarum nomine, ulla fœdera inibimus, hoc non aliter, quam sine damno Imperii & juxtà & instrumentum Pacis fiet.

*Ex Bullâ Aureâ* C A R O L I  I V. *Imperatoris Romanorum
sub anno* 1 3 3 6. &c.
*Cité sous la Cotte* A A.

**Cap. V I.** *De Comparatione Principum Electorum ad alios Principes communes.*

Decernimus ut in celebratione Imperialis Curiæ quotief-
cumque illam deinceps celebrari contigerit, ante dicti Principes Electores, Ecclesiastici & Seculares, juxtà præscriptum
ordinem atque modum à dextris & à sinistris immutabiliter
teneant loca sua ; eisque, vel eorum alicui, in quibuscunque actibus ad Curiam ipsam spectantibus eundo, sedendo,
vel stando, nullus princeps alius cujuscunque Status dignitatis
Præeminentiæ, vel conditionis existat, ullatenus præferatur ;
eo signanter expresso, quod nominatim Rex Bohemiæ in celebratione Curiarum hujusmodi, in omnibus & singulis actibus
antè dictis, quemcunque Regem alium quâcunque etiam sin-
gulari dignitatis prærogativâ fulgentem, quem quovis casu seu
causa venire, vel adesse contingerit immutabiliter antecedat.

*Ex Bullâ Aureâ* C A R O L I  I V. *Romanorum Imperatoris,
sub anno* 1 3 3 6. &c.
*Cité sous la Cotte* B B.

**Cap. III.** *De sessione Trevir. Colonien. & Mogunt. Episcoporum.*

V u ij

*In nomine Sanctæ & individuæ Trinitatis , &c.*

Ut igitur inter Venerabiles Moguntinensium , Coloniensium necnon Trevirensium Archiepiscopos , Sacri Imperii Principes Electores, omnium litium & suspitionum mala , qui & de Prioritate seu dignitate sessionum suarum in Curiis Imperialibus , suboriri valeant in posterum, perpetuis in anteà temporibus amputentur , & ipsi in cordis & animarum quietâ conditione manentes, de opportunatibus Sacri Imperii , concordi favore, & virtuosæ dilectionis studio convenientibus meditari valeant , pro consolatione populi Christiani , habita deliberatione cum omnibus Principibus Electoribus tàm Ecclesiasticis quàm Secularibus , & de ipsorum Consilio , decernimus , & de Imperialis potestatis plenitudine , hac edicti lege perpetuò valitura sancimus, quod suprà dicti Venerabiles Archiepiscopi *Trevirensis* videlicet , ex opposito & lineari directione, versus faciem Imperatoris. Moguntinensium verò in suis Diœcesi & Provinciâ & extrà Provinciam suam , in toto Cancellariatu suo Germanico, Provincia Coloniensis duntaxat excepta. Et demùm Coloniensium in suis Diœcesi & Provincia & extrà Provinciam suam in tota Galliâ & Italiâ, in dextro latere Romanorum Cæsaris sedere possint, valeant & debeant , in omnibus publicis actibus Imperialibus, putà judiciis , collationibus feudorum & in refectionibus mensarum , & etiam in Consiliis & in omnibus aliis agendis , propter quæ contingit , seu continget, eosdem pro honore seu utilitate Imperiali tractandis, mutuò convenire , & hunc modum sessionis , sub omni eò ordine , sicut expressatur superiùs , ac Prædictorum Coloniensium , Treverentium & Moguntinentium Archiepiscoporum Successores , perpetuò extendi volumus, ut nullo unquam tempore super his quævis dubietas generetur.

*Ex Bullâ Aureâ* CAROLI IV. *Romanorum Imperatoris,*
*sub anno* 1336. *&c.*
*Cité sous la Cotte* CC.

**Cap. XXI.** *De Ordine Processionis inter Archiepiscopos.*

Quoniam aut superius in Principio Constitutionum Nostrarum præsentium, circà ordinem Sessionis Ecclesiasticorum Principum Electorum, in Concilio & in Mensâ & alias, quoties Imperialem Curiam celebrari, seu Principes Electores deinceps cum Imperatore vel Rege Romanorum congregari contigerit, sufficienter duximus providendum, super qua pristinis audivimus temporibus pluries discrepatum ; expedire credimus, etiam processionis & deambulationis inter eos ordinem definire. Quapropter hoc perpetuo Imperiali Edicto decernimus, ut quotiescumque in congregatione Imperatoris vel Regis Romanorum & Principum prædictorum Imperatore, vel Rege ipso deambulante, insignia antè faciem ejus portare contigerit, *Archiepiscopus Trevirensis* in directa diametrali linea antè Imperatorem vel Regem transeat, illique soli medii inter eos ambulent, quos Imperialia vel Regalia continget insignia deportare. Dum autem Imperator, vel Rex, absque insigniis eisdem incesserit, ex tunc idem *Archiepiscopus*, Imperatorem vel Regem præfato modo præcedat, itàque nemo penitùs inter eos medius habeat, aliis duobus Archiepiscopis Electoribus, loca sua juxtà distinctionem Provintiarum suarum, circà Processionem servantur.

*Extrait de la Capitulation de l'Empereur* LEOPOLD I. *faite à Francfort le* 18. *Juillet* 1668. *Cité sous la Cotte* DD.


Art. VI. ....... Prætereà aliis Imperii & Circulorum Statibus liberum esto, quotiescumque necessitas, aut ipsorum interesse postulabit, circulariter aut collegialiter, circà cujusvis impedimentum convenire, & ipsorum incumbentius deliberare, prout porrò antehàc inter ipsos circulos, juxtà Constitutiones Imperii initas uniones, necnon signanter inter Electores, Principes, ac Status erectas perpetuas confratrias approbamus & confirmamus.

*Extrait du Traité de Paix conclu entre* l'Empereur & la Suéde
*à Ofnabruck en Weftphalie*, *le* 24 *Octobre* 1648.
*Cité fous la Cotte* E E.

Art. V. Parag. 18. Dans les Affemblées ordinaires des Députés de l'Empire , le nombre des Chefs de l'une & de l'autre Religion fera égal ; & pour les Perfonnes ou Etats de l'Empire qui leur devront être adjoints, il en fera ordonné à la Diéte prochaine ; fi dans ces Affemblées de Députés, auffi bien que dans les Diétes générales , il y vient des Députés , foit d'un ou de deux ou de trois Colleges de l'Empire , pour quelque occafion ou affaire que ce foit , le nombre des Députés des Chefs de l'une ou l'autre Religion fera égal ; & où il fe trouvera des Officiers à expédier dans l'Empire par Commiffions extraordinaires , fi l'affaire n'eft qu'entre les Etats de la Confeffion d'Aufbourg , on ne députera que de ceux de cette Religion , &c.

19. Dans les Caufes de Rleigion , & en toutes les autres affaires où les Etats ne peuvent être confidérés comme un Corps , de même auffi les Etats Catholiques & ceux de la Confeffion d'Augfbourg fe divifans en deux partis , la feule voye à l'amiable , décidera les différens , fans s'arréter à la pluralité des fuffrages. Pour ce qui regarde pourtant la pluralité des voix , dans la matière des impofitions , cette affaire n'ayant pu être décidée en l'affembiée préfente , elle eft renvoyée à la Diéte prochaine.

20. En outre , comme à caufe des changemens arrivés par la préfente guerre , & autres raifons , il a été allégué plufieurs chofes pour faire transférer le Tribunal de la Chambre Impériale en quelque lieu plus commode à tous les Etats de l'Empire , & auffi pour préfenter le Juge , les Préfidens , les Affeffeurs & autres Officiers de juftice en nombre égal de l'une & de l'autre Religion , & pour régler pareillement d'autres affaires , appartenantes à ladite Chambre Impériale , lefquelles ne peuvent pas être entierement expédiées en la préfente affemblée , à caufe de l'importance

du fait, on eft convenu qu'on en traitera dans la Diéte prochaine. . . . . . . . s'il fe rencontre quelque doute touchant l'in-
terprétation des Conftitutions Impériales & des recez publics, ou que dans les jugemens des Caufes Eccléfiaftiques
ou politiques, débatuës entre les parties ( les Catholiques
& les Etats de la Confeffion d'Augfbourg ) après même
qu'en plein Sénat, elles auroient été examinées par un nombre toujours égal de part & d'autre, il naiffe de la partie
des Affeffeurs de l'une & de l'autre Religion, des opinions
contraires, les Affeffeurs Catholiques tenant pour l'une, &
ceux de la Confeffion d'Augfbourg pour l'autre, alors,
qu'ils foient renvoyés à une Diéte générale de l'Empire. . . . .
enfin comme il a auffi été fait mention d'abolir la Cour
Impériale de Rotweil, & les Siéges Provinciaux de juftice
de Suabe, & autres établis en plufieurs lieux dans l'Empire, la chofe ayant été jugée de grande importance, la délibération en a auffi été renvoyée à la Diéte prochaine, &c.

Art. V I I I. Parag. 2. Qu'ils jouiffent ( les Electeurs,
Princes & Etats de l'Empire Romain ) fans contradiction,
du Droit de fuffrage dans toutes les délibérations, touchant
les affaites de l'Empire, furtout, où il s'agira de faire ou
interpréter des Loix, réfoudre une guerre; impofer un
tribut, ordonner des levées & logemens de Soldats, conftruire au nom du Public, des Fortereffes nouvelles dans les
Terres des Etats, ou renforcer les anciennes de garni-
fons, & où il faudra faire une Paix ou des Alliances, &
traiter d'autres femblables affaires; qu'aucune de ces chofes ou de femblables, ne foit faite ou reçuë ci-après, fans
l'avis & le confentement d'une affemblée libre de tous les
Etats de l'Empire; que furtout, chacun des Etats de l'Empire jouiffe librement & à perpétuité, de faire entre eux &
avec les Etrangers, des Alliances pour la confervation &
fureté d'un chacun, pourvû néanmoins, que ces fortes
d'Alliances ne foient ni contre l'Empereur & l'Empire, ni contre la Paix Publique, ni principalement contre
cette tranfaction, & qu'elles fe faffent fans préjudice en
toutes chofes, du ferment dont chacun eft lié à l'Empereur & à l'Empire.

4. Que les Villes libres, ayent voix décisive dans les Diétes générales & particulieres, comme les autres Etats de l'Empire, & qu'il ne soit point touché à leurs Droits Régaliens, Revenus annuels, Libertés, Priviléges de confisquer & lever des Impôts, ni à ce qui en dépend, non plus qu'aux autres Droits qu'ils ont obtenus légitimement de l'Empereur & de l'Empire, ou qu'ils ont possédés & éxercés par un long usage avant ces troubles, avec une entiere jurisdiction dans l'enclos de leurs murailles, & dans leur Territoire; demeurant à cet effet cassées & annullées, & à l'avenir défenduës; toutes choses qui par représailles, arrêts, empechemens de passages, & autres actes préjudiciables ont été faites & exécutées sans aucune formalité légitime de Droit; qu'au reste toutes les louables coutumes, constitutions & loix fondamentales de l'Empire Romain, soient à l'avenir étroitement gardées; toutes les confusions qui se sont introduites pendant la guerre étant otées.

*Extrait de la Capitulation de l'Empereur* Charles VI. *faite à Francfort le* 18. *Octobre* 1711. *Cité sous la Cotte* F F.

Artic. XVI. Parag. 4. Nous ne permettrons point aussi, ni ne souffrirons, consentirons ou ordonnerons, que d'autres de nos Conseillers & Ministres quels ils puissent être, en corps ou en particulier, s'ingerent ou se mêlent des affaires de l'Empire qui sont du ressort du Conseil Aulique de l'Empire, ni d'anticiper en aucune façon, moins encore de troubler ledit Conseil, ou lui porter empêchement par des Décrets ou Mandemens, ou de s'ingérer à lui donner des Loix, lorsqu'il s'agira de prendre connoissance d'une affaire & d'y faire Droit, ou en d'autres manières; ni que des Procès, Mandemens, Décrets, Sentences, & Ordonnances, quel nom elles puissent avoir & de quelle nature elles puissent être, soient données autre part que dans le Conseil Aulique de l'Empire, ni expédiées sans sa participation; si aussi dans la suite, quelque chose de contraire à ce que dessus

étoit

étoit entrepris ou arrivoit, nous le déclarons nul & abufif
de plein Droit, & le Confeil Aulique en Corps ou en particulier fera tenu & obligé de nous avertir décemment, promettre de l'écouter gracieufement, enfemble faire redreffer
fans délai, les griefs dénoncés, & protéger efficacement ledit Confeil contre les envieux & de maintenir avec fermeté
& vigueur l'autorité dont il eft revétu, contre les autres Nos
Confeillers & Miniftres ; de plus, fi un arrété ou avis pour
affaires de juftice, qui feroient de conféquence, auroit été
dreffé par le Confeil Aulique de l'Empire, pour nous être
rapporté, nous nous en ferons faire la propofition & y déli-
bérerons en préfence du Préfident du Confeil Aulique &
du Vice-Chancellier de l'Empire &c.........nous promet-
tons de plus, qu'auffitôt que nous ferons entrés en Régence, nous enverrons un Décret à l'Empire, pour lui demander
un arrété ou avis, comment l'Ordonnance du Confeil Aulique de l'Empire pourroit être rectifiée, de porter enfuite
toutes fortes de facilités à ce travail, & de faire mettre ladite Ordonnance en l'état auquel elle doit être.

X x

# FAUTES A CORRIGER.

Page 28. *ligne 6.* ajoutez après *ici*, pleinement.
Page 30 *lig.* 1. ajoutez *un*, après *&c.*
Page 33. *lig.* 23. après *observation*, ajoutez, *c'est.*
Page 48. *lig.* 28. rayez, *&c.*
Page 66. *lig.* 7. effacez *point.*
Page 72. *lig.* 7. effacez *dans*, & *lig.* 9. effacez *elles.*
Page 75. *lig.* 8. *susceptibles*, lisez, *peuvent faire*, & *lig.* 9. *accusation*, lisez, *la peine.*
Page 80. *lig.* 21. après *il peut*, lisez, *non-seulement.*
Page 129. *lig.* 7. *soit*, lisez, *est.*
Page 130. *lig.* 16. *n'aye*, lisez, *n'ait.*
Page 166. *lig.* 5. ajoutez *de*, après *ou.*
Page 168. *lig.* 15. lisez *a* avant *fait.*
Page 200. *lig.* 31. après, *&c.* lisez, *qu'on.*
Page 208. *lig.* 14. lisez, *que*, au lieu de *qui.*
Page 228. *lig.* 10. lisez, *ne*, au lieu de *n'en.*
Page 257. *lig.* 5. lisez après *mais*, qui est plus.
Page 258. *lig.* 9. lisez, *l'une*, au lieu de *l'un.*
Page 267. *lig.* 5. lisez, *étoit*, au lieu d'*est.*

# TABLE
# DES MATIERES
contenues dans ce Volume.

### A

# C

*Capitulation* Impériale. Depuis quand commencée, & à quelle fin, 21 ; la premiere rédigée par les Electeurs pour l'Empereur Charles-Quint, *ibid.* ce qui y donna lieu, *ibid.* projet conçû & dreffé d'une Capitulation perpétuelle, & par qui, 242

*Caufes* portées à la diete actuelle , 240 *& fuiv.*

*Cercles* de l'Empire, leur nombre, 271 gouvernés par un ou plufieurs Directeurs & un Duc, & leurs fonctions, *ibid.* ce que font les Cercles correfpondans, & en combien de Claffes divifés . 272

*Chambre Impériale.* Son origine, 261 ; Juges dont elle eft compofée, *ibid & fuiv.* fa réfidence , 262 ; étendue de fa Jurifdiction , *ibid.* affaires de fa compétence & maniere d'y procéder, 263

*Charles IV.* Empereur, confirme par la Bulle d'Or, les droits des Electeurs , 9

*Code.* Néceffité indifpensable d'en rédiger un nouveau fur la matiere des Fiefs, 98

*Concordat.* Ceux d'entre Fréderic III. & Nicolas V. font la loi fuivie en Empire en matiere bénéficiale , 17

—— *Germanique.* Principales difpofitions de ce Concordat, 21

*Confeil aulique.* ( Le ) doit fon origine & fa création à Maximilien I. 102 ; celui des Princes anéanti par fon érection , *ibid.* étoit peu de chofe dans fon origine, 255 ; fa forme actuelle , 256 ; maniere d'exécuter fes Arrêts, 257 ; forme de revenir contre leur te-

neur, 258 ; il eft fupérieur à la Chambre Impériale, 259 ; il fe tient dans la réfidence ordinaire des Empereurs , *ibid.* affaires dont il connoît concurrémment avec la Chambre impériale, 260

—— *Privé.* Sa définition , 257

*Corporelles.* ( Chofes ) de l'Empire ; leurs différentes efpeces, & en quoi elles confiftent, 92 *& fuiv.*

*Couronnement de l'Empereur.* ( Le ) fuit immédiatement fon Election , 26 ; il fe faifoit anciennement avec quatre Couronnes différentes que les Empereurs alloient recevoir dans quatre Villes, 29 *& fuiv.* celle de Germanie fuffit feule aujourd'hui pour tout l'Empire, 32 ; elle fe reçoit à Aix-la-Chapelle fuivant la Bulle d'or, *ibid.* Cérémonial qui s'obferve à ce Couronnement, 33 ; c'eft à peu de chofes près le même pour celui d'un Roy des Romains,

34

# D

*Denier Commun.* Depuis quand cette impofition n'eft plus en ufage en Empire, 206

*Députés.* Lifte & Claffes des Députés de l'Empire, 231 *& fuiv.*

*Diétes ou Comices.* Leur origine, 229 ; membres dont elles étoient autrefois compofées, 230 ; efpeces de Diétes & leur définition , *ibid. & fuiv.* ce qui s'obferve pour les convoquer, 251 ; tableau de la féance des Etats dans les Dietes , 252 ; explication de ce Tableau, *ibid. & fuiv.* maniere de mettre à exécution les recez qui en émanent, 270 *& fuiv.*

*Droit Public.* Sa définition , 5 ,

Y y

*Fin de la Table des Matieres.*